意義世界的生成

楊國榮 著

臺灣 學生書局 印行

自　序

　　哲學的沉思總是難以迴避存在問題。黑格爾曾指出：「哲學以思想、普遍者為內容，而內容就是整個存在。」❶當然，對存在的思與辨，可以從不同的維度展開。比較而言，20 世紀 80 年代與 90 年代，相應於哲學史領域的工作，我的研究更多地從歷史之維涉及對存在的理解，自 20 世紀 90 年代後期開始，我關注之點則相對地側重於理論的層面。具體地看，後者又有相異的指向：2002 年出版的《倫理與存在》，著重以人的倫理生活為視域，2005 年出版的《存在之維》❷一書，則更多地關涉形而上的問題。

　　存在的追問所進一步指向的，是存在的意義問題。海德格爾曾認為，關於「存在意義」（meaning of being）的問題，是「一切問題的問題」。這一看法無疑注意到了存在意義問題的本原性。意義的問題本身體現於不同的領域。以人的存在和世界之「在」為所思的對象，意義的問題既在實然層面涉及世界之中何物存在，也在應然層面關乎人和世界應當如何存在。「何物存在」所蘊含的是對世界

---

❶　《哲學史講演錄》第 1 卷（北京：商務印書館，1981 年），頁 93。
❷　為體現其中國哲學的背景，《存在之維》在收入《楊國榮著作集》（上海：華東師範大學出版社，2009 年）時，易名為《道論》。

與人自身的認識問題，「應當如何存在」所關涉的則是如何變革世界和成就人自身的問題。以中國哲學的觀念表述，存在意義的以上二重內涵，具體展開為成己與成物。

從哲學史上看，作為儒家經典之一的《中庸》已提出「成己」與「成物」的觀念：「誠者，非自成己而已也，所以成物也。成己，仁也；成物，知也。性之德也，合外內之道也。」這裏所說的「成己」主要指向自我的完善，它具體地表現為以仁道為根據塑造自我，從而體現了「仁」（所謂「仁也」）；「成物」在廣義上既指成就他人，也涉及贊天地之化育，二者都以盡人之性與盡物之性為前提，其中包含對人與物的把握，從而體現了「知」（所謂「知也」）。以誠為本，成己與成物既有不同側重，又展開為一個統一的過程，所謂「合外內之道」。作為中國古典哲學的重要觀念，上述思想無疑構成了本書討論成己與成物的傳統之源。不過，在儒學的視域中，成己與成物主要與內在德性的培養和外在道德秩序的建構相聯繫，本書則如前述，賦予成己與成物以認識世界與認識人自身、改變世界與改變人自身的歷史內容。這一論域中的「成己」與「成物」，包含著《中庸》等傳統思想所無法容納的哲學內涵。

以認識世界與認識人自身、變革世界與變革人自身為具體的歷史內容，成己與成物的過程同時表現為意義和意義世界的生成過程。作為人存在的基本方式，成己與成物既以意義和意義世界的如上生成為指向，又構成了意義生成的現實之源：無論是世界的敞開和自我的體認，抑或世界的變革和自我的成就，都展開於認識世界與認識自己、變革世界與變革自己的歷史過程。不難看到，在成己與成物的歷史展開中，存在意義的本原性（作為「一切問題的問題」）

得到了實質的體現。

　　在 20 世紀以來的哲學演進中，意義問題無疑構成了重要的論域。然而，對意義的理解往往又形成了不同的偏向。與所謂語言學的轉向相應，意義問題往往主要被限於語言與邏輯之域，奧格登與理查茲在以「意義」本身為研究對象的《意義的意義》一書中，便將意義視為「語言的中心問題」。❸在分析哲學的系統中，對意義的研究，大致也體現了以上視域，其側重之點在於對語言及其涵義的邏輯分析。從弗雷格、羅素、維特根斯坦，到賴爾、奧斯汀、蒯因、戴維森，等等，都不同程度地表現了這一特點。相對而言，現象學－解釋學的傳統，較多地涉及意義的觀念（意識）之維和文本之域。在胡塞爾那裏，意義首先關乎意向的賦予和意識的構造；海德格爾在關注意義與此在關係的同時，又突出了此在的生存性，對意義的理解亦相應地與個體生存過程中畏、煩等內在體驗相聯繫；伽達默爾則趨向於溝通意義與文本，他固然亦注意到文本作者與文本解釋者之間的互動，但這種相涉乃是通過文本而實現的。如何超越分析哲學與現象學的以上進路，從語言、觀念（意識）、文本走向現實的存在本身？❹這裏無疑需要以本體論、價值論和認識論的

---

❸　C.K. Ogden and I.A. Richards, *The Meaning of Meaning – A Study of the Influence of Language upon Thought and of the Science of Symbolism*, Routledge & Paul Ltd, London, 1952.

❹　分析哲學固然亦對形而上學作種種辨析並相應地涉及存在問題，但在分析哲學的論域中，「存在」首先是語言中的存在。胡塞爾提出回到事物本身，不過，所謂事物本身，主要被視為對象在意向活動中的呈現，而且，儘管其早期以反心理主義為立場，但他的現象學最終所追求的，是通過先驗還原達到純粹意識。海德格爾以此在為基礎本體論的對象，然而，在其視域中，此在

統一為視域，將意義置於更廣的論域之中。以成己與成物為本源，意義既取得觀念的形式，又體現於人化的實在。後者意味著通過人的實踐活動使本然世界打上人的印記，並體現人的價值理想；前者（意義的觀念形態）不僅表現為被認知或被理解的存在，而且通過評價而被賦予價值的內涵並具體化為不同形式的精神之境。在這裏，意義世界的生成與成己、成物的過程展現了內在的統一性。

　　就我近年的哲學思考而言，如上所述，前此的《倫理與存在》與《存在之維》（《道論》）已從不同的層面體現了對人的存在與世界之「在」的關注。本書進一步以成己與成物為著重之點考察存在的意義以及意義世界的生成。無論是存在的思與辨，抑或存在意義的追問，都同時表現為揚棄語言辨析、意識還原等單向視域而回歸哲學的本然形態。事實上，從本書的主題之中，既可以看到問題關注的前後延續，也不難注意到以具體、現實的存在為指向的哲學進路。

的本真形態不同於共在中的「沉淪」，而更多地與畏、煩等內在體驗相聯繫。不難看到，無論是分析哲學所指向的語言中的存在，抑或胡塞爾的事物本身和海德格爾的此在，都有別於具體、現實的存在。

意義世界的生成

目　次

導 論

　　人所面對的，既不是本然的存在，也非已完成的世界。以人觀之，世界具有未完成的性質。這裏所說的「世界」，是相對於人而言的現實存在。本然的存在固然具有實在性，但對人來說，卻不一定具有現實性的品格。此所謂現實性，與進入知與行的領域、成為認識與實踐的對象相聯繫，正是以此為前提，存在對人呈現出現實的意義。可以看到，在以上視域中，「現實性」具有生成的性質。如果將上述意義中的實在性與現實性分別理解為「既濟」與「未濟」，那麼，由本然走向現實的過程便表現為「既濟」與「未濟」的歷史互動，而「未濟」所展示的，則是世界的未完成性。❶儒家所謂「贊天地之化育」，已從形而上的層面突出了現實世界的以上向度：「贊天地之化育」意味著世界非已然或既成，其完成離不開人的參與。與現實世界的非既成性相應的，是人自身的未完成性。

---

❶　「既濟」與「未濟」原為《易經》中最後兩卦，其中的「濟」既表示對人所具有的積極意義，也有完成之意（虞翻：「濟，成也。」《周易集解·未濟》引）。《易經》以「未濟」為最後之卦，無疑在肯定世界向未來開放的同時，也將世界理解為一個未盡的過程（崔憬：「以『未濟』終者，亦物不可窮也。」《周易集解·既濟》引）。這裏借用「既濟」與「未濟」，主要側重於其中蘊含的已然（既成）和未然（未完成）之義。

人剛剛來到世間之時，在相當程度上還只是生物學意義上的存在，後者與自在的對象相近，也具有某種「本然」的性質。人的完成，在於揚棄這種本然性，逐漸走向自由的存在形態。這樣，一方面，本然的存在通過融入人的知、行過程而呈現其現實的品格，另一方面，人也在「贊天地之化育」、參與現實世界的形成過程中確證自身的本質力量，二者作為同一過程的二個方面而呈現內在的一致性和統一性。

不難看到，在「贊天地之化育」的歷史過程中，人與世界的關係具有二重性：一方面，人作為存在者而內在於這個世界；另一方面，人又作為存在的發問者和改變者而把這個世界作為自己認識、作用的對象。這種作用在總體上展開為一個「成己」與「成物」的過程。從哲學的層面看，「成己」與「成物」的具體內涵，也就是認識世界和認識人自身、改變世界和改變人自身。以本然世界的超越為內涵，「成己」與「成物」的過程同時指向意義世界。

「成物」首先涉及「物」。寬泛而言，「物」作為「遍舉之」的「大共名」❷，常指一般的「有」或存在。具體地看，「物」則可以區分為以下二重形態，即已經進入人的知行之域者與尚未進入此領域者。海德格爾在《何為物》一書中曾區分了「物」這一詞所表示的不同對象，它包括：可觸、可達到或可見者，亦即在手邊的東西；處於這種或那種條件下，在世界中發生之事；康德所說的物

---

❷ 荀子：「故萬物雖眾，有時而欲遍舉之，故謂之物。物也者，大共名也。」參見《荀子·正名》。

自體。❸前二者與人相涉，後者則仍外在於知行之域。康德關於物自體的具體界定和理解這裏可以暫不討論，從成物的維度看，尚未進入知行之域者，也就是處於原初形態之物，它包含二重基本規定，即本然性與自在性。這裏所說的「本然」主要相對於人化過程而言，在本然的形態下，「物」尚未與人相涉，其存在、變遷，都處於人的作用之外。與本然相關的「自在」，則指向「物」自身的規定（首先是物理規定）：「物」即使超越了本然形態，其自身的物理等規定依然「自在」。要而言之，此所謂「自在」，主要表徵物的實在性，這一意義上的「自在」，是進入知行之域的存在與尚未進入知行之域的存在共同具有的規定。

　　物的以上規定，對應於「何為物」的追問。然而，「物」的追問並非限定於物本身，按海德格爾的理解，「何為物」的問題，總是引向「何為人」。❹儘管海德格爾並沒有對二者的關聯作出具體而清晰的闡述，但以上看法無疑觸及了人與物關係的重要方面。從實質的層面看，「何為物」與「何為人」的相關性首先在於：「物」的意義惟有對人才敞開。事實上，前文提及的本然性和自在性作為「物」的不同規定，其意義都與人相涉：「物」的本然性相對於「物」的人化形態而言，「物」的自在性則展示了「物」對於人的獨立性（「物」的物理等規定不因取得人化形態而被消解）。廣而言之，如後文將進一步論述的，無論在理解和認知的層面，抑或目的

---

❸　M. Heidegger: *What is a Thing?* Translated by W.B. Barton. Jr. and Vera Deutsch, Regnery/Gate Way. INC, South Bend, Indiana, 1967, p.5.

❹　Ibid., p.244.

和價值之維，「物」的意義都是在人的知、行過程中呈現的。

在「物」與人的關聯中，「事」是一個不可忽視的方面。這裏所說的「事」，大致包含二重涵義，從靜態看，「事」可以視為進入知、行之域的「物」；就動態言，「事」則可以理解為廣義之行以及與知相聯繫的活動，所謂「事者，為也」。❺前者涉及與人照面或內在於人的活動之中的事物，後者則可進一步引向事件、事情、事務，等等。在現代哲學中，事件往往被區分為心理事件與物理事件：某時某地火山噴發或地震，這是物理事件；某人在某時某地想像火山噴發或地震，則屬心理事件。從成物的視域看，可以將事件區分為自然的事件與非自然的事件：洪水泛濫，是自然的事件；抗洪救災，則是非自然的事件。與「物」相對的動態之「事」，主要與後者（非自然的事件）相聯繫，「物」與人的聯繫，也是通過這一意義上的「事」而建立的：正是在「事」或知、行過程的展開中，「物」揚棄了本然形態而進入人化之域。

中國哲學很早已注意到「物」與「事」之間的聯繫。在談到如何合於道時，《大學》指出：「物有本末，事有終始，知所先後，則近道矣。」「物有本末」是從本體論上說，著重於「物」的存在形態或本體論結構；「事有終始」則是就人的活動而言，主要側重於實踐的秩序。在這裏，「物」的本體論結構與「事」的實踐秩序被視為相互關聯的二個方面，而對這種結構和秩序的把握，則同時

---

❺ 《韓非子·喻老》。又，《爾雅》以「勤」釋「事」，又以「勞」釋「勤」，「勤」與「勞」都和人的活動、作用相聯繫，後者又進而與知交融或相涉。

被理解為一個合乎道的過程。這種看法既展示了本體論的視域，又體現了實踐的智慧，它從本原的層面確認了「物」與「事」的統一。「事」與「物」的如上統一，在爾後的中國哲學中得到了更明確的肯定。鄭玄在界說《大學》中的「物」時，便認為：「物，猶事也」。❻這一界定一再為後起的哲學家所認同，朱熹在《大學章句》中，便上承了對物的如上界說。王陽明也認為：「物即事也。」❼王夫之對此作了更深刻的闡釋：「物，謂事也，事不成之謂無物。」❽所謂「事不成」則無物，既指只有通過人的活動（「為」），才能實現從「天之天」到「人之天」的轉換（形成人化之物），❾又意味著物的意義惟有在人的知、行活動中才可能呈現。在這裏，《大學》從本體論結構與實踐秩序上界定「物」與「事」的關係這一思路，無疑得到了進一步的展開。事實上，從《易傳》的「開物成務」，❿到《考工記》的「智者創物，巧者述之」，都可以看到將「物」置於人的活動中加以理解的進路：「務」屬人之「事」，「成務」以人的作用和活動（人之所「為」、所「作」）為具體內容，而物的變革（開物）則同時展開為成務的過程。與之一致，「創物」意味著按人的需要和理想成就相關之「物」，「述

---

❻　《禮記注·大學》。

❼　王陽明：《傳習錄中》，《王陽明全集》（上海：上海古籍出版社，1992年），頁47。

❽　王夫之：《張子正蒙注·誠明》，《船山全書》第12冊（長沙：嶽麓書社，1996年），頁115。

❾　關於「天之天」與「人之天」的區分，參見王夫之：《詩廣傳·大雅》，《船山全書》第3冊（長沙：嶽麓書社，1996年），頁463。

❿　《易傳·繫辭上》。

之」則是對這一過程的把握和承繼、延續。不難看到，這裏所體現的，是引物（本然對象）入事（人的活動）、以事開（創）物。相應於「物」與「事」的如上聯結，「物」本身展示了本體論、價值論、認識論等多方面的內涵。

以引物入事、以事開（創）物為背景，成物的過程首先表現為揚棄「物」的本然性。「物」的本然性屬「天之天」，成物則要求化「天之天」為「人之天」，後者意味著使「物」由知、行領域之外，進入知、行領域之中，並進一步成為合乎人的需要的存在。當然，如前所述，這裏應當注意本然性與自在性之別：本然形態的超越，並不意味著消解物的自在性。「物」由「天之天」（本然形態）走向「人之天」（廣義的人化形態），主要表現為從與人無涉的存在形態轉換為與人相涉的存在形態，在這一過程中，「物」的存在方式雖然發生了變化，但其物理、化學等性質並未隨之消逝。深山中的清泉在被汲取為人的飲用水之後，其本然的形態（存在的方式）無疑發生了變化（由「天之天」成為「人之天」），然而，泉水的化學性質（由二個氫原子和一個氧原子所構成）、物理性質（如在 1 個標準大氣壓下，當溫度處於攝氏零度與 100 度之間時，其形態為液體，等等），卻並沒有因此而消失或改變。「物」的以上性質既不依賴人之「行」，也非依賴人之「知」（意識），作為一種自在或獨立的品格，它所體現的，乃是「物」的實在性。

「物」與「事」（人的活動）的聯結在揚棄「物」的本然性、存留其自在性的同時，又將「物」進一步引向了廣義的人化世界。本然之物由「事」（人的活動）而成為人化的實在，這種人化的實在已打上了人的各種印記，從而成為屬人的世界。當然，上述意義上的

人化實在固然內含「屬人」的性質,但同時又具有對象性的品格。相對於此,社會的實在更多地呈現了與人的內在關聯。作為形成於人的知、行活動中的世界,社會實在的存在與作用,都無法與人相分離。人既建構社會實在,又以社會實在為自身存在的本體論前提,二者的以上互動既從一個方面展示了「物」與「事」的關聯,又使這種關聯超越了對象性而呈現為人的存在形態。

從「物」與「事」的統一這一視域看,人化的世界同時表現為「物-事」或「事-物」的世界。以「物-事」或「事-物」為具體的內容,人化的世界既非單純的「事」外之「物」,也不同於純粹的「物」外之「事」:單純的「事」外之「物」,僅僅表現為本然的存在;純粹的「物」外之「事」,則往往缺乏自在性或實在性。與「事-物」這一世界的存在形態相應,「成物」的過程具體表現為在知與行的歷史展開中,通過「物」與「事」的互動,敞開世界的意義,並使之合乎人的價值理想。上述視域中的人化世界,同時也呈現為意義的世界,而「物-事」或「事-物」則構成了意義生成的本體論根據。

與成物相關的是成己。成物以認識和變革對象世界為內容,成己則以人自身的認識和成就為指向;這裏的人涉及每一現實的社會主體。對象世界的認識與變革涉及本然形態或「天之天」的揚棄,同樣,人自身的認識和成就,也關乎從「天之天」到「人之天」的轉換。如前所述,人剛降臨世界之時,還只是生物學意義上的生命個體,在這一層面上,人在相當程度上仍表現為一種本然的存在。與成物的過程相近,成己首先意味著揚棄本然的存在形態,後者的實質內涵,便是賦予人以多樣的社會品格,使之成為社會化的存

在。孔子以仁為價值系統的核心，仁的涵義之一，便是克己復禮：「克己復禮為仁。」❶克己涉及廣義的自我轉換，「禮」屬於普遍的社會規範，所謂「復禮」，也就是在行為方式上合乎普遍的社會規範，從而使人由「野」而「雅」、由前文明或自然意義上的本然之在轉換為具有文明品格的社會存在。這一過程同時表現為「是其所不是」：作為生命個體，人並非一開始便具有社會的品格，這種品格乃是在人的成己過程中不斷獲得、形成的。這裏蘊含著人與動物之別：動物總是停留在本然形態（「天之天」），從而只能「是其所是」，人則能夠超越「其所是」（揚棄本然形態或「天之天」），走向「其所不是」（獲得社會的品格）。

從揚棄本然的存在形態這一維度看，成己與成物無疑表現了相近的進路。不過，相應於「物」與「己」之別，二者又有著不同的價值內涵。作為知、行過程的具體展開，成物與成己誠然都涉及人的價值理想，但成物首先以合乎人的歷史需要為指向：在化本然之物為人化實在的過程中，合乎人的價值理想與合乎人的歷史需要，具有內在的一致性。在這裏，「物」的意義，首先通過人以及人的需要而呈現，從而表現出某種外在性。相對於此，「己」表現為人自身的存在，成己並非旨在合乎人之外的需要，而是以人自身的完成為目標，對人而言，它更多地體現了內在的意義。事實上，在成己的過程中，人既是意義的體現形態，又是追尋意義的主體；意義的生成，同時表現為意義主體的自我實現。

成己與成物所展示的價值走向，使之既不同於人與物的空泛互

---

❶ 《論語·顏淵》。

動，也有別於無現實內容的抽象變遷。就人的知、行活動而言，無價值承載的流變是空洞的，缺乏實質的意義。然而，另一方面，成己與成物並未預設某種絕對不變的終極目標。絕對不變的終極目標往往具有封閉或超驗的性質，作為至矣、盡矣的對象，它在某種意義上如同物自體，永遠存在於知和行無法達到的彼岸。以這種目標限定成己與成物，意味著將其引向另一重意義上的抽象性。從現實形態看，成己與成物既有其價值的指向，又展開為一個具體的過程，價值目標本身並非超驗的對象，它總是在歷史演進的過程中獲得具體的品格，展現為具有現實內涵的理想形態；成己與成物的過程，同時也是這種價值理想不斷生成並逐漸得到實現的過程。如果說，價值內容與價值目標的引入使成己與成物的展開揚棄了空泛性、抽象性，那麼，過程性與歷史性則使之避免了封閉化和超驗化。

　　前文已論及，從形而上的層面看，人既是存在者，又是存在的發問者和改變者。就外在的表現形式而言，後者（對存在的發問與改變）主要表現為知與行的過程；就內在的實質指向而言，這一過程則具體展開為成己與成物。作為具有本體論意義的「在」世方式，成己與成物無疑構成了人的基本存在處境：當人作為存在的發問者和改變者而面對這個世界時，成己和成物便開始進入其存在境域。正是這種存在的處境，使人區別於其他的對象。從贊天地之化育，到成就人自身，現實世界的生成和人自身的完成，都伴隨著人對存在的發問和改變。可以說，離開了成己與成物的過程，人本身便失

去了現實的品格，從而難以真實地「在」世。**⑫**

　　就現實的過程而言，成己與成物並非僅僅涉及作為個體的自我與作為對象的世界。自我不是孤立的個體，而是與他人共在並相互交往，這種共在和交往同樣構成了人的存在處境。與此相聯繫，成就自我與成就他人並非彼此分離。一方面，自我的成就離不開與他人的互動，另一方面，在成就自我的同時，應當承認與尊重他人自我成就的權利和意願，並進而「成人之美」。儒家在要求立己的同時，又主張「立人」，已注意到這一點。同樣，從成物的過程看，對世界的作用不僅包括社會的變革，而且總是越出個體之域，展開為一個基於人我互動、群己統一的歷史過程。《中庸》曾指出：「唯天下至誠為能盡其性，能盡其性則能盡人之性，能盡人之性則能盡物之性，能盡物之性則可以贊天地之化育，可以贊天地之化育則可以與天地參矣。」在這裏，成就世界（贊天地之化育）便表現為由己而及人的過程。事實上，成物並非僅僅體現於人與物的關係，在人與物的關係之後，蘊含著人與人的關係。要而言之，無論是成己，抑或成物，都同時關聯著廣義上的成人並涉及主體間的互動。

　　作為人的基本存在處境，成己與成物展開於不同的方向。以世界的認識與變革為內容，成物包含從人走向對象的一面。相對於成

---

⑫　海德格爾曾提出存在的「急迫」問題，但對這種「急迫」的意義卻未能作具體的歷史分析（參見 Heidegger: *Contributions to Philosophy*, Translated by P. Emad and K. Maly, Indiana University Press, 1999）。事實上，如果從「急迫」的角度理解存在，那麼，這種急迫性具體便體現在：人的現實存在唯有通過自身的知與行才可能，知與行的終結也就是現實存在的終結，而人的知、行過程的具體內容，則是成己與成物。

己之以人自身為直接的指向，成物的如上趨向無疑呈現某種外在性的特點，在各種形式的科學主義中，以上特點一再被突出。另一方面，以成就人自身為價值理想，成己的過程往往容易導向關注個體生存、沉浸於內向的精神追求，等等。海德格爾以此在為基礎本體論的核心，並把個體的生存、自我本真形態的返歸作為此在的關切重心，而所謂本真形態，則與個體超越共在中的沉淪、通過煩和畏等精神體驗而領悟自身存在的獨特性和不可替代性等相聯繫，這種理解，便表現了強化成己的個體性之維與內在性之維的傾向。就其現實性而言，成己與成物並非彼此分離。對世界的認識與改變，離不開人自身存在境域的提升。同樣，自我的成就，也無法限定於狹隘的生存過程或精神之域，惟有在認識與變革世界的過程中，成己才可能獲得具體而豐富的內容。《中庸》以「合外內之道」解說成己與成物，似乎已有見於此。在成己與成物的如上統一中，一方面，成物過程的外在性得到了克服，另一方面，成己也避免了走向片面的生存過程和內向的自我體驗。

以認識世界與認識自己、變革世界與變革自己為具體的歷史內容，成己與成物的過程同時表現為意義和意義世界的生成過程：無論是世界的敞開和人的自我認識，抑或世界的變革和人自身的成就，都內在地指向意義的呈現和意義世界的生成。人既追問世界的意義，也追尋自身之「在」的意義；既以觀念的方式把握世界和自我的意義，又通過實踐過程賦予世界以多樣的意義，就此而言，似乎可以將人視為以意義為指向的存在。海德格爾曾認為，「關於

『存在意義』（meaning of being）的問題，是一切問題的問題。」**⓭**
人對存在的追問，從根本上說也就是對存在意義的追問，這種追問
不僅僅體現於語義或語言哲學的層面，而且具體地展開於認識論、
本體論、價值論等領域。歷史地看，哲學的演進過程中曾出現某些
關注重心的變化，這些變化常常被概括為哲學的「轉向」，而在各
種所謂哲學的「轉向」之後，總是蘊含著不同的意義關切：不管是
以認識論為側重之點的哲學系統，還是主要指向本體論或價值論的
哲學形態，都不難注意到其中內在的意義追問。從這方面看，「存
在意義」的問題確乎具有本原性。**⓮**

　　存在意義問題的以上本原性，本身又植根於成己與成物這一人
的基本存在處境。本然的存在不涉及意義的問題，意義的發生與人
的存在過程無法分離：在人的知、行領域之外，對象僅僅可以視為
「有」或「在」，這種「有」或「在」，尚未呈現具體的「意
義」。惟有在成己與成物的歷史展開中，本然之物才逐漸進入人的
知、行之域，成為人認識與變革的對象，並由此呈現事實、價值等
不同方面的意義。通過廣義的知與行，人不斷化本然之物為人化實
在，後者在改變對象世界的同時，又推動著世界走向意義之域。與

⓭　Heidegger: *Contributions to Philosophy*, Translated by P. Emad and K. Maly,
　　Indiana University Press, 1999, p.8.

⓮　在《形而上學導論》中，海德格爾曾將「為什麼在者在而無反倒不在」視為
　　形而上學的基本問題或最原始的問題（參見《形而上學導論》，北京：商務
　　印書館，1996 年，頁 3-4），比較而言，他在 *Contributions to Philosophy* 中
　　對存在意義的關注（參見上文），無疑更值得注意。事實上，更實質層面的
　　哲學問題似乎應當是：為什麼現實的存在與意義相涉，而非與意義無涉？對
　　這一問題的理解和回應，則以成己與成物的過程為現實的背景。

之相聯繫的是成就自我：以自身潛能的發展和自我的實現為形式，人既追問和領悟存在的意義，也賦予自身之「在」以內在的意義。如果說，成物的過程側重於將世界引入意義之域，那麼，成己的過程則首先使人自身成為有意義的存在。概而言之，成己與成物既敞開了世界，又在世界之上打上人的各種印記；意義的生成以成己與成物為現實之源，成己與成物的歷史過程則指向不同形式的意義之域或意義世界。

　　將意義的生成與成己與成物的過程聯繫起來，不同於超驗層面的意義關切。在超驗的視域中，意義的根據往往被歸之於某種終極的存在，意義的追尋也相應地被理解為與這種存在相聯繫的終極關切。然而，從現實的形態看，所謂終極存在，也就是以自身為原因並作為整體或統一體的具體存在，❺與之相聯繫的意義關切，則意味著在面向這種真實世界的過程中，不斷超越有限與無限的張力，提升人自身的存在境域。這一過程乃是通過人的知行活動而不斷實現的。在中國哲中，道或天道曾呈現為終極意義上的存在，但中國哲學所理解的這種道或天道又並非疏離於人，所謂「道不遠人」（《中庸》），便肯定了道所呈現的意義與人之「在」的內在關聯，而性與天道的並提，以及將道與人都視為域中之大（《老子》），也從不同方面表明了這一點。以上觀念蘊含如下涵義：終極存在（天道）的意義本身落實於人自身的存在過程。懸置人自身之在而關切、敬畏超驗的存在，誠然可以給人以某種精神的安頓或思辨的滿足，然而，由此展現的存在意義，往往未能體現人與世界的具體關

---

❺　　參見楊國榮：《存在之維》第八章第四節（北京：人民出版社，2005 年）。

係，從而無法避免抽象性。意義的現實內涵，形成於人的知行過程，後者的歷史內容，則是成己與成物。就以上方面而言，成己與成物既構成了意義的現實之源，又將天道層面的終極關切具體化於人自身存在的歷史過程。

　　作為歷史過程，成己與成物首先涉及對世界與人自身的理解。無論是成就人自身（成己），抑或成就世界（成物），都以把握真實的存在為前提。從知其實然的層面看，存在的意義就在於被理解或具有可理解性，這一層面的理解同時以認知為其內容。從理解－認知的維度看，意義涉及形式與實質兩個方面。在形式層面上，意義與合乎邏輯之則相關，金岳霖便曾將形式邏輯的同一律視為意義所以可能的基本條件。同一律要求概念具有確定的涵義，在一定的論域中，某一概念即表示某種涵義，不能隨意轉換。廣而言之，矛盾律、排中律都是意義所以可能的形式條件。在實質的方面，以上論域中的意義則主要關聯事實之維的認知：以理解為指向，意義總是包含認知的內容。理解－認知層面的意義既發生和形成於成己與成物的過程之中，又是在這一過程中不斷進入人的視域並為人所把握。

　　成就自我（成己）與成就世界（成物）不僅表現為對實然的把握，而且也展開為一個按人的目的和理想變革世界、造就自我的過程。以目的為關注之點，存在的意義也相應地呈現價值的內涵。在這一層面上，所謂「意義」主要是就價值之維而言：相關的人、物或觀念對實現某種目的具有正面的作用，便呈現積極的意義，反之，如果對於實現以上目的沒有作用或價值，其意義便呈現消極的性質。以否定的方式來說，「螳臂當車」一般被視為無謂或無意義

之舉，並常被用以嘲笑一些人不自量力、試圖阻止歷史的某種演進趨勢。就原始涵義而言，「螳臂當車」之所以無意義，其原因主要就在於：對於「擋車」這一目的，「螳臂」缺乏實際的作用。從成己與成物的過程看，這一論域中的「意義」，同時涉及目的、作用、功能，等等，與之相關的有意義，既表現為成己與成物本身包含的內在價值，也關乎不同的事物、觀念、行為對這一過程所具有的作用或功能。

　　以理解－認知之維與目的－價值之維為具體內容，意義涉及認識論、價值論、本體論等領域。然而，在現代哲學中，對意義的理解往往偏於一隅。以分析哲學而言，其意義理論所指向的，主要便限於語言與邏輯之域。相對於此，與現象學相聯繫的存在主義則在關注內在意識的同時，又側重於將意義問題與人的生存及價值領域加以溝通。在其現實性上，意義既無法等同於語義，也難以僅僅歸屬於生存和價值之域：人與世界的多重關係，一開始便規定了意義表現形態的多重性。意義的這種多重形態，本身根源於成己與成物過程的多重向度：如前所述，以認識世界與改變世界、認識自己與改變自己為歷史內容，成己與成物的過程本身包含本體論、認識論、價值論等多重維度。與之相應，基於成己與成物的意義追問，也展開為「是什麼」、「意味著什麼」、「應當成為什麼」等不同的方面。「是什麼」涉及認知－理解層面的意義，「意味著什麼」側重於存在所蘊含的價值意義，「應當成為什麼」則進一步引導我們從有關世界和人自身實際存在形態的思考，轉向「世界和人自身應該是什麼」的關切，從而更多地呈現實踐的意義。在這裏，意義的多重內涵與成己和成物過程的多重向度具有內在的一致性。

　　要而言之，以成己與成物過程為內在之本、以本然對象與人化存在的分化為歷史前提，意義不僅呈現為觀念的形式，而且也體現於人化的實在。前者（意義的觀念形態）既表現為被認知或被理解的存在，又通過評價而被賦予價值的內涵，並展開為不同形式的精神之境；後者意味著通過人的實踐活動化「天之天」為「人之天」，並由此使本然之物打上人的印記、體現人的價值理想。意義的不同形態在人與世界的互動中彼此關聯，並具體展現為多樣的意義世界。作為成己與成物過程的歷史產物，意義世界以人對存在（世界之在與人自身的存在）的理解、規定、作用為指向，在寬泛的意義上，可以將其視為進入人的知行之域、打上了人的印記並體現人的價值理想的存在，後者同時表現為觀念形態與現實形態的統一。通過成就世界與成就人自身的創造性活動，人在追尋意義的同時也不斷建構多樣形態的意義世界。

　　歷史地看，對意義本質的理解往往存在多重片面趨向。就意義的形成而言，這種偏向表現為或者以意義為對象的自在規定，或者僅僅將意義建立於人的評價、自我理解或意識構造之上。前者忽視了意義的生成與人的認識和實踐活動之間的關係，後者則將意義的生成主要限定於主體之域和意識的層面，對其基於成己與成物的現實根據未能予以充分的關注。

　　在價值的層面，意義問題上的偏向進一步表現為虛無主義與權威主義。虛無主義以意義的消解為特點，其根本問題在於否定人的創造性活動的內在價值，無視意義追尋與自由走向之間的歷史聯繫。作為一種歷史現象，虛無主義的發生，有其現實的社會根源。近代以來，隨著商品經濟的發展，「普遍的社會物質變換」逐漸被

提到了突出的地位，由此形成的是人對「物的依賴性」，後者與勞動的異化、商品拜物教等等彼此相關。這種「物的依賴性」在賦予「物」以目的性規定的同時，也使目的本身成為外在的賦予：它不僅以外在之物為價值的根據，而且使外在之物成為人的目的之源。與價值根據和內在目的外在化相聯繫的，則是意義的失落，後者又進一步伴隨著各種形式的虛無主義。尼采批評虛無主義將價值、目的建立在「另一個世界」之上，這一看法既注意到了傳統價值體系與形而上學的聯繫，也在某種意義上涉及了虛無主義的以上歷史根源。與上述前提相聯繫，虛無主義的克服一方面表現為價值和目的向現實基礎的回歸，另一方面又以意義的承諾、意義的維護和意義的追尋為指向。

　　與意義消解相反而相成的是意義強制，後一趨向在權威主義那裏得到了具體的體現。如前所述，意義的生成、呈現和追尋，本質上具有開放的性質。以價值創造為歷史內容，成己與成物的過程展開為多樣的形態，生成於這一過程的意義，也呈現多重性，後者為價值的多樣、自主選擇提供了前提。意義的以上生成和呈現方式，從另一個側面展現了成己與成物過程的自由內涵：知、行過程與意義生成的開放性，同時也表現了人的創造過程的自由向度。權威主義試圖以獨斷的方式將某種意義系統強加於人，顯然不僅否定了意義生成的開放性，而且也終結了人的自由創造過程。可以看到，以意義消解為內涵的虛無主義和以意義強制為趨向的權威主義儘管表現形式各異，但在封閉走向自由之境的道路這一點上，又具有相通之處。

　　在成己與成物的過程中，一方面，本然對象不斷化為屬人的存

在，人與世界相應地發生了各種形式的變化；另一方面，人對世界和人自身的理解、把握也隨之發展，這種理解和把握逐漸凝而為知識和智慧。知識、智慧既內化為人性能力和精神世界，又進一步制約人作用於世界的過程。就成己、成物與知識、智慧的關係而言，二者呈現互動的形態：知識與智慧形成於成己與成物的過程，成己與成物的展開，又以知識與智慧及其轉換形式為前提。

借用康德的提問方式，成己、成物以及生成於其中的意義世界，內在地關乎「如何可能」的問題。「如何可能」所涉及的首先是根據與條件。從根據、條件看，在成己、成物以及意義世界的生成中，人性能力是不可忽視的方面。比較而言，康德在提出「普遍必然的知識何以可能」的問題時，更多地關注形式和邏輯的方面，他固然也涉及能力的問題，但是沒有充分展開這方面的考察。同時，在涉及人性能力時，康德也常常主要從形式的方面入手。如他對直觀的論述，便著重於時間和空間等先天形式，並以此作為直觀所以可能的普遍條件。康德誠然強調「我思」的綜合作用，但後者又與「先驗的自我」和「經驗的自我」的區分相聯繫。康德更為注重的是「先驗的自我」，而「先驗的自我」在相當程度上又是一種先天的設定。同樣，在實踐理性中，康德也主要從道德行為的形式條件（普遍的道德律）等視域考慮問題。從總體上看，邏輯和形式的方面，是康德所關注的主要對象。

作為成己與成物的內在條件，人性能力顯然需要得到更多的關注。就存在的形態而言，人性能力具有本體論的品格：它無法與人分離而總是與人同在。與之相對，形式的、邏輯的東西既可以融入於人的認識系統，也可以外在於人。從寬泛的意義上說，人性能力

是人的本質力量在認識世界和認識自己、變革世界和變革自己這一過程中的體現。具體地看，它涉及「已知」與「能知」等多重方面。所謂「已知」，是指在類的歷史過程中形成、積累起來的廣義認識成果。一方面，人性能力總是奠基於廣義的認識成果，其形成也與這種認識成果的內化、凝結相聯繫，否則便會流於空泛。另一方面，廣義的認識成果若未能體現、落實於人性能力之中，亦往往只是一種可能的趨向，作為尚未被現實化的形式條件，它們缺乏內在的生命力。在成己與成物的過程中，以上兩個方面總是彼此互動。同時，人性能力既有康德意義上形式、邏輯的方面，又涉及意識過程、精神活動，從而在一定意義上表現為邏輯與心理的統一。

　　從強調知識的普遍必然性出發，康德對內在於人的心理、意識等方面常常持疏離的態度。如前所述，他所注重的，更多的是先驗形式以及這種形式的純粹形態。然而，從先天的形式回到現實的作用，則邏輯與經驗的界限便無法區分得那樣涇渭分明。在這方面，馬克思的看法無疑更值得注意。馬克思曾比較了必然的領域（realm of necessity）與自由的領域（realm of freedom），並指出，只有在必然領域的彼岸，「以本身作為目的」的人類能力的發展才開始。這裏特別應當關注的是「以本身作為目的」的人類能力這一提法，「以本身作為目的」或作為目的本身，意味著賦予人的能力以目的性規定，後者既有本體論意義，又包含價值論意蘊。從本體論的層面看，「以本身作為目的」表明人的能力與人自身之「在」難以分離：作為目的性規定，它融入於人的整個存在，並以不同於外在關係的形式體現了人的存在特徵。從價值的層面看，「以本身作為目的」則表明人的能力不同於單純的手段或工具，作為目的自身，它

具有內在價值。質言之，在作為目的本身的人性能力中，人的本質力量得到了具體的體現。

以感性與理性、理性與非理性等統一為形式，能力融合於人的整個存在，呈現為具有人性意義的內在規定。在理性的層面，人性能力以邏輯思維為形式，以實然與應然、真與善的統一為實質的指向。對實然（真）的認知、對應然（善）的評價，同時又與目的合理性（正當性）的確認以及手段合理性（有效性）的把握彼此相關。這一過程既以知識的形成為內容，也以智慧的凝集、提升為題中之義，無論是真實世界的敞開，抑或當然之域的生成，都展示了理性能力的深沉力量。與理性或邏輯思維相輔相成的是想像、直覺、洞察等非理性的形式，後者的共同之點，在於以不同於一般理性或邏輯思維的方式，展示了人把握世界與人自身的內在力量。就想像而言，其特點首先表現為基於現實及既成的知識經驗而又超越現實的存在形態及已有的知識經驗，並由此敞開和發現更廣的可能之域（包括事物及觀念之間可能的聯繫）。以可能之域為指向，想像同時為創造性的把握世界提供了自由的空間。同樣，通過揚棄程式化的思路、簡縮習常的探索環節、轉換思維的方式，直覺使人不為已有界域所限定，以非推論的方式達到對世界和人自身新的理解和領悟。與想像和直覺相聯繫的洞察，則基於對思維之「度」的創造性把握，進一步指向事物的本質規定或具有決定意義的方面，並賦予理解以整體性、貫通性的品格。在判斷力中，人的能力得到了更為綜合的體現。以理性、感知、想像、直覺、洞察等方面的交互作用以及分析、比較、推論、確定、決斷等等的統一為具體的存在形態，判斷力涉及不同能力之間的交融，並指向觀念形態與對象之間的關

聯。從成己與成物的視域看，人的能力既構成了說明世界與改變世界的前提，又表現為認識自己與改變自己的內在條件。

　　與內在的人性能力相關的是外在的規範系統。規範系統所指向的是應然，由「應然」的層面考察，則成己與成物過程既涉及應當做什麼，也關乎應當如何做。「做什麼」所追問的，是確立何種行動的目標或方向，「如何做」所關切的，則是怎樣從行為方式上對人加以引導。與引導相反而相成的是限定或限制，後者主要以否定的方式規定「不應當」做某事或「不應當」以某種方式去做。引導與限定往往表現為同一原則的兩個相關方面。作為一個歷史過程，成己與成物不僅以人性能力為其內在條件，而且關聯著多重形式的規範系統：一方面，知、行過程本身包含不同意義上的規範性，另一方面，這一過程中形成的知識與智慧，又通過外化為普遍的規範系統而進一步制約知、行過程。

　　以成己與成物為作用的對象，規範一方面與目的性規定相聯繫，從而隱含價值之維，另一方面又基於實然與必然，從而有其本體論的根據。對當然、必然、實然的認識，不僅構成了不同知識系統的具體內容，而且通過實踐過程中的理性反思、德性自證而轉識成智，取得智慧的形態。內含當然、必然、實然的知識與智慧進一步與人的價值取向、實踐需要相融合，轉換為或滲入於不同的規範系統，並從不同的層面引導成己與成物的過程。在寬泛的意義上，規範可以理解為規定與評價人的活動（doing）及存在（being）形態的普遍準則。存在形態涉及成就什麼，規範在此具有導向的意義；活動或行動則首先指廣義的實踐過程，在引申的意義上，它也兼及意識活動（如認知、思維過程，等等）。規範系統既包括普遍層面的原

則，如一般的價值原則，也涉及不同領域中的當然之則，並兼及制約認識過程的邏輯、概念系統。在行動之前和行動之中，規範主要通過引導或約束行動來對其加以調節；在行動發生之後，規範則更多地構成了評價這種行動的準則。規範的以上作用往往通過個體的理解、認同、接受、選擇而實現，而個體的意識活動本身又受到規範的多方面制約。規範與個體內在意識的如上關係，從一個方面具體體現了心與理的統一。

如前所述，作為知識與智慧的內化形態，人性能力為成己與成物的過程提供了內在根據。相對於此，與知識以及智慧的外化相一致，規範系統更多地表現為成己與成物的外在條件。不難看到，基於知、行過程中形成的知識與智慧，人性能力與規範系統在本原的層面呈現了內在的統一。以意義世界的生成為指向，成己與成物的過程既本於內的人性能力，又依乎外在的普遍規範。規範系統離開了人性能力，往往容易導向抽象化、形式化，從而失去現實的生命力；人性能力無規範系統的範導，則難以避免任意性、偶然性，並可能由此失去自覺的品格。在人性能力與規範系統的互動中，成己與成物的過程逐漸趨於創造性、個體性、現實性與程式性、普遍性、自覺性的統一，這種統一，同時也為意義世界的生成提供了具體的擔保。

從觀念的形態看，意義世界首先展示了存在的可理解性。以成己與成物過程的歷史展開為背景，物之呈現與意之所向交互作用，世界則由此進入觀念的領域並取得觀念的形式。作為被認知與理解的對象，觀念之域中的事物呈現為有意義的世界圖景，後者分別與常識、科學、形而上等視域相聯繫。常識以對世界的感知、理解、

認同等等為內容，它在某種程度上表現為對事物的有序安頓，揚棄世界對於人的異己性，從而使生活實踐的常規形式成為可能。常識所展示的這種有序性既使世界呈現可理解的品格，也賦予它以內在的意義。與常識相對的是科學。以實驗及數學方法等為手段，科學對世界的理解不同於單純的現象直觀而更多地呈現實證性與理論化的特點，科學所顯現的世界秩序也有別於日常經驗中的常規性或非反常性：在數學的模型與符號的結構中，世界的有序性得到了不同於常識的獨特體現。科學的世界圖景在總體上指向的是經驗領域的對象，與之具有不同側重的是形上視域中的世界圖景。較之科學以實證與經驗的方式把握世界，形上的視域更多地與思辨的進路相聯繫。不過，在將世界理解為一種有序的系統這一點上，二者似乎又有相通之處。

意義的觀念形態或觀念形態的意義世界既表現為被認知或被理解的存在，也通過評價而被賦予價值的內涵。從把握世界的方式看，世界圖景所顯現的意義首先與「是什麼」的追問相聯繫：儘管世界圖景本身包含多方面的內涵，但作為人所理解的存在，它無疑更多地表現為在不同視域下，世界對人呈現為什麼；從而，也更直接地對應於「是什麼」的問題。事實上，世界被人理解為什麼，從另一角度看也就是：在人看來，世界「是什麼」。當然，這種確認，同時又以實在為其根據。與「是什麼」相聯繫的是「意味著什麼」，後者進一步將觀念形態的意義世界引向價值之域。從倫理、政治、審美到宗教之域，意義世界多方面地滲入了價值的內涵。與價值意識的作用相聯繫，意義世界的生成既以對象的意義呈現為內容，又涉及主體的意義賦予：對象呈現為某種意義，與主體賦予對

象以相關意義，本身表現為一個統一的過程。

由世界的敞開回到人的存在，關於對象意義的追問便進而轉向對人自身存在意義的關切。當人反思為何而在時，他所關切的也就是其自身的存在意義。與存在意義自我追問相聯繫的，是不同形式的精神世界或精神境界。相應於人自身的反思、體悟、感受，等等，境界或精神世界所內含的意義不僅涉及對象，而且指向人自身之「在」。事實上，在境界或精神世界中，較之外在對象的理解和把握，關於人自身存在意義的思和悟，已開始成為更為主導的方面。⓰就後者（對人自身存在意義的思和悟）而言，境界或精神世界的核心，集中體現於理想的追求與使命的意識。理想的追求以「人可以期望什麼」或「人應當期望什麼」為指向，使命的意識則展開為「人應當承擔什麼」的追問。以使命意識與理想追求為核心，人的境界在觀念的層面體現了人之為人的本質規定，從而，這一意義上的境界，也可以理解為人性境界。

從成己與成物的維度看，廣義的精神世界既包含人性境界，又涉及前文提及的人性能力。精神境界首先在價值、目的的層面上凸顯了人作為德性主體的內在品格，而人性能力則更多地從價值創造的方面展示了人作為實踐主體的存在意義。當然，儘管人性能力內在地體現了人的本質力量，但這並不意味著其現實作用及存在形態必然合乎人性發展的方向。正如在一定的歷史時期，勞動的異化往往導致人本身的異化一樣，人性能力也包含著異化為外在手段和工

⓰　對存在意義的把握在廣義上都涉及「悟」，而與存在意義的自我追尋相聯繫的「悟」，則更多地具有返身性並滲入於個體精神的昇華過程。

具的可能。另一方面，人性境界固然包含價值的內涵，但離開了人性能力及其在知行、過程中的具體展現，僅僅停留於觀念性的層面，則精神世界也容易流於抽象、玄虛、空泛的精神受用或精神承諾。從哲學史上看，宋明時期的心性之學在某種程度上便表現出以上傾向，它所倡導的醇儒之境，往往未能與變革世界的現實能力相融合，而主要以內向的心性涵養和思辨體驗為其內容，從而很難避免玄寂、虛泛的趨向。同樣，如上所述，實踐過程之中的能力如果缺乏德性的根據，也可能引向價值的歧途。就個體的存在而言，自由的人格既表現為價值目的意義上的德性主體，也呈現為價值創造意義上的實踐主體，這種存在形態不同於抽象層面上知、情、意的會融，而是具體地展現為人性能力與精神境界的統一。後者從人自身存在這一向度，進一步賦予意義世界以深沉的價值內涵。

意義不僅通過認識和評價活動在觀念的層面得到體現，而且基於實踐過程而外化於現實的存在領域或實在的世界。作為意義的外化或現實化，這種形成於知、行過程的存在領域同時可以視為意義世界的現實形態或外在形態。後者既涵蓋「人之天」或廣義的為我之物，也以生活世界與社會實在為其現實內容。

現實形態的意義世界首先相對於本然的存在而言。如前所述，本然的存在尚未進入人的知行之域，其意義亦未向人敞開；現實形態的意義世界則已打上了人的印記，表現為不同層面的為我之物。作為外在於知行領域、尚未與人發生實際聯繫的存在形態，本然之物既未在觀念層面構成有意義的對象，也沒有在實踐的層面獲得現實的意義。抽象地看，人與本然世界都屬廣義的「存在」，從而並非絕對分離，但當本然世界尚處於知行領域之外之時，二者則更多

地以相分而非相合的形式呈現。

以人對本然形態的敞開與變革為前提，存在首先呈現了現實性的品格。如前文所論，從人與存在的關係看，可以對「現實」與「實在」作一區分：本然的存在無疑具有實在性，但對人而言，它卻並不具有現實性的品格。如果說，人自身乃是在「贊天地之化育」、參與現實世界的形成過程中確證其本質力量，那麼，本然世界則通過融入人的知、行過程而呈現其現實的品格。事實上，以上兩個方面具有內在的一致性和統一性。這一過程既通過人的本質力量的對象化而表現了人的獨特存在方式，也改變了對象世界的存在形態。

人的世界當然並不僅僅表現為打上了人的印記或體現人的作用，在社會領域，它同時以合乎人性為其深沉內涵。寬泛而言，所謂合乎人性，意味著體現人不同於其他存在的普遍本質，而社會實在則構成了是否合乎人性或在何種程度上合乎人性的具體尺度或表徵。就人的存在而言，社會實在的意義與是否合乎人性無疑難以分離。如果說，以人為核心構成了社會實在不同於對象世界的特點，那麼，合乎人性則在更內的層面賦予它以存在的意義。作為意義世界的內在規定，合乎人性可以從不同的層面加以理解。人性與社會性具有相通之處，合乎人性相應地意味著獲得社會的品格或規定。人性的更實質、更內在的體現，涉及人的自由、人的潛能的多方面發展。自然僅僅與必然性和偶然性相關，唯有人才具有自由的要求與能力，社會實在是否以及在何種程度上合乎人性，與它是否以及在何種程度上體現走向自由的歷史進程具有一致性。

意義世界的內在形態與外在形態並非互不相關。對觀念形態或

內在的意義世界的追求，可以使我們始終關注世界之在與人自身存在的意義，避免人的物化及存在的遺忘。如果忽視了意義世界的這一層面，那麼，我們往往會僅僅面對一個異己的、純粹物化的世界。另一方面，如果無視意義世界的外在形式或現實形態，則常常會懸置、忘卻對現實世界的變革而僅僅囿於抽象、玄虛的精神世界。

從哲學史上看，康德在理論理性的層面關注的問題主要涉及「是什麼」：普遍必然的知識所提供的首先是現象之域的世界圖景。在實踐領域（首先是道德領域），他所追問的則是「應當」如何的問題。康德曾提出四個哲學問題，第一個問題（「我可以知道什麼」）與理論理性相關；第二個問題（「我應當做什麼」）便涉及實踐領域中的「應當」。❼然而，對於「應當」如何化為現實的問題，康德未能給予充分的關注。黑格爾認為「康德哲學是道德哲學」，而道德哲學的特點就是限定於「應然」❽，這一評論顯然也注意到了康德哲學的以上趨向。如果說，在理論理性的領域，現象與物自體的劃界，使康德無法真正解釋從本然世界（物自體）到意義世界（知行之域中的世界圖景）的轉化，那麼，僅僅執著「應當」，則使之難以對價值理想（應然之境）如何化為現實的意義世界這一問題，作出具體的理論說明。比較而言，黑格爾展示了更廣的視域。他首先以絕對觀念或絕對精神揚棄了現象與物自體的對峙，並相應地用思辨的方式克服了將現象之域的意義圖景與超驗領域的意義之境彼此

---

❼　參見康德：《邏輯學講義》（北京：商務印書館，1991 年），頁 15。
❽　黑格爾：《哲學史講演錄》（北京：商務印書館，1981 年），頁 43。

分離的問題。在黑格爾那裏，建立於絕對觀念之上的思辨體系，以邏輯學、自然哲學、精神哲學為主幹。邏輯具有超越、外在於人的意味，邏輯學所涉及的對象，也具有超越人的性質。自然則僅僅「預示精神」，此時人尚未出場，人的精神也尚未到來，自然哲學所論的內容，相應地呈現「非人」的特點。然而，在其精神哲學中，黑格爾開始聯繫人自身的存在來考察世界。如所周知，黑格爾的精神哲學又分為主觀精神、客觀精神和絕對精神。主觀精神以個體精神的演化為內容，所涉及的是個體意識和精神的發展過程；客觀精神體現了精神的外化過程，其形態分別展開為法、道德和倫理，而倫理又具體化為家庭、市民社會和國家，這裏實質上已涉及精神如何化為現實形態的問題。不過，此所謂現實主要側重於社會的層面，對於前面提到的如何通過變革對象世界以達到人化的實在或建構現實的意義世界這一問題，黑格爾同樣沒能給予充分關注。同時，黑格爾在總體上未能超出「以心（精神）觀之」的進路，對現實的存在以及現實的知、行過程，往往未能真切地加以把握。這樣，一方面，相對於康德，黑格爾注意到了存在的統一以及「應當」如何化為現實的問題，另一方面，在他那裏，存在本身以及如何由應當走向現實的問題還主要停留在精神領域（包括他所說的客觀精神）之中，這使其哲學系統在總體上無法擺脫思辨的性質。

就當代哲學而言，海德格爾一方面揚棄了黑格爾邏輯學中的超驗形式，另一方面也越出了黑格爾自然哲學中「非人」（人尚未出場）的視域。在某種意義上，他轉換了黑格爾精神哲學的思辨形態，將精神哲學中的人理解為生存過程中的人，亦即把個體的生存

意義放在較重要的位置。⓳與之相應，海德格爾更為關注的是與人的這種生存意義相聯繫的內在層面的意義世界。從這方面看，黑格爾的精神哲學和海德格爾的存在哲學在思想衍化的脈絡之中，似乎既具有差異，也存在前後的歷史聯繫。事實上，如前所述，海德格爾將此在作為關注重心，把人的存在主要限定於個體生存之域，並以畏、煩等內在體驗為此在的本真形態，本身既表現出不同於黑格爾思辨哲學的趨向，又在另一重意義上依然蘊含內在的思辨性。

　　維特根斯坦對意義世界同樣給與了相當的關注，在其後期，更進一步強調人自身的活動在意義構成、理解中的作用，亦即將人的實踐生活和意義的生成聯繫起來。然而，他同時似乎又主要把意義的世界僅僅限定於語義的世界。這一進路的邏輯後果之一，便是抽去了意義世界的價值內涵。儘管維特根斯坦並非完全忽略語言之外的其他問題（包括價值問題），但他對這些問題的考察，首先也是站在語言哲學的立場之上展開的。在廣義的分析哲學中，以上趨向得到了更具體的體現。就總體而言，分析哲學家所關注的，主要是理解－認知層面的意義。他們固然也論及價值問題，但其所討論的主要不是現實的價值關係。以廣義的「好」（good）而言，分析哲學系統中的元倫理學便主要關心「好」這個詞或概念表示什麼涵義，而不是「什麼是現實生活中好的東西」。同樣，關於「善」

⓳　海德格爾的以上進路似乎亦不同於胡塞爾，事實上，從胡塞爾的懸置存在到海德格爾的關注存在，其中不僅表現了方法論與本體論等不同的側重，而且在思維趨向上也蘊含著深刻的差異。不過，如前文已提及、後文將進一步討論的，海德格爾所理解的存在主要是此在，後者以個體內在的生存體驗為本真的形態，在這一方面，仍不難看到其現象學的背景。

（morally good），他們所感興趣的也是「善」這一概念的內涵究竟是什麼，或者說，我們在以「善」來指稱某種行為時，這一概念表達什麼涵義，對於「什麼是善的現實形態」、「善的行為意味著什麼」這一類問題，主流形態的分析哲學往往加以懸置。就以上方面而言，在追問理解－認知層面「意義」的同時，分析哲學對於目的－價值層面的意義，往往未能給予充分的關注。儘管分析哲學後來也開始討論諸如正義這樣一些涉及現實政治、倫理的問題，但其側重之點依然主要在形式、程式等方面，這與分析哲學後來雖關注形而上學問題，但基本上仍限於形式層面的語義分析這一進路大體一致。以上趨向蘊含著意義追尋的單向之維，它同時與科學主義存在著某種相關性：科學主義所注重的首先是物化的、技術層面的問題，對於價值之維的存在意義、人的精神世界，等等，則未能予以必要的關切。

可以看到，傳統的心性哲學和現代存在哲學的關切之點首先指向內在的（觀念之域的）意義世界，現實形態的（作為人化實在的）意義世界似乎未能在實質的層面進入其視野。相對於此，科學主義、實證主義則較多地關注物化的外在世界，對於內在的意義世界則相對忽視。然而，作為具體的存在，人既化本然對象為人化實在，從而創造現實形態的意義世界並存在於其中，也一再追問自身的存在意義並指向內在的意義世界。從價值觀上看，更為可取的進路在於揚棄意義世界的觀念形態（內在形態）與現實形態（外在形態）之間的分離和對峙，不斷在歷史過程中走向二者的統一。

無論是表現為外在的人化實在，抑或呈現為內在的觀念形態，意義世界都與人的存在難以分離。就意義世界與人之「在」的關係

而言，個體或個人無疑是一個無法忽略的方面：所謂意義，首先敞開和呈現於具體的個體或個人。

海德格爾對此在的關注，似乎也注意到了這一點，儘管他將視域僅僅限定於此，多少又表現了內在的偏向。從化本然之物為人化實在，到世界圖景和精神世界的形成，都離不開現實的個體。廣而言之，個體的存在具有某種本體論上的優先性，成己與成物的過程，在不同意義上都涉及具體的個體。個體的這種優先性，既體現於形上之維，也展開於社會之域。

在本體論的層面，個體雖屬於一定的類，但它本身卻無法再個例化。個體的這種不可個例化以及它與專名或限定之名的關聯，從不同的方面展示了個體的獨特性或唯一性。個體在時空中的變動，使之不斷形成特定的殊相。然而，個體同時又具有類的可歸屬性，這種類的可歸屬性，以個體包含類的普遍規定為其前提。內在於個體的普遍性可以理解為具體的共相，後者呈現雙重意義：一方面，它使同一類之中的不同個體相互區別，另一方面，它又為個體在殊相的變化中保持自我同一提供了內在根據。

在以上視域中，個體首先呈現為物。然而，如前所述，物的追問難以離開對人的沉思。在人的存在之域，個體以個人為具體的形態。個人既表現為身與心的統一，又展開為時間中的綿延同一，後者不僅涉及「形」（物理與生理）和「神」（心理與意識），而且以德性與人格的延續性、連續性為內容。作為「物」，個體常常被理解為「類」的殊相或個例，作為「人」，個體的存在則具有本體論上的一次性、不可重複性和價值論上的不可替代性。以物觀之，類中之例的變化、生滅對類本身的存在並無實質的影響；以人觀之，則

每一個體（個人）都具有不可消逝性，都不應加以忽視。個體同時以目的性為其內在規定，並內含著獨特的個性。個性既在本體論上展示了個人的獨特品格，也在價值論上與目的性規定相融合而體現了個人的存在取向。個性的生成與發展過程，同時以個體（個人）與社會的互動為其歷史內容。綜合起來，個人的以上內涵具體地表現為個體性與總體性的統一。

個人的統一不僅僅涉及身心等關係，在更廣的意義上，它同時關乎個人的同一性問題（personal identity）。以成己（成就人自身）為視域，個人的自我同一顯然無法迴避：成己的基本前提是自我的綿延同一。從歷時性上看，如果昨日之「我」非今日之「我」，明日之「我」也不同於昨日與今日之「我」，則自我的成就便失去了根據；就共時性而言，如果個體僅僅分化為不同的社會角色，而缺乏內在的統一性，則自我的成就同樣難以落實。就其現實性而言，個體雖經歷時間上的變遷並承擔不同的社會角色，但在形、神、社會關係、生活實踐等方面仍保持綿延同一，表現為同一個「我」。個體這種自我同一的意義，首先在於從本體論和價值論的層面，為成己的過程提供了背景。正是以個體的上述綿延同一為本，成己不僅展開為一個具有統一主體的過程，而且其延續性也由此獲得了內在的擔保。

從成就人自身這一方面看，人的內在價值的真正實現，與「自由個性」的發展相聯繫。以社會的衍化為視域，自由個性首先表現為超越人的依賴關係。按馬克思的理解，社會發展的「最初形式」以人的依賴性為其特點。在這種依賴關係中，個體往往歸屬於他人或外在的社會系統（包括等級結構），缺乏真實的個性與自主品格。

通過超越人的依賴關係而達到人的自主性與獨立性，構成了自由個性發展的重要方面。與人的依賴性前後相關的，是物的依賴性。前者（人的依賴性）蘊含著對人的個體性、自主性的消解，後者（物的依賴性）則意味著通過人的工具化或物化而掩蔽人的目的性規定和內在價值。在超越人的依賴性的同時，自由個性同時要求揚棄物的依賴性，這種揚棄的實質涵義，在於確認人的內在價值、肯定人的目的性規定。

　　以自由個性為指向的成己過程，從價值內涵與歷史衍化等方面具體展示了個體的存在意義。如果說，目的性等規定主要從人不同於物等方面突顯了個體的價值意義，那麼，與個人的全面發展相聯繫的自由個性，則賦予這種意義以更為具體的歷史內蘊。以揚棄人的依賴性與物的依賴性為前提，自由的個性既體現了人的目的性規定，又折射了社會的歷史演進，個體存在的意義由此獲得了更為深廣的價值內涵與歷史意蘊。意義在歷史過程中的如上生成，進一步從個體存在的層面表現了意義世界的歷史之維與價值向度。

　　自由的個性以及人性能力、內在境界，都較為直接地牽連著自我的空間或個人的領域，後者在更廣意義上涉及個體之域與公共領域的關係。作為個體，人具有內在的精神世界和個體性的領域，作為社會的存在，人則同時置身於經濟、政治、法律、文化等不同的公共領域或公共空間。歷史地看，一些哲學家將注意的重心主要指向公共空間或公共領域，另一些哲學家則較多地關注個人的內在領域。這樣的情形在當代哲學界依然可見。以人為歷史主體，成己與成物在社會領域的展開，總是多方面地關乎個體之域與公共領域。就其現實形態而言，成己與成物的過程離不開多樣的社會資源，資

源的獲取、占有、分配則涉及社會正義。與成己與成物的統一相
應，公共領域與個體領域並非彼此隔絕，自我實現與社會正義也呈
現相互交融的性質。從社會的衍化看，正義本身具有歷史性，並將
隨著歷史的演化而被超越。以社會資源和物質財富的增長為歷史前
提，人的存在價值的真正實現，具體地表現為人的自由發展，後者
既以成就自我為內容，又以成就世界為指向。在每個人的自由發展
與一切人的自由發展中，成己與成物作為意義世界的生成過程，其
歷史內涵也得到了充分的展現。

第一章 成己與成物視域中的意義

　　以認識世界與認識人自身、變革世界與成就人自身為具體的歷史內容，成己與成物的過程同時表現為意義和意義世界的生成過程。本然世界不存在意義的問題，意義與人無法分離。人既追問世界的意義，也探尋自身的存在意義，意義的發生也相應地本於人之「在」。本書的導言已提及，以人的存在以及人與世界的關係為視域，意義的內涵或意義的「意義」涉及「是什麼」、「意味著什麼」、「應當成為什麼」諸問題。「是什麼」具體指向何物存在與如何存在（事物以何種形態存在），其中既關聯著事物的呈現，也涉及人的意向性活動。「意味著什麼」以存在的價值意義為其內涵❶，就對象而言，它所追問的是事物是否合乎人的需要和理想以及在何種程度上合乎人的需要和理想，這種需要或理想既涉及物質生活層面的生存過程，也關乎社會領域及精神生活之域的知與行。就人自身而言，「意味著什麼」所指向的則是人自身的存在意義：人究竟為何而在？人的存在意義或人生意義的確認總是以人的價值目的和

---

❶ 在日常的語義層面，「意味著什麼」（what does it mean）既涉及事實之維的「是什麼」，也指具有何種價值意義。本書所說的「意味著什麼」則主要相對於「是什麼」而言，其內涵也相應地與「具有何種價值意義」相聯繫。

價值理想為根據，當人的生存過程與一定的價值目的或價值理想一致時，生活便顯得富有意義；反之，如果缺乏價值目標或遠離價值目標，則人生容易給人以無意義之感。

以事實層面的規定為指向，「是什麼」首先與認知過程相聯繫，「意味著什麼」則以價值關係及屬性為內容，從而關涉評價過程。認知與評價所展示和確認的意義，具有觀念的形態。相對於此，「應當成為什麼」則更多地呈現出實踐的意義。後者（實踐的意義）既體現於對象應如何「在」，也表現在人自身應如何「在」。就對象而言，「應當成為什麼」意味著通過人的實踐活動化「天之天」為「人之天」，從而使觀念層面的價值意義獲得現實的形態；就人自身而言，「應當成為什麼」則意味著在現實的知、行過程中走向理想的存在形態，不斷實現人生的意義。

從事實的認知到價值的評價，從認識世界與變革世界到認識人自身與變革人自身，從語言的描述到語言的表達，意義關乎不同的領域。澄明意義的「意義」，難以僅僅圍於意義內涵的邏輯辨析，它在更本原的層面涉及意義的生成過程。以成己與成物（認識世界與變革世界、認識自我與變革自我）的歷史展開為現實之源，意義生成並呈現於人與世界的互動過程。通過成就世界與成就自我的創造性活動，人在追尋意義的同時，也不斷賦予意義世界以具體的歷史內涵。

一、何為意義

作為人不同於物的存在方式，成己與成物的過程既敞開了世

界，又在世界之上打上人的各種印記，由此形成了不同形式的意義
之域。寬泛而言，意義之域也就是進入人的知、行領域的存在形
態，它可以表現為具體的實在，也可以取得觀念的形式。與意義之
域相對的是非意義之域。這裏需要對非意義（non-meaning）與無意義
（meaningless）作一區分。無意義本身是意義之域的現象，它或者表
現為無法理解意義上的「無意義」，或者呈現為無價值意義上的
「無意義」，這種「無意義」乃是相對於意義之域中的「有意義」
形態而言，是意義之域中的「無意義」。與之不同，「非意義」本
質上不屬於意義之域，它可以廣義地理解為尚未進入人的知、行領
域的存在。作為還未與人照面的對象，這一類的存在還處於意義領
域之外，關於它們，既不發生意義的問題，也不發生無意義的問
題。

　　在當代哲學中，海德格爾對意義與「此在」的關係作了較多的
考察。按他的理解，「意義是此在的一種生存性（existential）品格，
而不是附著於存在（beings）的屬性（這種屬性隱藏於存在之後，或作為兩
端之域浮蕩於某處）。」❷這裏的此在首先指個體的存在，生存性則
與個體的生存活動相關。與之相對的存在屬性，主要表現為對象性
的規定，它外在於人的存在過程而蘊含於對象之中。對海德格爾而
言，意義並不是單純的對象性規定，它本質上發生於個體的存在過
程。個體的存在過程同時又被理解為一個籌劃或規劃（project）的過
程，籌劃或規劃以人的自我設定、自我實現為指向，它意味著通過

---

❷　參見 M. Heidegger: *Being and Time*, State University of New York Press, 1996,
　　p.142.

人的生存活動化可能的存在為現實的存在。正是以此為視域，海德格爾進一步將意義與人的籌劃活動聯繫起來，並強調籌劃就在於敞開可能性。❸

　　海德格爾的以上看法，無疑已注意到意義的發生無法離開人自身之「在」。不過，如上所述，海德格爾所理解的人，主要是作為此在的個體，與之相關的人之「在」，則首先是個體的生存。事實上，前文提及的此在的「生存性」，便以個體的生存為內容。對意義與個體生存的這種關聯，海德格爾並不諱言，在他看來，意義現象即「植根於此在的生存結構」。❹從成己與成物的維度看，個體的生存所涉及的，主要是成己之域。同時，成己的過程包含與認識人自身和成就人自身相關的多重內容，個體的生存僅僅是其中的一個方面，將關注之點指向個體生存，意味著把意義主要限定於單向度的成己過程。更需提及的是，在海德格爾那裏，與現象學的哲學背景及突出此在的生存性相應，意義的問題往往與個體生存過程中畏、煩等內在體驗相聯繫，從而在實質上更多地涉及觀念之域。如後文將進一步討論的，從現實的層面看，人的存在境域不僅以成己（認識人自身與成就人自身）為指向，而且展開為一個廣義的成物（認識世界與變革世界）過程，後者既體現了人的實踐品格，也在更深和更廣的層面構成了意義的現實之源和歷史根據。海德格爾由此在的生存理解意義的「意義」誠然有見於意義的生成與此在的相關性，但同時又將成物（認識世界與變革世界）的過程置於視野之外，並著重強

---

❸　　Ibid., p.298.

❹　　Ibid., p.143.

調了與畏、煩等內在體驗相涉的觀念之維，從而未能真切地把握意
義的生成與人的存在之間的現實關係。

　　意義之域中的意義，其自身的「意義」究竟是什麼？對成己與
成物過程的具體分析，無疑可以提供解決以上問題的內在線索。如
上所述，成己與成物以認識世界和認識人自身、改變世界和改變人
自身為具體的歷史內容，這一過程首先涉及對世界與人自身的理
解：不僅認識世界與認識自己以理解世界與人自身為題中之義，而
且對世界與人自身的變革，也無法離開對人與世界的理解。無論是
成就人自身（成己），抑或成就世界（成物），都以把握真實的存在
為前提。對真實存在的這種切入，具體表現為知其實然，後者同時
包含著對現實存在的理解。從知其實然的層面看，存在的意義就在
於被理解或具有可理解性。對於缺乏古生物學知識的人來說，遠古
生物的化石就沒有與古生物相聯繫的意義：儘管它們在與人相遇
時，已進入了人的知、行之域，從而獲得了某種不同於本然存在的
「意義」，但在不能從古生物的角度理解這些化石的人那裏，其
「意義」僅僅表現為某種形態的石塊，這一層面的「意義」，顯然
並不是化石所真正內含的意義。化石作為一種特定的存在，其內在
的意義乃是通過人的理解而得到呈現，這種理解活動本身又歸屬於
認識世界的過程。可以看到，在知其實然或理解的層面上，意義主
要涉及「是什麼」的追問，而以「何物存在」、「如何存在」等問
題為指向，意義本身也獲得了認知的內容。

　　就邏輯或形式的視域而言，理解層面的意義，同時表現為可思
議性；後者的基本前提，在於合乎邏輯的法則。這裏所說的邏輯法
則，首先是同一律。金岳霖曾指出，同一律是「意義可能底最基本

的條件」。❺同一律要求概念具有確定的涵義，在一定的論域中，某一概念即表示某種涵義，不能隨意轉換。如「父」即指父，而不能同時指子，「教師」便表示教師，而不能同時意謂學生。違反了同一律，概念便會混亂，意義也無從確立，在此背景下既無法對相關對象和問題展開思議，也難以對其加以理解。與之相聯繫的是遵循矛盾律或排除邏輯矛盾：「思議底限制，就是矛盾。是矛盾的就是不可思議的。」❻同一律肯定的是 A＝A，矛盾律強調的則是 A 不能同時又是非 A。唯有排除了邏輯矛盾，觀念才有意義，思議和理解也才成為可能。如果說，事實層面的認知主要從實質之維展示了意義的內涵，那麼，作為理解與思議所以可能的必要條件，合乎邏輯更多地從形式的維度，規定了觀念之域的意義。質言之，在形式的層面，有意義意味著合乎邏輯之則，從而可以理解；無意義則表明有悖邏輯的規則，從而難以理解。

在日常的表述中，可以進一步看到理解－認知層面的意義與邏輯形式的以上關聯。「植物生長需要陽光和水」，這是有意義的陳述，因為它不僅包含認知內容，而且表述方式為邏輯規則所允許，從而具有可理解性。然而，「白晝比水更重」，這一陳述則無意義，因為它既沒有提供實質的認知內容，又對「白晝」和「水」這兩種分屬不同類的對象作了不合邏輯的聯結，從而無法理解。當然，在特定的語境中，某些表述雖然缺乏狹義的邏輯聯繫，但在經過轉換之後，仍可以展示出意義。以上述語句而言，如果用白晝隱

---

❺ 金岳霖：《知識論》（北京：商務印書館，1983 年），頁 414。

❻ 同上，頁 416。

喻包含正面價值的事物、水隱喻具有負面價值（如沉淪）的現象，則兩者便在指涉價值這一層面，呈現類的相通性，並由此獲得了可比性，從而，相關的表述也具有了某種意義。以下表述與之類似：人固有一死，或重於泰山，或輕於鴻毛。「死」本來與生命相關（表現為生命的終結），泰山與鴻毛則屬有別於生死的另一類現象，但在價值隱喻的層面，上述對象卻又表現出類的相通性，而用泰山和鴻毛分別隱喻死的不同價值內涵，也展現出特定的意義。需要指出的是，在以上情形中，一方面，廣義的邏輯法則依然制約著表述過程，價值的意蘊中也相應地滲入了可理解的認知內涵；另一方面，這裏的隱喻，首先表現為通過語言運用方式的轉換以表達某種價值觀念，與之相聯繫的意義，也更多地涉及下文將進一步討論的價值之域。在藝術作品（如詩）之中，往往可以看到類似的意義現象。

　　成就自我（成己）與成就世界（成物）不僅僅表現為對實然的把握，而且展開為一個按人的目的和理想變革世界、變革自我的過程。人與其他事物的差異之一，在於他既是一種存在，又不僅僅「存在著」、既居住在這個世界，又不僅僅是世界的棲居者。人總是不滿足於世界的既成形態，在面對實然的同時，人又不斷將視域指向當然。當然的形態也就是理想的形態，它基於對實然的理解，又滲入了人的目的，後者包含著廣義的價值關切。以目的為關注之點，存在的意義也相應地呈現價值的內涵：從成己與成物的目的性之維看，有意義就在於有價值。以杯水去滅車薪之火，常常被視為無意義之舉，這種無意義，並不在於它無法理解，而主要是指：相對於滅車薪之火這一目的而言，杯水並無真正的價值或作用。同

樣，螳臂當車，也往往被用來說明無謂之舉或無意義之舉，這裏的「無謂」或無意義，其內涵也就是：較之特定的目的（如阻擋車輛的前進），螳臂並沒有任何實質的或積極的價值。引申而言，以上論域中的意義，同時涉及目的、作用、功能，等等，與之相關的有意義，既表現為成己與成物本身包含的內在價值，也關乎不同的事物、觀念、行為對這一過程所具有的作用或功能。不難看到，上述層面的意義主要相應於「意味著什麼」的追問，而目的－價值則構成了其實質的內容。❼

目的－價值層面的意義，同時可以從更廣的層面加以理解。以道德領域而言，道德既是人存在的方式，同時也為人自身的存在提供了某種擔保。在社會演進的歷史過程中，通過共同的倫理理想、價值原則、行為規範、評價準則，等等，道德從一個側面提供了將社會成員凝聚起來的內在力量。這裏，道德的作用不僅僅表現為使人在自然層面的生物規定及社會層面的經濟、政治等等規定之外，另外獲得倫理的規定，它的更深刻的本體論意義在於：通過揚棄社會的無序性與分離性，從一個方面為存在價值的實現提供根據和擔

---

❼ 目的－價值之維的意義，往往呈現較為複雜的形態。從一個方面看似乎無意義的現象或行為，從另一方面考察又常常呈現其特定意義。以精衛填海而言，從目的之維看，以個體之力填海，其行動顯然缺乏實際的作用：個體的往復銜石，難以實現填海的目的，就此而言，它如同杯水車薪，沒有目的－價值層面的意義。然而，從這一舉動所體現的精神力量來說，則又有其正面的價值意義，後者具體表現在：它從一個方面展示了人變革對象的堅韌意志和力量，這種意志和力量進一步通過激勵人奮發努力而展示了其影響實踐過程的價值意義，精衛填海這一神話故事的內在寓意，也主要體現於後一方面。

保。與之相聯繫，道德領域中「善」的意義從根本上說便在於對人的存在價值的肯定，後者既表現為主體對自身存在價值的確認，也表現為主體間對存在價值的相互尊重和肯定❽，這種確認和肯定從不同的方面體現了人的目的性品格：惟有體現了人的這種目的性規定，行為才具有道德的意義或具有正面的道德意義。以上視域中的意義，從另一方面展現了意義的價值之維。

價值層面的無意義，往往表現為荒謬。加繆曾以有關西西弗的希臘神話，對這種無意義或荒謬作了形象的說明。西西弗觸犯了眾神，諸神為了懲罰西西弗，責令他把一塊巨石推上山頂，巨石因自身的重量，又從山頂上滾落下去。西西弗再次推上去，巨石則再次落下，如此周而復始、循環往復。作為人的行為，西西弗的以上活動，可以視為一種無謂之舉：它不斷重複，但永遠無法達到預定的目的，這種對實現特定的目的沒有任何價值或效用的活動，便缺乏實質的意義。當加繆把西西弗稱為「荒謬的英雄」時，他事實上也將西西弗的上述無意義之舉，視為荒謬的存在形態。❾以荒謬的形式呈現的無意義，無疑從否定的方面，突顯了價值層面的意義與目的性活動之間的關係。

成就人自身（成己）與成就世界（成物）的過程，總是涉及不同的對象以及人自身的多樣活動，後者（外在對象與人的活動）又與成己及成物的過程形成了多重形態的關係，這種關係往往呈現肯定或否

---

❽　參見楊國榮：《倫理與存在》第二章（上海：上海人民出版社，2002 年）。

❾　參見加繆：《西西弗的神話》（北京：生活·讀書·新知三聯書店，1987年），頁 157。

定的性質。當外在對象與人的活動構成了成己及成物的積極條件時，二者的關係即具有肯定的性質，反之，則關係便具有否定性。成己與成物過程的以上特點，也規定了意義的不同向度。通常所說的有意義與無意義，便分別體現了意義的肯定之維與否定之維。如上所述，從能否理解的角度看，有意義意味著可理解，無意義則表明不可理解，前者具有肯定的性質，後者則表現為對意義的否定。在認識的領域中，當某一命題被證偽時，其意義首先呈現否定的性質，❿反之，被證實的命題，則更多地具有肯定的意義。同樣，在價值之維，意義也有肯定與否定之分。以收穫為目標、並且最後確有所獲的耕作（勞動），是一種有意義的活動，無所事事地打發日子，則是對時間的無意義消耗，這裏的意義具有價值的內涵，而其中的有意義與無意義則分別表現了意義的肯定性質與否定性質。與價值意義的肯定性與否定性相聯繫的，是正面的或積極的意義與負面的或消極的意義。在變革世界的實踐中，外在的對象對於這一過程可以呈現積極或正面的價值意義，也可以呈現相反的意義。同一現象，對於不同條件之下的人類活動，常常呈現不同的價值意義，如持續的大雨對人的抗洪活動來說，無疑具有負面的意義，但對於抗旱鬥爭則呈現正面的意義。在這裏，價值意義的不同性質，與人變革世界（成物）的活動，顯然難以分離。

　　意義的呈現具有相對性。這不僅在於意義總是相對於成就自我（成己）與成就世界（成物）的過程而言，而且在於意義的生成具有

---

❿　當然，就命題的否證為進一步的認識提供了出發點而言，這種否證又包含肯定的意義。

條件性。在理解－認知這一維度上，意義的生成和呈現，本身以一定的知識背景為前提。對於缺乏數學知識的人來說，數學的符號、公式便沒有意義或沒有作為數學知識系統的意義。在這裏，需要對可理解性與實際的理解作一區分：在數學的知識系統形成之後，數學符號和數學的公式便具有可理解性，但對它們的實際理解，則以具備一定的數學知識為條件，只有當這些符號與公式被實際地理解時，它們才會呈現為有意義的形態。

同樣，目的－價值層面的意義，也具有相對性的一面。人的知、行過程展開於不同的歷史時期和社會背景，處於不同歷史時期與社會背景的知、行主體，其價值目的、價值取向也往往各不相同。同一現象，對於具有不同價值立場的主體，每每呈現不同的意義。以 20 世紀 20 年代發生於湖南的農民運動為例，對維護傳統秩序的鄉紳來說，它主要呈現負面的意義，所謂「糟的很」，就是對這種意義性質的判斷；對旨在變革既成秩序的志士而言，這種運動則呈現正面的意義，所謂「好得很」，便是對這一性質的認定。

意義的相對性同時也表現為意義呈現的個體差異。馬克思曾指出：「任何一個對象對我的意義（它只是對那個與它相適應的感覺說來才有意義）都以我的感覺所及的程度為限。」⑪某一存在形態，如一首歌，一種景物，等等，可能對某一特定個體具有特殊的懷舊意義；生活中的某一個人或某一種物對相關個體所具有的意義，也許超過其他的人與物，如此等等。這裏的意義，同時帶有個體的意

⑪　馬克思：《1844 年經濟學哲學手稿》（北京：人民出版社，1985 年），頁82-83。

味。⑫廣而言之，語言的運用也涉及個體性的「意味」，這種意味往往滲入了個體的情感、意向，它既涉及弗雷格所提到的語言附加，⑬也與語言在交往及實踐過程中的具體運用相聯繫。言說者所表達的所謂「言外之意」，傾聽者所聽出的「弦外之音」，便常常表現為某種特定的意味。

不難看到，在以上情景中，意義的呈現過程，包含著新的意義的生成與既成意義形態之間的互動。一方面，意義的每一次呈現，都同時表現為新的意義的生成，另一方面，這種生成又以既成的意義形態為出發點或背景。從過程的視域看，意義的呈現和生成與意義的既成形態很難彼此分離。人總是在知與行、成己與成物的過程中面對外部對象，知與行、成己與成物的展開過程中所形成的知識系統、價值觀念，等等，構成了一定的意義形態或意義世界；當外部對象呈現於人之前時，人事實上已經處於這種意義形態或意義世界之中，後者既構成了意義呈現和生成的前提，又以不同的方式規定或影響著意義的內涵和性質。在理解－認知的層面，是否擁有一定領域中的知識系統，往往制約著相關的現象、事物是否呈現意義以及呈現何種意義；在目的－價值的層面，已有的價值觀念和價值理想，則影響著人對外部現象所呈現意義的評價。

當然，既成意義形態的對人的制約以及意義呈現與個體存在的

---

⑫ 諾齊克曾將這類意義稱之為「作為個人意味、重要性、價值、緊要性的意義」，參見 Robert Nozick: *Philosophical Explanations*, Clarendon Press, Oxford,1981, p.574。

⑬ 參見《弗雷格語言哲學論著選輯》（北京：商務印書館，1994 年），頁119。

相關性，並不意味著意義完全缺乏普遍的、確定的內容。金岳霖在談到呈現時，曾區分了與個體相涉的「觀」和與類相涉的「觀」。對象的呈現同時意味著對象為人所「觀」，在此意義上，「呈現總是有觀的」。在金岳霖看來，個體之「觀」與特定的感知者相聯繫，具有主觀性；類之「觀」則是某一類的個體所共有之觀，從而具有客觀性。相應於「類」觀的這種呈現，也就是認識論上的所與。❶金岳霖所說的呈現和所與，主要涉及感知層面的意義。廣而言之，人對世界的把握和世界對人所呈現的意義，往往在更普遍的維度表現出二重性：作為意義主體的人，既是特定的個體，又是社會（類）中的成員，前者使之具有金岳霖所說的「個體觀」，由此呈現的對象意義，每每展示出個體的差異；後者則賦予人以「類觀」，與之相聯繫的意義呈現，相應地包含普遍的內涵。在人與世界的關聯中，感知具有初始的、直接的性質，感知過程中「個體觀」與「類觀」的交融，同時也從本原的層面，規定了意義呈現中個體性與普遍性、相對性與確定性的統一。從另一方面看，意義的相對性，常常與具有不同知識背景、價值立場的主體對存在的不同理解、體驗相聯繫。然而，存在與人的知、行過程的關係並不僅僅以相對性為品格，它同時也具有普遍的、確定的一面，後者同時制約著形成於這一過程的意義，並使意義無論在理解－認知的層面，抑或目的－價值的層面，都不同程度地呈現其普遍性、確定性。以理解而言，數學的公式、符號對於缺乏數學知識的特定個體而言固然沒有意義，但這些符號與公式在具有數學知識的人之中，卻呈現

---

❶　參見金岳霖：《知識論》（北京：商務印書館，1983 年），頁 472-476。

普遍的意義。同樣，在價值關係上，一定時期某種歷史現象對於具有不同價值立場的具體個體而言誠然呈現不同的價值意義，但我們仍可以通過考察這種現象與人類走向自由這一總的歷史趨向之間的關係，評價其內在意義，這一視域中的意義已超越了特定個體的價值立場，具有普遍的性質。

作為意義的二重基本形態，與理解－認知相聯繫的意義和與目的－價值相聯繫的意義並不是以互不相關的形式存在。成己與成物以認識自己與認識世界為題中之義，後者表現為廣義的認識過程，而在廣義的認識過程中，認知與評價無法彼此相分。認知與評價的相關性，也從一個方面規定了理解－認知層面的意義與目的－價值層面的意義之間的關聯。以審美領域音樂的欣賞而言，旋律、樂曲對某一個體是否呈現審美的意義，與個體是否具有欣賞音樂的能力相聯繫，「對於沒有音樂感的耳朵說來，再美的音樂也毫無意義。」❶所謂有「音樂感的耳朵」或具有欣賞音樂的能力，便包含對音樂的理解。❶然而，另一方面，審美的過程（包括音樂的欣賞）又與人的審美趣味相聯繫，後者更多地涉及價值意義。孔子曾聞韶樂而三月不知肉味，之所以如此，是因為韶樂合乎其審美的價值標準。與此同時，孔子又一再要求「放鄭聲」，後者源於鄭聲與其審美價值標準的衝突。不難注意到，韶樂與鄭聲這兩種音樂對孔子所

---

❶ 馬克思：《1844 年經濟學哲學手稿》（北京：人民出版社，1985 年），頁82。

❶ 這裏需要對聲音與特定的音樂作一區分。一定的音樂對於缺乏音樂背景的人而言，主要呈現為某種聲音，這種聲音當然也可以被賦予不同的意義或被理解為不同的意義，但這種「意義」不同於作為特定音樂的意義。

呈現的，是不同的審美意義，這種不同既涉及對二者的理解，也關乎內在的價值立場，而意義的理解之維與意義的價值之維在這裏則彼此交融。

在神秘主義那裏，以上關聯也以獨特的方式得到了體現。神秘主義以拒斥分析性的知識、強調不可分的統一等為特點，**⓱**它所追求的，首先是個體性的體驗、領悟、感受，後者同時構成了其意義之域。從外在的方面看，神秘主義的這一類體驗、領悟、感受似乎超乎理解，其意義也仿佛缺乏認知的內容。如何看待以上視域中的「意義」？這一問題可以從兩重角度加以考察。首先，被神秘主義歸入知識領域之外或不可理解的現象，本身可以成為解釋的對象：宗教之域的神秘體驗，可以作為廣義的宗教經驗加以研究和解釋，形而上學的大全、一體等觀念，則可以成為哲學分析的對象，如此等等。在以上解釋過程中，神秘主義以及它所關注的各種現象不僅可以用合乎邏輯的形式加以表述，而且也同時作為一種獨特的解釋對象而獲得了認知內容。另一方面，從神秘主義者自身的體驗過程看，他們所具有的獨特體驗，常常與他們的精神追求、終極關切相聯繫，而當這種體驗能夠滿足以上精神需要時，呈現神秘主義形式的體驗本身便對他們展示出某種意義。如果說，在前一種背景（以神秘主義為考察對象）下，神秘主義蘊含了某種理解－認知層面的意義，那麼，在後一種情況（以神秘主義者自身體驗為指向）下，神秘主義則更多地呈現了目的－價值層面的意義。作為相互關聯的二個方

⓱　參見 Bertrand Russel: *Mysticism and Logic*, Doubleday & Company, Inc. Garden City, New York, 1957, pp.8-11。

面，以上二者每每同時滲入於同一神秘主義系統之中。

中國哲學對「象」的理解，更具體地展示了意義的理解之維與意義的價值之維的相關性。「象」的思想首先體現於《易經》：在《易經》的卦象中，「象」的觀念便得到了較為集中的表達。以爻的組合為形式，卦象表現為一種符號。作為符號，卦象既包含多方面的涵義，又有自身的特點，並在不同的層面體現雙重品格：一方面，卦象有形有象，不同於一般的抽象概念而呈現為特定的感性形態，另一方面，它又以普遍的方式表徵不同的存在，並通過綜合的形態（易）「彌綸天地之道」❸；一方面，卦象指向並象徵具體的事與物，所謂「擬諸形容，象其物宜，是故謂之象」，另一方面，它又內含義與理，並被規定為表示普遍之意的符號形式，所謂「聖人立象以盡意」❹；一方面，卦象由爻所構成，而爻的數、位都按一定的秩序排列，從而，卦象也都具有相對的確定性，另一方面，通過改變卦象中的任何一個爻或爻位，卦象本身便可以轉換（由某一卦象轉換為另一卦象），從而，卦象也呈現流動性或可變動性；一方面，卦象作為一種由爻構成的特定符號，不同於一般的語言，另一方面，它又與語言緊密相關：不僅每一卦名通過語言而表示，而且對卦象中各爻的說明（爻辭），也總是借助語言而展開。要而言之，作為內含意義的符號系統，以卦象為形式的「象」在總體上表現為特殊與普遍、形象與觀念、靜與動、語言與非語言的統一。如果由此作更內在的考察，便可進一步注意到，在以上統一之後，內

---

❸　《易傳·繫辭上》。

❹　同上。

含著更深層的意蘊。《易經》本與占卜相關，占卜則涉及人的行為與對象世界的關係（包括對行為結果的預測）。對《易經》而言，卦象總是關聯外部世界，並表徵著不同的事與物：「變化者，進退之象也，剛柔者，晝夜之象也。」❷⓿這裏所說的「變化」意謂爻象的變化，「進退」則指自然與社會領域的變遷，「剛」與「柔」分別表示陽爻（剛）與陰爻（柔），晝夜則是自然的現象。然而，另一方面，與人的行為相聯繫，卦象又關乎吉凶：「聖人設卦觀象繫辭焉，而明吉凶。」❷⓵吉凶屬價值領域的現象：「吉」與「凶」分別表示正面或肯定性的價值與負面或否定性的價值；以象明吉凶，意味著賦予卦象以價值的意義。如果說，對自然和社會現象的表徵包含著認知－理解層面的內容，那麼，明吉凶所展示的則是價值意蘊，這樣，《易經》中的「象」作為符號系統便既包含認知－理解之維的意義，也滲入了目的－價值之維的意義。不難看到，「象」所內含的二重維度，從一個具體的方面表明，認知－理解之維的意義與目的－價值之維的意義在人的知、行過程中無法截然分離。

　　從更深層的視域看，作為成己與成物的實質內容，認識世界與認識自己、改變世界與改變自己的過程既包含對世界與人自身的理解，也與價值意義的實現相聯繫。如前所述，理解或認知之維的意義，首先與「是什麼」的問題相聯繫，「是什麼」的具體內容涉及事物的規定和性質、事物之間的關係、符號的內涵，等等。價值層面的意義所追問的，則是「意味著什麼」，作為價值的問題，「意

---

❷⓿　　同上。

❷⓵　　同上。

味著什麼」的具體內容涉及廣義上的利與害、善與惡、美與醜，等等。寬泛而言，「是什麼」的問題本於實然，「意味著什麼」的問題則往往引向當然，而在成就自我（成己）與成就世界（成物）的過程中，實然與當然無法彼此分離。按其實質的內容，成己與成物既以基於實然而形成當然為指向（現實所提供的可能與人的價值目的相結合而形成理想），又展開為一個化當然（理想）為實然（現實）的過程，當然或理想既體現了人的需要和目的，又以現實的存在（實然）為根據。同時，自我的成就與世界的變革不僅涉及「應當」（應當做什麼），而且關聯著「如何」（如何做）。如果說，作為發展目標的「應當」更多地體現了價值的要求，那麼，與實踐的具體展開相聯繫的「如何」則離不開對現實存在形態的理解和認知。不難看到，以成就自我（成己）與成就世界（成物）為指向，「是什麼」與「意味著什麼」、「應當」與「如何」呈現了內在的相關性。「是什麼」展示的是理解－認知層面的意義，「意味著什麼」所蘊含的，則是目的－價值層面的意義，正是實踐過程中以上方面的彼此相關，構成了意義的理解之維與價值之維相互關聯的現實根據。

二、符號、價值與意義

以理解－認知之維與目的－價值之維為具體內容，意義有不同的表現形態。在理解這一層面，意義首先與廣義的符號相聯繫，並以符號的涵義為其存在形態；在價值的層面，意義則內在於人化的存在之中，並以觀念形態的意義世界和現實形態的意義世界為主要的表現形式。

　　寬泛而言，符號可以區分為語言與非語言二重形式，從理解的層面看，語言顯然具有更基本的性質。也許正是有見於此，杜威認為：「語言是撫育一切意義的母親。」❷❷關於何為語言的意義這一問題，存在著不同的看法，這些不同的看法，在某種意義上體現了語言意義本身的多方面性。從詞源上看，西語中涉及言說的詞往往與照亮、顯示等相聯繫。約翰·麥奎利曾對此作了追溯：「希臘語的『說』（*phemi*）與『顯示』、『照亮』（*phaino*）有聯繫，所以與『光』（*phos*）也有聯繫。拉丁語的『說』（*dicere*）與希臘語的 *deknumi* 和德語的 *zeigen* 同源，都有『顯示』的意思，而這三個詞都可以追溯到古印歐語系的詞根 *di*，它表示『光亮』或『照耀』。」❷❸顯示、照亮，意味著從人的視域之外進入人的視域之中，在此意義上，語言的運用與認識世界的過程無疑具有一致性。

　　語言的出現與人的知、行過程無法分離。歷史地看，正是人的知、行過程的演進和展開，為語言的形成和發展提供了動力和本原。對語言意義的考察，不能離開這一基本事實。以人的知、行過程為本，語言的作用具體表現為描述（description）、表達（expression）、規定（prescription）。❷❹描述以事物的自身規定為指

---

❷❷　杜威：《經驗與自然》（南京：江蘇教育出版社，2005 年），頁 121。

❷❸　約翰·麥奎利：《神學的語言與邏輯》（成都：四川人民出版社，1992年），第 54-55。

❷❹　從更廣的視域看，語言的作用還包括激發（stimulation），其特點在於啟迪或引發某種思維或意識活動，這種激發可以體現於認識之域（觸發直覺、想像、洞見等），也可以表現在道德實踐、審美活動之中（喚起道德意識或引發審美經驗）。奧格登與理查茲所謂語詞可以「引起某種情感和態度」（參見後文），也涉及語言的這種激發作用。當然，從語言的運用方式來看，其

向，在這一層面，語言的意義體現於如其所是地把握實然，在諸如「這是一棵樹」的簡單描述中，已經蘊含了語言的如上意義。表達以人的內在觀念、態度、意願、情感等等為內容，這一層面的語言意義滲入了對已然（包括既成的現象和行為）的態度和立場，在「這棵樹真美」這一類的表達中，即已滲入語言的此種意義。規定則既基於實然與已然，又以實然與已然的改變為目標，與之相關的意義包含著應然的要求，在類似「這棵樹應當保護」（不准砍伐）這樣的規定中，語言的以上意義便得到了具體的展示。如果說，描述與「是什麼」的追問具有邏輯的聯繫、表達更直接地關乎「意味著什麼」，那麼，規定則涉及「應當成為什麼」。不難注意到，語言的如上意義與「意義」的本原形態具有內在的聯繫，二者都植根於世界之「在」與人的存在過程。

就語詞而言，其意義首先涉及指稱或所指，如「泰山」這一語詞的意義，就在於它所指稱的相關對象（泰山）。儘管不能將語言的意義僅僅歸結為指稱，也不能把語詞與所指的關係理解為簡單的對應關係，但以指稱或所指規定語詞的意義，無疑從一個方面折射了語言與現實之間的聯繫。這裏我們需要區分語詞對所指的直接指稱與間接指稱。當我們以「書」指稱書架上某一本書時，我們所指稱的這本書首先呈現為某種為直觀所及的特定的形態，如精裝（或平裝）、一定的厚度等，而以上語境中「書」這一詞直接指向的，也是該書的以上直觀特徵。但同時，上述對象（那本特定的「書」）

特點則主要展開於上述三個方面（描述、表達、規定）。事實上，其中語言的每一種運用方式，都可能在現實的交往過程中形成某種激發作用。

同時又包含書之為書的其他規定，如一定數量的文字、論述某種思想或學說，等等，這些規定雖然非直觀所及，但卻構成了該書內在具有的規定；當我們用「書」指稱該對象時，「書」這一語詞同時也以間接的方式，指稱了以上所有相關規定。如果說，與直接指稱相聯繫的語詞意義呈現直接的形態，那麼，間接指稱下的語詞意義，則具有間接的性質。語詞的直接指稱與間接指稱以及與之相應的直接意義與間接意義，從不同的方面表現了語詞意義與對象的聯繫，並為語詞和概念具體地把握現實對象提供了可能。❷⑤

　　當然，語詞與對象的以上關係，並不意味著凡語詞都必然指稱或表示現實的存在，名與實在之間也可以具有某種距離，人們常常列舉的「飛馬」、「金山」，便似乎沒有直接對應的指稱對象。但這並不表明語詞缺乏現實的根據。就詞的構成而言，「飛馬」、「金山」是對「飛（翼）」與「馬」、「金」與「山」的組合，分別地看，「飛（翼）」與「馬」、「金」與「山」都是現實地存在，從而，儘管「飛馬」、「金山」之名無實際的對應物，但其形成顯然並非完全與現實存在無涉。廣而言之，「飛馬」、「金山」同時也表示了事物可能的存在方式：它們不同於「黑的白」、「方

---

❷⑤　從理論上看，確認語詞的間接指稱意義，同時有助於回應懷疑論的責難。懷疑論往往根據語詞涵義的有限性與對象規定的豐富性之間的差異，對語詞以及概念能否有效指稱對象提出質疑。如莊子便認為：「可以言論者，物之粗也；可以意致者，物之精也。言之所不能論，意之所不能察致者，不期精粗焉。」（《莊子·秋水》）依此，則語詞所及，僅為物之「粗」（外在的規定），「不期精粗」者，則非語詞所能把握。這一看法的內在問題，在於僅僅肯定語詞的直接指稱，而未能充分注意語詞的間接指稱功能及其意義。

的圓」之類的表述，不涉及邏輯矛盾，從邏輯上說，凡不包含邏輯矛盾者，都屬可能的存在。可能世界的涵義較現實更廣（在邏輯上，現實存在只是可能世界的一種形態），與可能的存在形態相應，「飛馬」、「金山」等名亦有其廣義的本體論根據。

　　語言的意義不僅體現於語詞和所指關係，而且關乎達到所指的方式，後者同時也就是被表達事物的給定方式。如所周知，弗雷格曾區分了指稱與涵義，指稱以語言符號的所指為內容，涵義則體現於這種所指（對象）的符號表達方式。同一個所指，往往可以由不同的語言符號來表達，從而，其指稱相同，但涵義卻可以不一樣。如「晨星」與「暮星」的指稱相同（都指金星），但作為表達同一對象的不同符號，其涵義則彼此相異。如果說，指稱首先指向語言符號（語詞）與對象的認識關係，那麼，涵義則更多地涉及人把握或表達對象的方式。前者所側重的問題是人用語言符號把握了什麼，後者所關聯的問題，則是人以何種符號形式或以何種表達方式來把握對象。

　　通過指稱以把握對象，體現的主要是語言的描述性功能。如前所述，在描述對象的同時，語言的作用還體現於人自身（自我）的表達。這裏所說的表達，涉及情感、意願、態度、立場，等等。奧格登與理查茲曾區分了語詞的符號用法與語詞的情感用法。語詞的符號用法表現為陳述，語詞的情感用法則主要在於「表達或引起某種情感和態度」。❷所謂「引起」，可以視為自我的「表達」在傾

---

❷　C.K. Ogden and I.A. Richards: *The Meaning of Meaning – A Study of the Influence of Language upon Thought and of the Science of Symbolism*, Routledge & Paul

聽者之中所產生的結果，在此意義上，「表達」構成了語詞的情感
用法之更基本的方面。以表達為形式，語言的意義更多地與內在意
向的外在展現相聯繫。當人的情感、意願、態度、立場僅僅以內在
意向為存在形態時，往往無法為人所理解或為人所知，然而，在它
們被語言表達出來後，便獲得了可以理解的形式，而從語言的層面
看，這些情感、意願、態度、立場，等等，便構成了語言形式所蘊
含的意義。

　　當然，表達側重於內在意向的展現，並不意味著它與描述所涉
及的事實完全無關。對這一點，一些哲學家似乎未能予以充分的關
注。以道德哲學中的情感主義而言，他們在指出道德語言具有表達
意義的同時，往往忽視了這種語言蘊含的另一方面意義。如艾耶爾
便認為，當我說某種行為是對的或錯的時，「我僅僅是表達了某種
道德情感」，例如，當我說「你偷錢是錯的」時，我不過是以一種
特別的憤怒聲調，表達了對「你偷了錢」那一行為的態度。**㉗**在以
上看法中，道德語言的表達意義與描述意義似乎完全彼此排斥。事
實上，「你偷錢的行為是錯的」這一語句儘管首先表達了言說者的
態度與立場，但其中也包含某種描述內容。首先，作為評價對象的
「你偷錢」這一行為是已經發生的事實，它相應地表明了上述語句
的事實指向性。同時，將「偷錢」與「錯」聯繫起來（以「錯」這一
謂詞來規定「偷錢」的行為），也並非如艾耶爾所說的，是單純的情感

LTD, London, 1952, p.149.

㉗　參見 A.J. Ayer: *Language, Truth, and Logic*, Dover Publication, 1952, pp.107-
108。

表達或特殊的語氣，而是對一定歷史時期制度事實的確認（偷錢具有不正當的性質，是一定財產關係和財產所有制中的一種社會化、制度化的事實），艾耶爾將以上語句僅僅視為情感的宣泄，既忽視了語言運用的具體社會歷史背景，也對語言的描述意義與表達意義作了不適當的分離。

表達與指稱或描述的以上聯繫同時也表明，它無法完全撇開現實的內容。事實上，當人們以表達的方式展示自己的情感、意願、態度、立場時，這些表達形式總是具有現實的指向性，並內在地滲入了對相關存在的看法，這種看法首先涉及評價。情感、意願、態度、立場以愛憎或悲歡、認同或拒斥、嚮往或抵制、贊成或反對等等為具體的內容，而在這些意向與態度的背後，則是對相關對象的價值評價：喜愛、認同、嚮往、贊成與憎恨、拒斥、抵制、反對分別以確認相關對象的正面價值性質或負面價值性質為前提。從語言的表達形式看，評價所指向的，是人的需要、目的與相關對象的關係，其意義具體展現為「意味著什麼」。相應於表達與指稱（或描述）的如上聯繫，評價意義上的「意味著什麼」與認知意義上的「是什麼」，並非彼此隔絕。中國哲學很早已注意到這一點，《呂氏春秋》便曾對名言的特點作了如下概述：「言盡理，而得失利害定矣。」❷❽這裏的「盡理」屬認知之域，「得失利害」則是評價層面的內容。在《呂氏春秋》看來，名言在認知意義上「盡理」的同時，也涉及對「得失利害」等價值規定的評價。

評價與規範往往難以相分：語言的評價意義與規範意義存在著

---

❷❽　《呂氏春秋·開春》。

內在的相關性。當我們以評價的方式確認某種存在形態或行為是好的或具有正面的價值意義時，這種確認同時也意味著我們應當選擇相關的行為或達到相關的存在形態。奧斯汀提出「以言行事」、黑爾肯定道德語言對行為的指導意義，等等，已從不同的方面注意到語言的規範作用。相對於描述和表達，語言的以上規範性，體現的是前文所說的規定功能。以「應當成為什麼」的追問為指向，語言在現實生活中的規定或規範意義，在更深的層面涉及對世界的變革。孔子曾提出了正名之說：「名不正則言不順，言不順則事不成，事不成則禮樂不興。」❷❾這裏的「名」，是指與某種體制或規範系統相聯繫的名稱，正名，則要求行為方式合乎「名」所表示的體制及規範系統。同一意義上的所謂「君君、臣臣、父父、子子」❸⓿，便是指君、臣、父、子都應遵循相關名稱所體現的規範。值得注意的是，孔子將這一正名的過程與「成事」及「興禮樂」聯繫起來。「事」泛指人的實踐活動，「禮樂」則包括政治、文化的制度，通過正名而達到「成事」、「興禮樂」，相應地意味著肯定「名」在政治文化體制建構中的作用。在相近的意義上，《易傳》強調：「鼓天下之動者存乎辭。」❸❶「辭」以名言為其形式，認為「辭」可以「鼓天下之動」，同時也蘊含著對名言作用的肯定。王夫之對此作了進一步的解釋和發揮：「辭，所以顯器而鼓天下之

---

❷❾　《論語·子路》。

❸⓿　《論語·顏淵》。

❸❶　《易傳·繫辭上》。

動，使勉於治器也。」❸❷「顯器」，側重於對實然或外部世界的描述和說明，「治器」，則意味著從「當然」出發來規定、變革外部世界。以辭「顯器」與以辭「治器」的統一，在不同層面上涉及了名言與現實的關係。不難看到，語言的以上規定或規範意義，進一步將語言與人的實踐活動聯繫起來。

莫里斯在研究指號（sign）意義時，曾區分了語義學（semantics）、語用學（pragmatics）和語形學（syntactics）。語義學研究的是指號與指號所涉及的對象之間的關係，語用學研究的是指號和解釋者之間的關係，語形學研究的則是不同指號之間的關係。❸❸莫里斯所說的指號包括語言，從語言的層面看，以上區分無疑注意到了語言意義的不同側面，並為語言意義的研究展示了多重維度。不過，它同時似乎又表現了一種趨向，即把語義、語形與人分離開來，僅僅在語用的層面，肯定語言意義與人的關聯。而且，即使在這一層面，也單純地從解釋的角度規定意義與人的關係。事實上，就其現實形態而言，無論在語用的層面，抑或語形或語義之維，語言意義的生成，都無法離開人的知、行過程。誠然，從語義看，語言符號的內涵涉及符號與對象的關係，同時，以不同的名分別地把握不同的對象，也有其本體論的根據：通過不同的名將對象區分開來，從而超越混沌的形態，是以對象之間本身存在內在的差異為前提的；惟有事物本身具有可分性，以名辨物才成為可能。然而，以

---

❸❷　王夫之：《周易外傳》卷五，《船山全書》，第 1 冊（長沙：嶽麓書社，1996 年），頁 1029。

❸❸　參見 Charles Morris: *Foundation of the Theory of Signs*, University of Chicago Press, 1938。

何種符號來指稱或表示對象，則是在變革世界（成物）與變革自我
（成己）的歷史過程中約定的。同時，也正是在這一過程的歷史展
開中，語言符號與所指對象的關係逐漸確定化、穩定化，並取得了
巴爾特所謂「自然化」的性質。❸在這裏，語義的生成顯然不僅僅
涉及符號與對象的關係，而是具體展開為符號、對象與人的知、行
過程之間的互動。進而言之，符號與它所指稱的對象之間的聯繫，
本身也是在人的知、行過程中建立起來的。就語言符號之間的關係
（語形之維）而言，其意義誠然首先涉及與指稱相對的涵義，然而，
從實質的層面看，語言符號在涵義上的差異，與人的存在同樣難以
分離。以前文提及的「暮星」與「晨星」來說，二者涵義的差異，
惟有對作為「類」的人及其活動才有意義：同一對象（金星）之獲
得「晨星」和「暮星」的不同涵義，在相當程度上乃是基於人的生
活實踐，包括人類在相當長的歷史時期中日出（晨）而作、日入
（暮）而息的勞動和生活方式。最後，語言符號和解釋者之間的關
係（語用之維），更直接的表現了語言意義與人的不可分離性。當
然，二者的這種相關，並不僅僅囿於解釋，事實上，解釋本身總是
發生、展開於更廣意義上的知、行過程，並以人與世界在不同條件
下的交互作用為具體背景。當後期維特根斯坦肯定語詞的意義在於
運用時，他無疑也注意到了語言符號的意義與人的生活、實踐過程
之間的聯繫。

以上所討論的語言符號首先涉及語詞。從認識論上看，單純的

---

❸　羅蘭·巴爾特：《符號學原理》（北京：生活·讀書·新知三聯書店，1999
年），頁42。

語詞往往無法表示知識，如僅僅說出「馬」，並不表明獲得了具體的知識，惟有形成「這是馬」或「馬是動物」等陳述，才意味著對事物有所知。維特根斯坦已明確肯定了這一點：「只有命題才有意義；只有在命題的前後聯繫中，名稱才有意義。」❸在語言形式上，命題或判斷具體表現為語句或句子。語詞往往以「分」、「定」為特點，語句則將不同的詞聯結起來；語詞所指稱的是不同的對象，而作為語句內涵的命題則指向對象之間或觀念之間的聯繫。與語詞的意義有其現實的根據一樣，語句所蘊含的語詞聯結，也只有本於現實的關係，才能獲得真實的意義，而從根本上說，這種現實的關係又是在變革世界（成物）與變革自我（成己）的過程中呈現、敞開和形成的。同時，語句的意義表現為命題，與同一所指可以用不同的語詞表示一樣，命題也可以由不同的語句來表達。弗雷格已注意到，相對於命題，語句往往有各種附加的成分，這種附加包括情感、態度，等等，語句的這種附加使語句意義的呈現變得更為複雜。就其略去了各種外在的附加而言，命題似乎可以視為語句的邏輯抽象，與之相對，語句則表現為命題的現實存在形態：離開了語句，命題便無法表達。作為思想及意義實際的存在方式，語句的情感、態度等附加同時也表明，在現實形態上，語言意義的生成、理解，與人的存在及其活動難以分離。

語詞和語句都屬廣義的語言符號。與語言符號相對的是非語言

---

❸　維特根斯坦：《邏輯哲學論》3.3（北京：商務印書館，1985 年），頁 32，譯文據英譯本作了改動。參見 *Tractatus Logico-Philosophicus*, Translated by C.K. Ogden, Dover Publication, Inc., 1999, p.39。

符號，後者又可以區分為人工符號與非人工符號。人工符號是人直接創造的符號，語言在廣義上也可歸入人工符號。從非語言的層面看，人工符號涉及更寬泛的領域，從交通信號到電碼、化學符號，從體態或身姿符號（所謂「肢體語言」，如面部表情、手勢等）、藝術符號（如繪畫、雕塑、音樂、舞蹈等）到建築符號，等等，人工符號涵蓋人類認識和實踐活動的各個方面。從其起源看，不同形式的人工符號最終產生於認識世界與認識自己、變革世界與成就自我的歷史過程，其意義也生成於這一過程。以交通信號而言，作為保證道路暢通、維護城市交通秩序的手段，它是交通工具、城市道路發展到一定歷史階段的產物，對其符號意義（如紅燈意味著停止行駛或行走，綠燈意味著可以行駛或行走）的理解，則以教育、生活實踐為其前提。

　　人工符號之外，尚有非人工符號，這種非人工符號也可以視為自然符號。月暈而風，礎潤而雨，這裏的「月暈」（月球周圍出現光環）、「礎潤」（基石潤濕），便是一種自然的符號，二者的意義分別與「起風」、「下雨」相聯繫。又如通常所說的「一葉知秋」，它所涉及的是「一葉」與「秋天」的關係，其中的「一葉」作為秋天的象徵，也表現為一種自然的符號。此外，因火而起的「煙」、作為疾病徵兆的體溫，等等，都屬自然的符號。除了這些較為簡單的符號形態外，還有更為複雜的自然符號，如化石。作為遠古生物的表徵，化石不同於文物，文物作為人的創造物可以視為人工符號，化石則是表示古生物的自然符號。在引申的意義上，自然符號還包括具有象徵作用的自然物，如雪往往被視為象徵純潔的自然符號，花作為自然符號則常常表徵美。

　　從形式的層面看，自然符號似乎僅僅展現為自然對象之間的關

係，無論是月與風、礎（基石）與雨，抑或樹葉與秋天、化石與古
生物，相關的兩個方面首先都表現為自然的存在。這是不是表明自
然符號的意義與人無涉，從而完全是「自然」的？回答顯然是否定
的。就自然對象本身而言，其間固然也存在種種的關係，但這種關
係首先具有自在的性質。自然對象之呈現為有意義的符號，與人的
知、行過程以及與之相關的理解和解釋難以分離。就上文提及的月
與風、礎（基石）與雨，以及樹葉與秋天、化石與古生物等關係而
言，這裏無疑內含著自然層面的因果之維：月暈是因光線折射於高
空中的卷雲或捲層雲的冰晶而形成的，月暈的出現，表明天空出現
卷雲或捲層雲，後者與風的形成又有某種聯繫；礎潤意味著空氣的
濕度較大，而空氣濕度的增加與降雨則存在著因果關聯。同樣，樹
葉的泛黃或飄落，與秋天的氣候條件之間也具有因果的關係，古生
物化石則由古生物體與地質環境、氣候等的交互作用而形成。然
而，當帶光環的月球（月暈）、潮濕的基石（礎潤）、泛黃或飄落的
樹葉、生物化石作為有意義的自然符號而呈現時，它們與它們所表
徵的現象之間，已不僅僅限於自然層面的因果關係，而是同時進入
人與對象之間的認識或解釋關係。作為單純的自然對象，帶光環之
月、濕潤之石本身只是存在著的自然之物或發生著的自然現象，並
沒有處於意義的領域；正是人的知、行過程，將自然的對象引入了
意義的領域，並使之成為有意義的符號。不難看到，在上述自然符
號與它們所表示的現象或事物之間，事實上已滲入了某種推論、解
釋關係：月暈之提示風、礎潤之預告雨、化石之表徵古生物，等
等，這些意義關係的形成，都涉及認識層面的推論和解釋。離開了
人的知、行過程以及與之相聯繫的推論、解釋，自然符號的意義便

既難以生成，也無法理解。

　　自然符號意義的生成與人的知、行過程的相關性，在自然符號與語言的聯繫中得到了進一步的展示。如前所述，符號在廣義上可以區分為語言符號與非語言符號，而在二者之中，語言符號又構成了更基本的方面。事實上，以非語言形式存在的符號，其意義往往要通過語言才能呈現和理解。巴爾特已注意到了這一點，在他看來，「感知某物所要表達的意義，不可避免地要借助語言的分解」，因為「所有的符號系統都與語言糾纏不清」。㊱在非語言的人工符號系統中，符號常常只有在翻譯或轉換為語言之後，才成為有意義的符號，並獲得理解。同樣，自然符號意義的呈現和理解，也無法離開語言。不僅在月暈而風、礎潤而雨、化石對古生物的表徵等具有推論關係的符號呈現中，語言構成了意義呈現與理解的條件，而且在諸如以花象徵美、以雪象徵純潔等符號活動中，也內含著「花」、「雪」、「美」、「純潔」等語言的運用。語言對自然符號的滲入，從另一方面表現了人把握世界的活動對於意義生成的本原性。

　　前文已論及，與符號相關的意義，主要指向理解。從理解這一層看，意義的形成與呈現在邏輯上基於存在的可理解性。存在的可理解性涉及其根據或原因：事物的存在若無根據或原因，便無法理解。上述之點既包含本體論的內涵，也具有認識論的意義：從本體論上說，任何事物的存在都有其根據或原因；就認識論而言，對事

㊱　羅蘭·巴爾特：《符號學原理》（北京：生活·讀書·新知三聯書店，1999年），頁 2-3。

物的理解以事物的根據或原因所提供的可理解性為前提。海德格爾
曾將「無物無故（nothing is without reason）」規定為理性原理或理由律
（the principle of reason），這裏的「故」既是本體論意義上的原因或根
據，又涉及推論和解釋中的理由。按海德格爾之見，以上原理所說
的是：「每一事物當且僅當被確定無疑地確立為可理解的認識對象
時，它才能被認為是存在的。」**❸⁷**認識對象的確立涉及認識過程，
「被認為存在」則包含著本體論的確認，二者的相關，意味著從本
體論與認識論的交融中，將對象的理解與人的認識過程聯繫起來。
要而言之，在本體論的層面，不存在「無緣無故」的事物；就認識
過而言，事物若「無緣無故」，則無法理解。從意義的理解向度
看，理性原理或理由律無疑為意義的生成提供了本體論和認識論的
根據。戴維森（Davidson）在談到行動的構成及行動的解釋時，也涉
及了以上問題。在他看來，「理由（reason）使行動理性化
（rationalizes the action）。」**❸⁸**所謂行動的理性化，既指對行動的合理
論證（justification），也意味著行動本身可以按理性的方式加以理解
或解釋。儘管戴維森在此並未以意義為直接的關注之點，但以上看
法同時也從人的實踐（行動）這一層面，肯定了意義的理解之維與
理由的聯繫。

　　以上所論，主要是以符號的方式所呈現的意義，其內涵首先涉
及理解和認知。相對於符號系統的意義所側重的理解之維，與人的

---

❸⁷　參見 M. Heidegger: *The Principle of Reason*, Indiana University Press, 1996. p.3, p.120。

❸⁸　D. Davidson: *Essays on Actions and Events,* Clarendon Press, Oxford, 1982, p.3.

目的相聯繫的意義,更多地指向價值之域。如前所述,從成己與成物的目的性之維看,有意義與有價值具有一致性;與之相應,這一層面的意義形態和價值形態也無法分離。符號總是代表著其他事物,用胡塞爾的話來表述,即:「符號都是某種東西的符號」。❸❾符號的這一特徵,使其意義也往往指向自身(符號)之外。與之有所不同,價值層面的意義,則首先和人自身的存在相聯繫,並內在於人的存在過程之中。作為成己與成物過程的主體,人對價值意義的追求,同時也表現為一個自我肯定的過程。

　　寬泛而言,在價值領域,意義既可以表現為觀念的形態,也可以通過人化實在的形態來呈現。在觀念的層面,意義的內涵首先以真善美為內涵。真既與敞開真實的世界相聯繫,也體現於倫理實踐的過程,前者通過提供真實的世界圖景而展示了其價值的意義,後者則以形成真誠的德性為指向。善在廣義上表現為價值理想的實現,其觀念形態則既體現於道德理想,也展開為更廣意義上變革世界的規範系統。美形成於人的本質力量的對象化過程,在合規律性與合目的性的統一中,審美的理想揚棄了自然的人化與人的自然化之間的張力,為人的價值創造提供了觀念的引導,而其內在的價值意義也呈現於這一過程。

　　在成己與成物的過程中,世界意義的追問與人自身存在意義的關切總是相互關聯。當人思考為何而在時,他所關切的也就是其自身的存在意義。與存在意義的自我追問相聯繫的,是不同形式的精神世界或精神境界。以內在的反思、體悟、感受等等為形式,境界

---

❸❾　胡塞爾:《邏輯研究》第二卷(上海:上海譯文出版社,1998年),頁26。

或精神世界所內含的意義不僅涉及對象，而且指向人自身之
「在」。事實上，如後文將進一步論述的，在境界或精神世界中，
較之外在對象的理解和把握，對人自身存在意義的思和悟，已開始
成為更為主導的方面。就後者（對人自身存在意義的思和悟）而言，境
界或精神世界的核心，集中體現於理想的追求與使命的意識。理想
的追求以「人可以期望什麼」或「人應當期望什麼」為指向，使命
的意識則展開為「人應當承擔什麼」的追問。以使命意識與責任意
識為核心，人的境界在觀念的層面體現了人之為人的本質規定，它
同時也使觀念層面的價值意義得到了內在的展現。

　　價值意義既通過評價活動在觀念的層面得到體現，又基於廣義
的實踐過程而外化於現實的存在領域或實在的世界。作為意義的外
化或現實化，這種形成於知、行過程的存在領域同時可以視為價值
意義的現實形態或外在形態。後者既涵蓋為我之物，也以生活世界
與社會體制等為其現實內容，這些存在形態在總體上可以視為廣義
的人化實在。

　　以人化實在的方式呈現的意義形態首先相對於尚未進入知、行
之域的存在而言。知、行領域之外的對象具有本然的性質，以人化
實在為內容的意義形態則已打上了人的印記，表現為不同層面的為
我之物。用中國哲學的概念來表述，本然之物也就是所謂「天之
天」，作為外在於知行領域、尚未與人發生實際聯繫的存在形態，
它既未在觀念層面構成有意義的對象，也沒有在實踐的層面獲得現
實的意義。抽象地看，人與本然之物都屬「存在」，從而並非絕然
分離，但當本然之物處於知行領域之外，從而尚未與人照面時，它
與人的關係更多地呈現相分而非相合的形態。通過化自在之物為為

我之物，人開始在本然世界之上打上自己的印記，而本然存在則由此獲得了價值的意義。

可以看到，意義既涉及語言與非語言的符號，並以可理解性為其內涵，又與人的目的和理想相聯繫，並包含價值的意蘊。從現實的形態看，無論在符號之維，抑或價值之域，意義都既有相對確定的呈現形式，又內在於一定的系統並通過系統之中相關方面的彼此聯繫而形成具體規定。以語言而言，不同的語詞無疑有其相對確定的涵義，然而，語詞在實際的運用中，又並非孤立地呈現其意義，它總是與其他語詞、語句彼此相關，並在這種關聯中獲得其具體內涵。進而言之，語詞、語句所表達的概念、命題，也與一定理論系統中其他的概念、命題相互關聯，其意義也惟有在這種聯繫中才能具體呈現並被把握，認識論及語言學中的整體論（holism）已注意到這一點。同樣，價值之域中的觀念、原則，等等，其意義的呈現，也無法離開一定的價值系統。歷史地看，儒家在先秦已提出「仁」的觀念，並以此為核心的價值原則。然而，要把握「仁」的內在意義，便不能僅僅限定於這一觀念本身。事實上，在儒家那裏，「仁」的觀念同時涉及天與人、仁與禮、仁與孝悌等關係：就天人之辯而言，仁意味著肯定人具有不同於自然對象的內在價值；從仁與禮的關係看，仁既構成了禮的實質規定，又以禮為其外在形式；在仁與孝悌的關係上，仁展示了其倫理之源及根據（孝悌為仁之本），如此等等。正是通過以上價值系統，「仁」呈現了其多方面的意義，也惟有基於以上系統，才能理解「仁」的豐富內涵。意義之內在並呈現於一定的系統，與世界本身及人的知、行活動的多方面性難以分離：不妨說，意義的系統性或關係品格，便植根於存在

自身的系統性及知行、過程的具體性。

就更廣的視域而言，如前所述，理解層面的意義與價值之維的意義在變革世界（成物）與變革自我（成己）的過程中並非彼此分離，與之相聯繫，以符號形式展現的意義形態與具有價值內涵的意義形態，也呈現內在的相關性。一方面，無論是語言符號，抑或非語言符號，都往往包含著價值的意蘊，以語言而言，語詞對人所具有的意味，語句的情感等負載，都滲入了價值的內涵，非語言的符號如國旗、文物、歷史的建築，等等，也都內含價值的意蘊。另一方面，價值形態所蘊含的意義也難以完全與符號相分離：以觀念為形態的價值意義每每通過語言等形式表現出來，實在形態（人化實在）的價值意義，則常常取得表徵人的本質力量的符號形式。同時，內含於價值形態的意義，其呈現也往往離不開理解，狄爾泰已指出了這一點：「任何一種無法理解的東西，都不可能具有意義或價值。」❹就以上方面而言，意義的不同形態與意義本身一樣，具有互融、交錯的特點。事實上，同一意義形態（包括符號、觀念系統、人化實在等），往往可以呈現不同的意義內涵：在認知關係中，其意義主要與可理解性相聯繫；在評價關係中，其意義則更多地包含價值內涵。作為成己與成物的相關方面，二者既有不同維度，又彼此交融。

---

❹ 狄爾泰：《歷史中的意義》（北京：中國城市出版社，2002 年），頁 143。

三、二重趨向及其限度

　　以上考察表明，意義儘管有不同的維度和存在形態，但其生成和呈現都與成己、成物的過程難以分離。如何理解意義與人的這種聯繫？這一問題既涉及意義本身的「意義」，也關聯著更廣視域中人的存在意義，而在以上兩個方面，都存在著不同的偏向。探究意義的意義，需要對此作進一步的考察。

　　意義的存在，與意義的呈現方式往往無法相分。然而，一些哲學家在討論意義問題時，每每未能充分地關注意義的以上性質。對他們而言，意義似乎可以僅僅表現為對象的內在規定。在這方面，波蘭尼的看法具有一定的代表性。在與泊勞斯切合著的《意義》（*Meaning*）一書中，波蘭尼從不同的方面對意義作了考察。在他看來，不僅人，而且一切「有生命之物，不管是個體還是類，都指向意義。」❹進而言之，意義不僅是所有的生物所追求的對象，而且內在於我們所知的一切事物之中：「我們有理由說，我們所知的一切事物都充滿意義，而完全不是荒謬的，儘管我們有時未能把握這些意義。」❷根據以上理解，意義似乎構成了事物自在的規定：不管事物是否進入人的知、行之域，也無論這些事物是否已為人所把握，它們都有不變的意義。這一看法對意義生成與成己和成物過程之間的內在關聯，顯然未能給予充分的注意。事實上，對象固然有

---

❹　Michael Polanyi and Harry Prosch: *Meaning*, University of Chicago Press, 1975, p.178.

❷　Ibid., p.179.

其自在的規定，然而，這種規定之獲得意義的形式或以意義的方式呈現出來，總是無法離開認識世界與變革世界（成物）、認識自己與成就自我（成己）的過程：如前所述，事物之成為意義之域的存在，以事物進入知、行過程為前提。從理論上看，波蘭尼強調意義的自在性，與揚棄意義主觀性的要求相聯繫，這一點，從其如下所述中便不難看到：「如果我們相信宇宙之中存在著旨在達到意義的普遍運動，那麼，我們就不會將人所獲得的任何種類的意義僅僅歸結為主觀的或私人的。」❸然而，儘管揚棄主觀性不失為一種合理的意向，但試圖通過意義的自在化和泛化來達到這一點，其進路顯然又有自身的偏向。從實質的層面看，把意義理解為對象性的規定，意味著將意義從存在於知行過程的真實關係中抽象出來，從而使之失去現實的前提和基礎。這種缺乏現實品格的「意義」，顯然很難說已經真正揚棄了主觀性。儘管波蘭尼在另一些場合也注意到了意義與人的存在之間的聯繫，❹但他的以上看法無疑包含自身的問題。

　　與強調意義的自在性相對，另一些哲學系統將關注之點更多地指向意義與人的相關性。這裏首先可以一提的是實用主義。在意義之域，實用主義的特點在於將意義問題與人的存在及其活動聯繫起來。在談到事物的觀念時，實用主義的早期代表人物皮爾士曾指出：「我們關於任何事物的觀念就是我們關於它的可感知效果的觀

---

❸　Ibid., p.182.

❹　如在談到語言時，波蘭尼便肯定了人對語言符號的整合、關注在語言意義生成中的作用。（參見 Michael Polanyi: *Knowing and Being: Essays by Michael Polanyi*, Edited by Marjorie Grene, The University of Chicago Press, 1969。）

念。」❹這裏所說的「可感知效果」，便涉及人的活動及其結果。皮爾士以「硬」這一有關事物屬性的概念為例，對此作了解說：「我們稱一事物為『硬』，其意思是什麼？顯然，這是指它不會被其他東西劃破。與其他的屬性一樣，這一屬性的全部概念，就在於其可設想的效果」。❹事物能否被劃破，是通過人的活動而瞭解的，劃破或不劃破，則都表現為人的活動的結果，而在皮爾士看來，「硬」這一概念的意義，便形成於這一過程。當然，在肯定意義源自人的存在及其活動的這一前提之下，實用主義的不同人物又有不同的理論側重。相對於皮爾士之注重行動結果的可感知性，詹姆士和杜威似乎更突出意義與人的生活實踐、生活需要的關聯，以真理為例，其意義在詹姆士看來便在於能夠提供「一種有價值的引導作用」，❹這種作用首先便表現為對人的各種需要的滿足。就其肯定意義與人的實踐活動的聯繫而言，實用主義無疑揚棄了將意義視為自在或形態本然規定的觀念。不過，在對意義作如上理解的過程中，實用主義似乎又過於囿於價值評價之維，對事實認知層面的意義則未能給予必要的關注。更進一步看，在「以人觀之」的同時，實用主義對意義與現實世界之間的聯繫，往往也缺乏充分的把握。

　　從另一個方面對意義與人的相關性加以肯定的，是以伽達默爾為代表的哲學解釋學。解釋學所考察的，首先是理解問題。從寬泛

---

❹　Charles S. Peirce: How to Make Our Ideas Clear, in *Charles S. Peirce Selected Writing,* Dover Publications, INC. 1958, p.124.

❹　Ibid.

❹　詹姆士：《實用主義》（北京：商務印書館，1979 年），頁 105。

的層面看,理解既涉及人的存在,也關乎文本的解釋。以文本的解釋而言,解釋學強調意義並不是一種自在的系統,而是形成於文本、作者與讀者(解釋者)之間的互動,這種互動具體展開為讀者與作者之間的對話:正是在發問與回應的過程中,文本的意義不斷呈現並得到理解。這一看法既注意到不同主體的互動對理解過程的意義,又在確認解釋者主導作用的同時,肯定了理解過程的創造性,避免了將意義僅僅歸結為自在的、不變的對象。由突出意義的生成性,解釋學又指出了解釋的歷史之維,並進一步將歷史中的實在與歷史理解中的實在溝通起來,把理解視為效果歷史事件。伽達默爾對此作了如下闡述:「真正的歷史對象根本就不是對象,而是自己和他者的統一體,或一種關係,在這種關係中同時存在著歷史的實在性以及歷史理解的實在性。因此我就把所需要的這樣一種東西稱之為『效果歷史』(Wirkungsgeschichte)。理解按其本性乃是一種效果事件。」[48]這裏既涉及理解與解釋的歷史性,又在強化「歷史理解」的同時,將理解主體(解釋者)的作用放在某種優先的地位:「效果歷史」同時也是主體理解的產物。與此相聯繫,從文本的解釋看,儘管解釋學肯定了理解的對話性質,但在文本的具體解釋中,對話往往既以解釋者向文本和作者提出問題為形式,又展現為解釋者自身在文本中尋找答案。作者作為對話的另一方,主要以所提供的文本參與對話,其自身則處於不在場的狀態,後者使之在某種意義上表現為缺席的對話者。對話過程中這種實質上的不對

---

[48] 伽達默爾:《真理與方法》(上海:上海譯文出版社,1992 年),頁 384-385。

稱,也從另一個方面突出了理解者的主導性。同時,就對話本身而言,伽達默爾常常將其與遊戲聯繫起來:「人與人之間的對話所具有的許多因素都指出了理解和遊戲的一般結構」,❹而「遊戲最突出的意義就是自我表現」。❺相應於此,通過對話而理解文本,也具有自我理解的性質:「理解一個文本就是使自己在某種對話中理解自己。」❺此外,解釋學曾提出了文本理解中「視域融合」,後者固然試圖超越理解中的單向視界,達到讀者與作者二重視域的交融,但這種融合同時又以理解者的「前見」為前提,並在邏輯上首先基於解釋者對作者和文本的同情理解。從以上方面看,解釋學固然有見於意義理解的互動性、創造性和歷史性,但又表現出某種過分強化主體(解釋者)作用的傾向。

對主體作用的這種強化,在胡塞爾的現象學中表現得更為明顯。就思想的流變而言,伽達默爾的解釋學源頭本身便可以追溯到胡塞爾的現象學。當然,胡塞爾的理論興趣,首先與意向活動相聯繫。從注重意向性的基本立場出發,胡塞爾在《邏輯研究》中主要將意義與意識的賦予聯繫起來。以言說而言,其中包含告知的意向,但在胡塞爾看來,「只有當聽者也理解說者的意向時,這種告知才成為可能。並且聽者之所以能理解說者,是因為他把說者看作是一個人,這個人不只是在發出聲音,而是在和他說話,因而這個

---

❹ 伽達默爾:《哲學解釋學》(上海:上海譯文出版社,1994 年),頁 655。

❺ 伽達默爾:《真理與方法》(上海:上海譯文出版社,1992 年),頁 139。

❺ 伽達默爾:《哲學解釋學》,頁 56。

人同時在進行著賦予意義的行為。」❺廣而言之，意之所向，按胡塞爾的理解也表現為一個意義賦予的過程，在這裏，意義的形成與意向的活動呈現了某種一致性。到後期，胡塞爾的注意重心較多地放到了意識的構造活動。在現象學的論域中，意義涉及意識對象，而在胡塞爾看來，這種對象本身是被構成的：「在廣義上，一個對象──『不論它是否是現實的』──是在某種意識關聯體中『被構成的』。」❺意識的這種構造以存在的懸置為邏輯前提：當對象的存在問題被懸置以後，其呈現便主要涉及意識本身的構造。與對象的被構造性相應的，是意義的被「規定」性：「在任何意向對象中和它的必然中心中，都不可能失去統一點，即純可規定的 X。沒有『某物』又沒有『規定的內容』，也就沒有『意義』。」❺這裏的X，是指有待規定的「意義載體」，這一載體本來空無內容，它通過意識的規定而獲得了內容，意義則由此而生成。對 X 的以上規定，具有某種綜合的性質：「純粹自我目光射線在分化為多條射線時，達到成為綜合統一體的 X。」❺純粹自我在胡塞爾那裏也就是純粹意識，與綜合相聯繫的「規定」，則具有構造的性質。按照以上解釋，意義主要便表現為意識或純粹意識的構造物。儘管在胡塞爾那裏，上述看法似乎同時包含意義與對象一致的觀念，但如前所

---

❺ 胡塞爾：《邏輯研究》，第二卷（上海：上海譯文出版社，1998 年），頁 35。
❺ 胡塞爾：《純粹現象學通論》（北京：商務印書館，1992 年），頁 327-328。
❺ 同上，頁 318-319。
❺ 同上，頁 319。

述，對象本身又被看作是意識關聯體中的「被構成」物，因而意義
與對象的一致，在總體上並沒有超出意識構造之域。

　　與胡塞爾相近，卡西爾也對意義形成過程的構造之維予以了相
當的關注。在哲學上，卡西爾以注重符號為特點，他曾將人定義為
「符號的動物」。❺作為新康德主義者，卡西爾同時又深受康德哲
學的影響，而在康德哲學所內含的調節原理（regulative principle）與構
造原理（constitutive principle）中，卡西爾更為側重後者。由此出發，
卡西爾反覆地強調精神的創造作用。以「實在」而言，其意義在卡
西爾看來便本於精神的這種創造。在《符號形式的哲學》中，卡西
爾對此作了明確的闡述：「只有通過精神的創造，我們才能看到我
們所說的『實在』，也只有通過精神的創造，我們才能擁有實在：
因為精神所能達到的最客觀的真理，最終就在於它自身的活動形
式。」❺這裏所說的精神創造，以精神的建構或構造為其實質的內
涵，對卡西爾而言，實在或世界的意義，即形成於精神自身的構造
活動。類似的關係也存在於價值的領域。按卡西爾的看法，符號形
式是意義表達和理解所以可能的條件，而符號形式本身又基於人的
創造，作為價值領域之一的審美之域，便具體地表現了這一點：
「在可感知的世界中，審美形式的概念之所以可能，只是因為我們
自己創造了符號的基本要素。」❺要而言之，人通過創造符號形式
而構造意義。

---

❺　卡西爾：《人論》（上海：上海譯文出版社，2004 年），頁 37。

❺　Eenst Cassier: *The Philosophy of Symbolic Forms*, vol. I, Yale University Press,
　　p.111.

❺　Ibid., p.88.

　　較之僅僅將意義視為對象的自在規定，胡塞爾與卡西爾對意義的以上理解，無疑既注意到了意義與人的關聯，也有見於人的意識和精神活動在意義形成中的作用。就意義的生成過程而言，確實不難看到意義賦予和意義構造的活動：寬泛而言，意向性是事物呈現所以可能的前提，意之不在，對事物往往視而不見、聽而不聞，事物本身則因之而無法向人呈現。從符號的層面看，對象之獲得相關意義，以進入人的知行之域為前提，在這一過程中，不僅意義的形成與表達，而且意義的理解，都包含著人的創造性活動。同樣，與目的指向相聯繫的價值意義，其生成也離不開成就自我與成就世界的過程：價值意義的形成和展示，與人的評價活動及實踐層面的價值創造無法相分。然而，另一方面，知、行過程中事物的呈現又賦予意向性活動以現實的內容，從而使之不同於空泛的意識之流而具有實質的指向。❺❾以人與存在的現實關係為本體論和認識論的前提，人將事物理解為什麼與事物對人呈現為什麼，往往具有彼此交錯的特點。胡塞爾的意義賦予說和意義構造論以及卡西爾的精神創造說在肯定意義生成過程中人的作用的同時，似乎又忽視了意義的現實根據。這不僅在於他們將意義的生成主要限定於意識或精神的

---

❺❾　布倫坦諾在談到意向性（intention）時曾指出，意向的特點在於「指涉內容（reference to content）、指向對象（direction to an object）」。廣而言之，「每一種精神現象都將某種東西作為對象包含於自身。在表述中，有某種東西被表述；在判斷中，有某種東西被肯定或否定；在愛中，有被愛者；在恨中，有被恨者；在欲望中，有欲望指向的對象；如此等等。」（F. Brentano: *Psychology from an Empirical Standpoint*, Translated by C Rancurello, D.B. Terrell, and Linda. C. McAlister, New York: Humanities Press, 1973, p.88）這裏已注意到意向總是涉及相關的內容和對象，而非空洞無物的意識之流。

活動，而未能關注更廣意義上的實踐過程，而且表現在對存在的懸置（胡塞爾）和實在的抽象化（卡西爾），這種懸置與抽象化多少將意義理解為人的單向賦予或構造的產物，並使意義的生成遠離了現實的世界而僅僅面對「被構成」或被「創造」的對象。**⑥**

　　以意義為對象的自在規定與僅僅將意義建立於人的評價、自我理解或意識構造之上，表現了對意義理解的二重偏向。從理論上看，前者忽視了意義的生成與人的認識和實踐活動之間的關係，後者則將意義的生成主要限定於主體之域和意識的層面，對其現實根據未能予以充分關注。事實上，在知、行過程的歷史展開中，事物的呈現與意義的賦予、事實的認知與價值的評價、對象的存在與人的創造活動總是彼此相關，從符號－理解層面的指稱，到價值之域的評價，從認識世界和認識自我到變革世界與變革自我，意義的生成過程都基於人與對象的現實聯繫和歷史互動。以單向度的視域規定意義，顯然無法達到對意義的真實理解。

四、意義的承諾與意義生成的開放性

　　從邏輯上看，意義的自在論與意義的構造論儘管對意義的理解各有所偏，但在承諾和確認意義這一點上又有相通之處：它們對意義的解釋，都以肯定意義的存在為前提。這裏的意義既包括理解之維，也關涉價值之域。與之相對的另一種立場，是對意義的消解和否定。在解構主義、後現代主義以及各種形式的虛無主義那裏，便

---

⑥　胡塞爾晚年提出的生活世界理論，對以上偏向似乎有所揚棄。

不難看到後一趨向。

　　就現代思想的演進而言，在反本質主義、解構邏各斯中心、告別理性❻等旗幟下，對理性的貶抑以及對意義追求的質疑似乎已浸然成為一種時代思潮。與之相隨的是意義的消解和失落，在後結構主義或解構主義那裏，這一趨向取得了較為典型的形式。解構主義以不確定性為關注的目標：拆解現存的結構，放棄邏輯的整合，拒絕任何確定的解釋，簡言之，不斷地超越給定的視域（horizon），否定已達到的意義，但又永遠不承諾新的意義世界。德里達以延異（différance）概念，集中表達了如上意向。延異的含義之一是差異，它意味著文本與作者的意圖之間有一個意義空間，作者所寫的內容已不限於其本來意圖，因此，理解應超越、突破原來的結構，揭示本文中超出作者所賦予的意義。延異的另一含義是推遲（推延），即意義的呈現總是被推延（文本之意不限於作者寫作時所賦予者，其意義乃是在爾後不斷擴展），因此對文本的理解應不斷超出、否定現在的解釋。❻總之，解構強調的是理解過程的不確定性，而在強化這一點的同時，它亦在相當程度封閉了走向意義世界的道路。這種看法帶有某種相對主義傾向，它從一個方面表現了所謂後現代主義的理論特徵。

　　對意義的消解，在虛無主義那裏得到了進一步的體現。按海德格爾的考查，「虛無主義」一詞的哲學使用可能開始於 18 世紀末

---

❻　　當代科學哲學家費耶阿本德的代表性著作之一，即以《告別理性》（*Farewell to Reason*）為題。

❻　　參見 J. Derrida: Différance, in *Margins of Philosophy*, The Harrerester press, 1982。

的雅可比，後來「虛無主義」這一概念經由屠格涅夫而得到流行。
❻當然，在雅可比與屠格涅夫那裏，虛無主義的哲學內涵尚未得到
具體闡發。真正從哲學層面對虛無主義作深入考察的，是尼采。在
《權力意志》等著作中，尼采一再將虛無主義作為論題，並從不同
方面加以闡釋。關於虛無主義的內在意蘊，尼采曾以自設問答的方
式，作過簡要的界說：「虛無主義意味著什麼？——意味著最高價
值自行貶值。沒有目的。沒有對目的的回答。」❻這裏首先指出了
虛無主義與價值的聯繫，價值問題又進一步涉及目的。如前所述，
與目的相關的是價值層面的意義，無目的，表明缺乏價值層面的意
義。以目的缺失、價值貶值為具體內涵，虛無主義首先表現為意義
的失落：「哲學虛無主義者堅信，一切現象都是無意義的和徒勞無
益的。」❻

　　尼采從價值、目的之維分析虛無主義的內在意蘊，無疑把握了
其根本的方面。由此出發，尼采進一步追溯了虛無主義的根源。如
上所述，依尼采的理解，虛無主義以最高價值自行貶落為其特點，
與之相關的問題是：最高價值何以會自行貶落？這裏便涉及價值本
身的根據。按尼采的考察，最高的價值往往與所謂「真實的世界」
相聯繫，這種「真實的世界」也就是「形而上學的世界」，在柏拉
圖所預設的超驗共相（理念）那裏，這種形而上學世界便取得了較
為典型的形態。作為被設定的「真實」存在，形而上學的世界同時

---

❻　參見海德格爾：《尼采》（北京：商務印書館，2002 年），頁 668。

❻　尼采：《權力意志——重估一切價值的嘗試》（北京：商務印書館，1991
　　年），頁 280。

❻　同上，頁 427。

被視為價值的終極根據。然而，這種所謂「真實的世界」本質上具有虛構的性質，以此為價值的根據，意味著將價值系統建立在虛構的基礎之上。不難看到，這裏內在地蘊含著虛無主義之源：當價值根據的虛幻性被揭示之後，建立在其上的價值系統便失去了存在的依據。隨之而起的，便是虛無主義的觀念：「一旦人們明白了，臆造這個世界僅僅是為了心理上的需要，明白了人根本不應該這樣做的時候，就形成了虛無主義的最後形式。這種形式本身包含著對形而上學世界的非信仰——它摒棄了對真實世界的信仰。」「當價值的來龍去脈業已澄清之際，宇宙在我們眼裏也就失去了價值，變成了『無意義的』了。」❻❻

意義的承諾同時涉及目的：在價值的層面，如前所述，意義總是相對於目的而言。然而，與價值根據的形而上化相應，目的也往往被理解為超驗存在的外在賦予。以西方文化的演進為背景，這種外在賦予首先與基督教的傳統相聯繫。在基督教的視域和語境中，上帝不僅自身表現為終極的目的，而且賦予人以存在的目的：人的生存過程，都以上帝為指向，其存在的全部意義，都相應地由上帝的意志來規定。隨著形而上學世界的崩落，從外部賦予目的這一形式也開始受到質疑，而虛無主義則是其邏輯的結果：「虛無主義的『目的』問題，是從義務的習慣出發的。由於這些習慣的原因，目的似乎成了外界提出來的、賦予的、要求的了。」虛無主義在否定「真實的世界」的同時，也否定了以上「神聖的思維方式」。❻❼

---

❻❻　尼采：《權力意志——重估一切價值的嘗試》，頁 425-426、427。

❻❼　尼采：《權力意志——重估一切價值的嘗試》，頁 276、277。

　　以上二個方面雖有不同側重，但並非互不相關。從本質的方面看，二者的共同之點在於預設二個世界。如前所述，以形而上的世界為價值的根據，其前提是「真實世界」與非真實的世界之分；同樣，將目的規定為外在的賦予，也以設定人自身存在之外的超驗世界或超越世界為出發點。不難看到，二個世界的根本之點，在於現實的世界與「另一個世界」之分。按尼采的考察，在哲學、宗教等不同領域，「另一個世界」有不同的表現形式：「哲學家虛構了一個理性的世界，在適於發揮理性和邏輯功能的地方，——這就是真實世界的來源」。「宗教家杜撰了一個神性的世界——這是『非自然化的、反自然的』世界的源出。」❻❽這裏所說的「理性的世界」對應於作為價值根據的「形而上學的世界」，「神性的世界」的則對應於作為目的之源的超驗或超越的世界。二者的存在形態雖然有所不同，但在將世界二重化、虛構「另一個世界」這一點上，又有相通之處。在尼采看來，作為虛構之物，「另一個世界」既缺乏實在性，也不合乎人的意願：「『另一個世界』如上所述，它乃是個非存在、非生命、非生命意願的象徵。」❻❾以這種虛構的「另一個世界」作為價值、目的之依據，一開始便潛含了虛無主義的根源：一旦超驗的存在走向終結，建立於其上的整個價值系統便隨之顛覆。當尼采指出「上帝死了」時，❼❶他同時也揭示了：在「另一個世界」終結之後，傳統價值系統的基石也不復存在。

---

❻❽　同上，頁 471。

❻❾　同上，頁 471。

❼❶　參見 F. Nietzsche: *The Gay science*, Random House, 1974, p.181。

尼采的以上考察似乎已經注意到，意義問題既涉及價值領域，也關乎本體論視域。如前文所論及的，虛無主義的內在特點，在於通過否定存在的價值與目的而消解意義，而對目的與價值的否定，又與這種目的與價值本身基於虛構的世界相聯繫：當目的和價值的根據不是內在於現實的存在而是被置於「另一個世界」時，其真實性便將受到質疑。在這裏，價值的虛幻性與存在的虛構性無疑相互關聯：本體論上虛構「另一個世界」邏輯地導向了價值論上否定存在的意義。

就尼采本人而言，其哲學立場似乎具有二重性。一方面，由指出傳統價值體系以形而上的虛幻世界為根據，尼采進一步對這種價值系統本身加以批評和否定，並由此主張重估一切價值，從而表現出某種虛無主義的傾向，對此，尼采自己直言不諱：他一再承認自己是個虛無主義者。[71]另一方面，他又區分消極的虛無主義和積極的虛無主義，認為前者的特點在於精神權力的下降和沒落，後者則象徵著精神權力的提高，與之相聯繫，其虛無主義內含著如下意向，即：通過否定傳統的價值系統和重估一切價值以重建新的價值體系。不難注意到，後者已滲入了某種克服虛無主義的要求。不過，從理論上看，尼采並未能真正克服虛無主義。如前所述，虛無主義的根源之一在於從外部賦予存在以意義，尼采固然對外在的目的提出了種種質疑和批評，然而，在拒斥外在目的的同時，他又將「超人」視為目的：「『人類』不是目的，超人才是目的！」[72]所

---

[71]　尼采：《權力意志——重估一切價值的嘗試》，頁 246、373。
[72]　同上，頁 137。

謂「超人」，也就是尼采所預設的超越人類的存在，按其實質，這種存在仍具有超驗的性質。這樣，以超人為目的，便意味著以一種超驗的存在取代另一種超驗的存在，從而依然將價值奠基於虛幻的基礎之上。同時，在終極的層面，尼采又將生命的存在視為無意義的永恆輪迴：「原來生命乃是無目的、無意義的，但卻是無可避免地輪迴著，沒有終結，直至虛無，即『永恆的輪迴』。」❼❸這種永恆的輪迴類似西西弗周而復始地推巨石上山，它表明：生命存在僅僅是一種缺乏意義的迴圈。從上述方面看，尼采在追溯虛無主義根源的同時，自身最終也陷於虛無主義。

　　從消解意義的層面看，虛無主義的傾向當然不僅僅體現於尼采的哲學立場，它具有更為多樣的表現形式。在反叛理性的旗幟下，非理性的情意表達往往壓倒了理性的意義理解；在對確定性的否定中，意義的追求一再被推向邊緣，從科學研究中的「怎麼都行」，到人生取向中的存在先於本質，意義都失去了其確定的內容；在反形而上學的口號中，經驗證實與邏輯形式（重言式）之外的意義，都受到了無情的拒斥；在科學主義的視野下，人在被物化的同時，也失去了其內在的存在意義；在懸置存在、走向純粹意識的現象學進路中，人的現實存在及其意義也在相當程度上被「懸置」了；在「畏」的體驗和存在的焦慮中，人生過程更多地展示了有限和絕望之維；在「人之消失」的悲涼斷言或「人死了嗎」的冷峻追問中❼❹，人則似乎進一步被推向虛無，❼❺如此等等。此外尚有對文明演

----

❼❸　同上，頁 622。

❼❹　參見福柯：《詞與物》（上海：上海三聯書店，2001 年），頁 446；《福柯

進、歷史發展、文化延續的內在意義，以及民族、社會、政治共同
體的存在價值等等的懷疑。同時，隨著社會歷史的不斷變革，既成
的價值系統與變遷的社會之間的張力，也總是以不同的形式突顯出
來，與之相聯繫的則往往是價值的迷惘和意義的失落。以上種種趨
向儘管表現形式各不相同，但就其以意義的消解或懷疑取代意義的
追求而言，似乎都在不同程度上內含著虛無主義的取向。

上述歷史現象表明，虛無主義已從不同的方面，逐漸滲入社會
的精神、觀念之域，從而成為現時代需要加以正視的問題。歷史地
看，虛無主義的發生，有其現實的社會根源。近代以來，隨著市場
經濟的發展，「普遍的社會物質變換」逐漸被提到了突出的地位，
由此形成的是人對「物的依賴性」，[76]後者與勞動的異化、商品拜
物教等等彼此相關。這種「物的依賴性」在賦予「物」以目的性規
定的同時，也使目的本身成為外在的賦予：它不僅以外在之物為價
值的全部根據，而且使外在之物成為人的目的之源。與價值根據和
內在目的外在化相聯繫的，則是意義的失落，後者則進一步伴隨著
各種形式的虛無主義。尼采批評將價值、目的建立在「另一個世
界」之上，既涉及傳統價值體系與形而上學的聯繫，也在某種意義
上折射了虛無主義的以上歷史根源。

如何克服虛無主義？以前文所對虛無主義根源的分析為背景，

集》（上海：遠東出版社，1998 年），頁 78-83。

[75] 《詞與物》全書即以如下文字結尾：「人將被抹去，如同大海邊沙地上的一
張臉。」（《詞與物》，頁 506）

[76] 參見馬克思：《1857-1858 經濟學手稿》，《馬克思恩格斯全集》，第 30 卷
（北京：人民出版社，1995 年），頁 107-108。

這裏首先無疑應當從超驗的存在、對物的外在依賴，回歸現實的世界，並由此將價值的根據，建立在人與世界的真實關係之上，避免以各種形式的外在賦予來設定人的目的。惟有當價值與目的回歸現實的基礎之時，價值層面的意義才能獲得自身的根據。當然，這將是一個與人自身全面發展相聯繫的漫長歷史過程。從意義與理性的關係看，這裏又涉及對理性的合理定位：在疏離理性或反理性的背景之下，意義的承諾往往難以真正實現；從尼采到解構主義，意義的消解都伴隨著對理性的疏離或質疑。可以看到，虛無主義的克服既表現為價值和目的向現實基礎的回歸，又以意義的承諾、意義的維護和意義的追尋為指向。

以意義的消解為特點的虛無主義更多地側重於否定，與之相對的另一種趨向，則表現為對意義的外在強化或意義的強制。在傳統的社會中，意義的外在強化或強制往往以權威主義為其存在形態。在確立正統意識形態的主導或支配地位的同時，權威主義常常將與之相關的觀念宣佈為絕對真理或最高的價值原則，並要求人們無條件地接受這種觀念系統。這一進路在相當程度上表現為意義的強制賦予：它在實質上是以外在強加的方式，把某種意義系統安置於人。意義的這種強制或強加，意味著限制乃至剝奪人們自主地創造、選擇、接受不同的意義系統。自漢代開始，傳統社會要求「罷黜百家，獨尊儒術」，亦即僅僅將儒學的觀念和學說規定為正當的意義系統，從而使之成為人們可以合法選擇的唯一對象，這種立場在某種意義上便可以視為權威主義形態之下的意義強制。20 世紀的法西斯主義通過各種方式，向人們強行灌輸納粹思想，亦表現了類似的傾向。

　　意義的如上強化或強制，也體現於認識世界與變革世界的廣義過程，從認識領域與價值領域不同形式的獨斷論中，便不難看到這一點。獨斷論將認識過程或價值領域中的某種觀念、理論、原則視為絕對真理，無視或否定與之相對的觀念、理論、原則所具有的正面意義，其中也蘊含著將相關的意義系統獨斷地賦予社會共同體的趨向。在現時代，儘管權威主義在形式上似乎漸漸退隱，然而，上述的意義強制或意義強加卻遠未匿跡。從國際社會中賦予某種人權觀念以唯一正當的形式，並以此否定對人權的任何其他向度的理解，到視某種民主模式為放之四海而皆準的形態，由此拒斥所有其他可能的民主政治體制；從推崇單一的價值體系，到以某種倫理原則或規範為普世倫理；從禮贊西方文化，將其完全理想化，到維護歷史道統，拒絕對傳統的任何批評，等等，所有這些主張雖然不一定都以權威主義為形式，但其內在立場卻都不同程度地包含著意義強制或意義強加的權威主義趨向。這種權威主義的趨向與虛無主義儘管表現為二個極端，但在實質上又似乎相反而相成：如果說，虛無主義表現為意義的消解，那麼，權威主義則以意義的異化為深層的內涵。

　　歷史地看，意義的消解與意義的強制、意義的退隱與意義的異化相互共在以及與之相聯繫的虛無主義與權威主義（獨斷論）的並存，與現時代中相對性的突顯與普遍性的強化彼此交錯這一歷史格局，無疑難以分離。一方面，經濟全球化的歷史趨向，使普遍性的關注成為內在的潛流，從全球正義，到普世倫理；從大眾文化中審美趣味的趨同，到生態和環境的共同關切；從經濟上的彼此依存、同盛共衰，到安全領域的休戚相關，等等，都從不同方面體現了以

上歷史走向。與存在的普遍之維日漸突出相應，追求普遍的價值觀念逐漸成為重要的倫理、社會、文化和政治景觀。另一方面，科學、倫理、宗教、文化等領域中的確定性（certainty）追求逐漸為確定性的質疑所取代，特定群體（如女性、少數族群等等）的自我認同和權利意識越來越走向自覺，全球化過程中彼此相遇的不同民族在文化傳統上的差異日益突顯，語言遊戲等哲學觀念一再對絕對性加以消解，如此等等，這些現象每每容易引發各種形式的相對主義趨向。抽象的普遍主義與相對主義趨向的交融，往往為虛無主義與權威主義（獨斷論）的並存提供了思想之源和社會背景。事實上，抽象的普遍主義與權威主義（獨斷論）、相對主義和虛無主義，本身便存在著理論與歷史的聯繫，對虛無主義和權威主義（獨斷論）的克服，在邏輯上以揚棄抽象的普遍主義和相對主義為其前提。

　　意義生成並呈現於人的知、行活動。以認識世界與認識自己、變革世界與成就自我的歷史展開為前提，世界與人自身的存在呈現為意義的形態。作為意義生成的前提，人的知、行活動本質上表現為一個創造的過程：正是在成己與成物的創造性過程中，人既不斷敞開真實的世界，又使之呈現多方面的意義，人自身也在這一過程中走向自由之境。虛無主義對意義的消解，其根本的問題就在於否定人的創造性活動的內在價值，無視意義追尋與自由走向之間的歷史聯繫。意義的生成、呈現和追尋，同時具有開放的性質。以價值創造為歷史內容，成己與成物（認識世界與認識自己、變革世界與成就自我）的過程展開為多樣的形態，生成於這一過程的意義，也同樣呈現多重性，後者為價值的多樣、自主選擇提供了前提。意義的以上生成和呈現方式，從另一個側面展現了成己與成物過程的自由內

涵：知、行過程與意義生成的開放性，同時也表現了成就世界與成就自我過程的自由向度。相對於此，權威主義試圖以獨斷的方式，將某種意義系統強加於人，這不僅否定了意義生成的開放性，而且也終結了人的自由創造過程。可以看到，以意義消解為內涵的虛無主義和以意義強制為趨向的權威主義儘管表現形式各異，但在悖離人的自由創造和自由走向這一點上，又具有相通之處。

　　以認識世界與改變世界、認識自己與改變自己為指向，成己與成物內在地展開為一個尋求意義的過程。如果說，在理解－認知層面與目的－價值之維對意義的雙重承諾使成己與成物同時表現為意義世界的生成過程，那麼，對虛無主義和權威主義的克服與揚棄，則既意味著確認這一過程的價值創造性質，也賦予意義世界的建構以走向自由之境的歷史內涵。

第二章　人性能力與意義世界

　　以意義世界的生成為指向，成己與成物展開於人的整個存在過程。作為人存在的基本方式，這一過程如何可能？「如何可能」所涉及的首先是根據與條件。從內在的根據、條件來看，在成己、成物和意義世界的生成中，人自身的能力無疑構成了不可忽視的方面。與智慧相近，人的能力既有其日常的寓意，也包含哲學的內涵。在日常的語境中，正如智慧每每被視為聰穎、才智的近義詞一樣，能力往往被理解為解決認識或實踐過程中具體問題的才幹。從哲學的層面看，智慧不同於經驗領域的專門知識而更多地以性與天道的沉思為內容；同樣，能力也有別於特定的才幹而更深沉地體現於成己與成物的過程。作為人的內在規定，能力涉及多重方面。就其不同於外在的手段而體現了人的本質力量、不同於抽象的邏輯形式而融合於人的存在過程並與人同「在」而言，它既具有認識論的意義，也滲入了本體論與價值論的內涵，從而可以名之為「人性能力」。

一、成己與成物過程中的人性能力

　　寬泛而言，所謂能力，首先是指人在廣義的知、行過程中所展

示的現實力量，它體現於成己與成物的各個方面，表現為人把握和變革世界、把握和變革人自身的不同功能和作用。以現實的知、行活動為指向，人的能力既滲入於能知與所知的交互作用，也呈現於具體的實踐過程；知、行過程所達到的深度與廣度，總是相應於人的不同能力。可以看到，在其現實性上，人的能力構成了認識世界與改變世界（成物）、認識人自身與改變人自身（成己）所以可能的內在條件。❶人的這種能力不同於外在的形式，它始終與人同在並融入於人的整個存在形態，從而構成了具有本體論意義的規定。以「人性」規定人的這種能力，既在於它體現了人的本質力量，也以其所內含的本體論性質為根據。總起來，所謂人性能力，可以理解為內在於人（與人同在）的本質力量，這種本質力量既是成己與成物所以可能的前提，又在成己與成物的過程中得到現實確證。❷

---

❶　當代一些哲學家也已對人的能力有所關注，如麥克道威（John McDowell）便從認識過程的角度，強調了概念能力（conceptual capacity）的作用，認為：「只有在我們所具有的概念能力的實現（actualization）過程中，對象才可能進入我們的視域。」（John McDowell: *Having the World in View*, Harvard University Press, 2009, p.43）概念能力可以視為人的能力的一種具體表現形式，概念能力的實現則涉及人的能力在認識過程中的實際運用。儘管麥克道威的側重之點首先在於肯定經驗活動中包含概念性的內容，但以上看法同時也從一個方面注意到了人性能力及其現實作用是廣義之知所以可能的前提。

❷　李澤厚在近年的答問中，亦曾提及「人性能力」，不過，他對人性能力的理解，似乎主要限於實踐理性，其「人性能力」的提法，也主要表現為對康德實踐理性的概括。事實上，李澤厚明確地將「人性能力」區別於認識能力與審美能力，從以下答問中，便不難看到這一點：「康德稱之為實踐理性，我稱之為以『理性凝聚』為特徵的『人性能力』，它區別於理性內化（認識）和理性融化（審美）。」（《李澤厚近年答問錄》，天津：天津社會科學院

　　與成己與成物的過程性相聯繫，人性能力本身也具有生成的性質，後者涉及已有的知識背景、思維方式與人性能力之間的互動。能力並不僅僅是一種抽象的心理或意識屬性，它總是基於業已達到的認識境域，並受一定思維方式的制約。無論就把握世界的方面而言，抑或從變革世界的維度看，能知都無法離開已知（廣義的認識成果❸）。質言之，已有認識成果、思維方式的把握，是形成、提升人性能力的必要條件。後者從一個側面體現了人性能力的社會性質。另一方面，認識成果及思維方式如果離開了實際的運用過程，往往僅呈現可能的形態；正是在本於人性能力的知、行過程中，思維方法、認識成果獲得了現實的生命和意義。可以看到，人性能力既以已有的認識成果、思維方式為其前提，又賦予後者以現實的品格和具體的生命。

　　從哲學史上看，亞里士多德曾區分了理論、實踐、生產或製作（productive）等不同的思想與知識形態。❹在知識的這種區分之後，

出版社，2006 年，頁 213）儘管後來李澤厚的提法有所變化，肯定人性能力包括「理性內構」、「理性凝聚」、「理性融合」，但一方面，其側重之點仍主要在倫理之域：他從「人性能力」、「人性情感」、「善惡觀念」角度談道德，便表明了這一點；另一方面，又主要將人性能力與理性聯繫起來。（參見李澤厚：〈關於《有關倫理學的答問》的補充說明〉，《哲學動態》，2009 年第 11 期）對人性能力的以上規定，似乎過狹。我對人性能力所作的是廣義理解，它與我在《存在之維》第 9 章（北京：人民出版社，2005 年）以及〈哲學何為〉（參見《社會科學》，2006 年第 1 期）一文中所談到的能力大體一致。

❸　這裏的「已知」既涉及認知層面的知識經驗，也包括評價層面的價值認識，所謂「廣義的認識成果」，便包含以上兩個方面。

❹　參見 Aristotle: *Metaphysics,* 1025b25, *The Basic Works of Aristotle*, Random

實質上是能力的區分：知識的以上分類即相應於人的不同能力。事實上，亞里士多德在《尼可馬科倫理學》中，已將人的能力與人的知、行過程結合起來。❺同時，亞里士多德對德性（*aréte*）給予特別的關注，在他那裏，德性不僅僅是狹義上的道德品格，而是首先表現為具有本體論意義的存在規定，作為知、行過程的內在條件，人的能力同時被賦予某種德性的意義，並相應地獲得了本體論的性質。

近代哲學家在關注認識過程的同時，對與之相關的人類能力也作了多方面的考察。從萊布尼茨到洛克，從斯賓洛莎到休謨，人類理解（human understanding）成為這一時期哲學家討論的中心論題之一。這裏的人類理解，既與知識形態相聯繫，也涉及達到一定知識形態的認識能力，事實上，在人類理解這一論題下，哲學家確乎從不同的立場、視域出發，對人的認識能力作了具體的審察。這種考察注意到了認識的發生離不開一定的內在條件，而後者（內在條件）又在不同的意義上與人自身的存在聯繫在一起，所謂人類理解（human understanding），便強調了「理解」與人之「在」的關聯。當然，在關注人類理解能力的同時，近代哲學家又主要限定於「知」這一領域❻，並往往分別突出了感知、理性等特定的方面，從而在

House, 1941, p.778。

❺ 參見 Aristotle: *Nicomachean Ethics,* 1181b10, *The Basic Works of Aristotle,* Random House, 1941, p.1112。

❻ 儘管從某些方面看，近代一些哲學家似乎也注意到人的能力與人的活動之關聯，如維柯在談到人的能力時，便將其與「德性轉化為行動」的過程聯繫起來。（參見維柯：《論義大利最古老的智慧》，上海：上海三聯書店，2006

二重意義上對人性能力作了狹隘的理解。

　　較之洛克、休謨等對人類理解的研究，康德從更廣的側面考察了普遍必然的知識何以可能的條件，不過，從總體上看，相對於洛克、休謨等聯繫人的意識活動探討知識的發生過程，康德所著重的，是邏輯、先天層面的條件，如時空的直觀形式、純粹知性範疇，等等，對實質意義上的人性能力，他似乎未給予充分注意。康德固然也談到直觀、統覺、想像以及倫理學上的自我立法，但對這些認識和倫理環節，他所注意的首先也是其先天的、形式的條件。以統覺而言，這種活動本來與思維過程（「我思」）相聯繫，具有綜合的性質，但康德同時區分了經驗自我與先驗自我，而作為統覺或「我思」主體的先驗自我，則被賦予先天、普遍的形式。同樣，對於直觀，康德更多地關注其所以可能的普遍時空形式。想像力在康德那裏似乎呈現更為複雜的形態。如後文將論及的，從某些方面看，康德也將想像力理解為人的認識功能，肯定想像是「心靈的基本能力之一」**❼**，但他同時又強調，想像的綜合是一切可能知識的「純粹形式」**❽**。與此相一致，康德進一步把想像力與圖式或圖型聯繫起來。**❾**圖型既有「形」的一面，從而與感性相關；又內含普

　　年，頁 64）然而，這裏的「行動」首先涉及感知、想像等活動。維柯在對以上觀點作進一步的解釋時，便指出：「靈魂是一種德性，視是一種活動，而看的感覺是一種能力。」這一類活動似仍未超出廣義之知。（同上，頁 65）

❼　Kant: *Critique of Pure Reason*, Translated by N.K. Smith, Bedford/St. Martin's Boston / New York, 1965, p.146.

❽　Ibid., p.143.

❾　Ibid., pp.182-183.

遍的結構，從而具有先天的、邏輯的意義，後者從另一個方面突顯了想像力的形式之維。在道德實踐領域，康德誠然肯定了主體能夠自我立法，但這種立法同時又以克服、淨化各種經驗情感、感性偏向（inclination）為前提，作為立法主體的善良意志在實質上表現為理性化的意志，後者同樣首先被賦予形式的意義。形式與實質、先驗與經驗的劃界，構成了康德哲學的特點之一。對康德而言，從實質層面考察人性能力，似乎便意味著限於或陷入經驗之域，難以達到先驗意義上的普遍必然。❿

　　從抽象的邏輯回到具體的現實、從形式的結構回到實質的存在過程，人性能力便是無法迴避的問題。在這方面，馬克思的有關看法無疑更為值得注意。馬克思曾區分了必然的領域（realm of necessity）與自由的領域（realm of freedom），並指出，「只有在這個領域（指必然的領域——引者）的彼岸，以本身作為目的的人類能力的發展，真正的自由領域，方才開始」⓫。這裏特別應當關注的是「以本身作為目的的人類能力」（human capacity which is an end itself）這一提法⓬，「以本身作為目的」或作為目的本身，意味著賦予人的

---

❿　當然，如後文將指出的，在總體上側重劃界的同時，康德也涉及了人性能力的某些方面，而且，其考察往往不乏洞見。同時，康德晚年的遺著中也提及知識與人的能力之間的聯繫（參見 Kant: *Opus Postumum*, Cambridge University Press, 1993, p.230），不過，這方面的思想在康德那裏似乎沒有得到充分的展開。

⓫　馬克思：《資本論》第 3 卷（北京：人民出版社，1996 年），頁 963。

⓬　這一表述又譯為「作為目的本身的人類能力」（參見《馬克思恩格斯全集》第 25 卷，北京：人民出版社，1974 年，頁 926-927），後者似乎涵義更明晰。

能力以目的性規定，後者既有本體論意義，又包含價值論意蘊。從本體論的層面看，「以本身作為目的」表明人的能力與人自身之「在」難以分離：作為目的性規定，它融入於人的整個存在，並以不同於外在關係的形式體現了人的存在特徵；從價值的層面看，「以本身作為目的」則表明人的能力不同於單純的手段或工具，作為目的自身，它具有內在價值。質言之，在作為目的本身的人性能力中，人的本質力量得到具體的體現。

當然，能力對工具性的揚棄，並不意味著它與工具性的活動沒有聯繫。歷史地看，人的能力的形成，與人製造並運用工具的活動難以分離。事實上，正是在製造與運用工具的過程中，人才逐漸獲得了不同於動物的能力，並展示了其內在的本質力量。從類的歷史演進看，人的能力的發展，也離不開以上過程的發展。作為一種具有綜合意義的活動，工具的製造與運用涉及多重方面，它既促進了人的邏輯思維、想像、直觀等能力的發展，並相應地提升了人得其真（認識對象）、明其善（價值評價）等能力，也深刻地影響著人變革世界的實踐活動：它在推進實踐過程向深度和廣度展開的同時，也實質性地提升了人自身的實踐能力。

可以看到，作為成己與成物所以可能的內在條件，人性能力既不同於抽象的邏輯或先驗形式，也有別於單純的意識或心理功能。以自身為目的，它體現了本體論規定與價值內涵的統一，這種統一同時在更深沉的意義上表明，人性能力既構成了認識世界與改變世界（成物）、認識人自身與改變人自身（成己）的前提，也從一個方面賦予這一過程以方向性：當馬克思把作為目的本身的「人類能力的發展」與「真正的自由領域」聯繫起來時，無疑將「人類能力的

發展」同時視為認識世界與改變世界（成物）、認識人自身與改變
人自身（成己）的內在規定。

二、多重形式

　　人性能力的具體形態，可以從不同的方面加以區分。以真善美
為指向，人性能力涉及認識、道德、審美等領域。與可以認識什麼
（what can I know）相聯繫的是認識能力，後者體現於知什麼（knowing
that）、知如何（knowing how），等等。與應當做什麼（what ought I to
do）相關聯的是道德實踐的能力，後者既展開於道德選擇、道德評
價等過程，也內在於自覺、自願、自然相統一的道德行為。相應於
合目的性與合規律性的統一，則是審美能力，後者體現於美的創造
和判斷。從成己與成物的視域看，與上述領域相關的人性能力具體
地展現於成就人自身與成就世界的廣義實踐過程，並表現為不同的
作用方式及多樣的形態，以下著重從後一方面（人性能力的多樣形態）
作一具體的分析。

(一)感知與理性

　　作為人的內在規定，人性能力與人的存在難以分離。就存在形
態而言，人之「在」既涉及廣義的「心」，又關乎特定的「身」。
從「身」的層面看，問題首先涉及感知。感知可以看作是人與世界
聯繫的直接通道。作為把握世界的方式，感知的作用離不開與
「身」相關的感官：它首先表現為因「感」而知。這裏的「感」既
以「身」（感官）為出發點，又表現為人與世界之間基於「身」的

相互作用。從廣義上看，感官並不限於「身」，與工具的製作及其發展相應，人的感官往往可以得到不同形式的「延伸」。光學儀器（如望遠鏡、顯微鏡等）可以延伸人的視覺器官；各種測聲、辨味的電子設施可以延伸人的聽覺、味覺器官，如此等等。這樣，儘管在自然形態下，人的視覺、聽覺、嗅覺能力不如某些動物（如鷹、犬），但通過工具對感官的延伸，人卻可以比鷹看得更遠、可以辨別犬無法分辨之聲和味。

　　感知的更內在形式，與理性相聯繫。從存在形態看，身與心作為人的相關方面，並非彼此分離，與之相關聯的感知與理性，同樣也非相互對峙。人的感知不同於動物的更深刻之點，在於其不僅僅依賴感官，而是以不同的形式受到理性的制約。從日常的知覺，到科學的觀察，都可以看到理性對感性的滲入。以日常的知覺而言，當我們形成「這是紅色」、「那是圓形」等判斷時，其中的「紅」、「圓」已不限於特定的對象而包含普遍的規定，後者同時涉及理性之域。現象學提出本質直觀和範疇直觀，在某種意義上也已注意到這一點。與普遍規定相聯繫的這種「觀」，已非僅僅是運用感官的感性之「看」，而是表現為滲入於感性之中的理性之「觀」或理性的直觀，後者交融著概括、推論、歸類等理性作用。事實上，在感性直觀與理性直觀之間，並沒有截然相分的界限：正如語詞往往同時包含直接指稱與間接指稱（既指稱對象當下呈現的形態，也指稱作為具體存在的整個對象）一樣❸，直觀也往往蘊含雙重之「觀」。同樣，科學研究中的觀察，也無法完全隔絕於理論，由此

---

❸　參見本書第一章第二節。

形成的觀察陳述，則相應地總是不同程度地融入了某種理論的內容。

感知的以上特點既從一個方面為心與物、心與理的聯繫提供了前提，也使其自身能夠真實地走向世界。世界本身是多樣而具體的，真實地把握世界，需要肯定並再現其多方面的、豐富的規定，通過與世界的直接相遇，感知獲得並接納了世界的這種豐富性。在感性的光輝中，特殊性、多樣性作為世界的真實規定而得到確認，而世界本身也以多樣、具體的形態得到呈現。同時，就人自身而言，在感知的活動中，身與心也開始揚棄分離與對峙，相互交融、彼此互動。作為人性能力的體現形式，感知既從感性的層面敞開統一的世界，也展示了人自身的整體性。

如上所述，作為具體的存在，人不僅以「身」為存在形態，而且內含「心」的規定。感知能力誠然關涉「心」，但其作用的方式則首先基於「身」。相對於此，理性能力與「心」有著更切近的聯繫。關於理性及理性的能力，存在著不同的看法。寬泛而言，在形式的層面，理性以邏輯思維為主要形態，當康德將知性（understanding）理解為「思維」的能力以及「概念的能力」時，側重的也是這一面❶。從實質的方面看，理性則以真與善為指向。作為以上二者的統一，理性能力既體現於意識（精神）活動，也作用

---

❶ 康德區分了感性、知性與理性，相對於感性與知性的「理性」涉及超驗的領域，與這裏所討論的「理性」涵義不盡相同。就其實質的內涵而言，他所說的「知性」與此處的「理性」有相通之處。（參見 Kant: *Critique of Pure Reason*, Translated by N.K. Smith, Bedford/St. Martin's Boston / New York, 1965, p.93, 147。）

於實踐過程。

　　從邏輯思維的層面看，理性的要求首先體現在思維過程應始終保持思想的自我同一。具體而言，思維過程中的概念、論題和語境，都應前後一致、同一，無論是概念，抑或論題和語境，若在同一思維過程中前後不同一或不一致，則將導致思維的混亂，從而難以引出合理的結論。與思想的同一相聯繫的是思想的無矛盾，這裏的矛盾是就形式邏輯的意義而言，思想無矛盾的基本要求包括：對二個相互矛盾的命題，既不能同時加以肯定，也不能同時加以否定（二者不能同真，亦不能同假）。如果不承認以上原則，則思維過程勢必前後相左、彼此牴牾，從而無法形成正確的思想。在這裏，理性的能力具體表現為在思維過程中保持思想的同一，避免邏輯的矛盾。

　　理性在形式層面的另一基本要求在於：形成或接受某種觀念，都必須有根據或理由。毫無根據的判斷，往往僅僅是情感的表達，而難以視為理性的活動；沒有理由的確信，則常常表現為盲從，從而同樣缺乏理性的品格。無論是無根據的引出某種結論，抑或無理由的相信或肯定某種觀念，都與理性的原則相衝突。從正面看，基於一定的根據或理由而引出、接受某種觀念，同時表現為一個正確性或正當性的論證（justification）過程，而依據以上原則及程式進行思維，則從另一個方面展示了理性的能力。❶❺

---

❶❺　繼康德之後，黑格爾進一步對理性與知性作了區分，他所理解的知性主要以形式與內容、普遍與特殊等規定的分離為特點，並相應地呈現抽象的形態，理性則意味著揚棄知性思維的分離性、抽象性，表現為形式與內容、普遍與特殊等規定的統一，從而呈現具體的形態。（參見黑格爾：《精神哲學》，

　　在實質的層面，理性的能力進一步體現於認知、評價、實踐的各個環節。就認知過程而言，對實然的把握構成了理性的重要向度，後者具體地展開為真實地認識世界與人自身。作為成物與成己的內在條件，理性的能力在這裏表現為通過分析與綜合、歸納與演繹、邏輯推論與辯證思維等等的統一，逐漸提供世界的真實圖景。與得其真相應的，是求其善，後者首先體現於評價過程。以人的合理需要為關注之點，評價意味著基於利與害、善與惡的判定，以確認、選擇廣義的價值形態（the good）。儘管利與害、善與惡的內涵有其歷史性和相對性，但在接受和肯定一定評判原則的前提下，唯有擇善而去惡，才可視為理性的行為；反之，知其有害或不善而依然執意加以選擇，則具有非理性的性質。諾齊克已注意到這一點，在談到理性的本質時，他特別將其與利益期待聯繫起來。❶不難看到，認知意義上的得其真與評價意義上的求其善，構成了同一理性的二個方面，理性的能力則具體表現為在得其實然（真）的同時，

　　北京：人民出版社，2006 年，頁 294-295）以具體性為指向，這一視域中的理性在引申的意義上與辨證思維的能力相聯繫。

❶ 諾齊克提出了二條理性規則，其一：「如果另一具有更高可信值的陳述與 h（某一陳述）不相容，則不要相信 h。」其二：「只有當相信 h 所可望獲得的利益不少於不相信 h 所可望獲得利益時，才相信 h」。（"Do not believe h if some alternative statement incompatible with h has a higher credibility value than h goes." "Believe h only if the expected utility of believing h is not less than the expected utility of having no belief about h." 參見 R. Nozick: *The Nature of Rationality*, Princeton University Press, 1993, p.85, 86）如果說規則一主要與認識論及邏輯學相關，那麼，規則二則更多地涉及理性的價值內涵。這些規則是否充分地把握了理性的意義，當然可以進一步討論，但它肯定理性不限於狹義的認知和邏輯關係，而是兼涉價值之域，則似不無所見。

又求其應然（善）。

　　以上二個方面的統一，在實踐的層面進一步指向目的與手段（包括方式、程式等）的關係。作為實踐過程的基本環節，目的與手段都存在合理與否的問題，當然，二者所涉及的合理或合理性又有不同的內涵。目的的形成，以人的需要、欲求以及現實所提供的可能為根據，是否把握、體現人的合理需要和欲求，直接制約著目的的正當性。從實質的層面看，唯有合乎人走向自由的存在形態這一歷史趨向，需要和欲求才具有合理的性質，後者同時為目的的正當性提供了擔保。不難注意到，在此，目的的合理性取得了正當性的形式。相對於此，手段的意義主要體現在如何實現目的，其合理性則相應地表現為如何以有效的方式，保證目的的實現。❼質言之，手段的合理性首先在於其有效性。如果說，正當性首先表現為善的追求，那麼，有效性則以相關背景、關係的正確把握（得其真）為前提，以目的的正當性與手段的有效性為指向，理性進一步展示了真與善的統一。

　　作為實踐過程中相互關聯的環節，手段的合理性（有效性）與目的的合理性（正當性）表現為同一理性的二個方面。由此，我們亦可看到，所謂工具理性與價值理性之分，只具有相對的意義。誠然，理性可以從工具或目的等不同的維度加以分析和理解，但如果

---

❼　亞里士多德在談到德性與實踐智慧的關係時，曾指出：「德性使我們指向正確的目標，實踐智慧則使我們選擇正確的手段。」「德性確定目的，實踐理性則引導我們做實現目的之事。」（Aristotle: *Nicomachean Ethics*, 1144a5, 1145a5, *The Basic Works of Aristotle*, Random House, 1941, p.1034, 1036）在實質的意義上，廣義的理性似乎同時涉及以上兩個方面。

將二者視為彼此並行或相互分離的方面,則在邏輯上將導致肢解統一的理性,在實踐上則將引向分裂的存在形態,後者(存在的分裂)具體表現為:或者執著抽象的目的王國,或者以過程(手段)為全部內容(過程或手段就是一切)。在近代以來的人本主義和科學主義那裏,我們多少可以看到以上二重偏向。理性的完整形態,與認知與評價的統一(廣義的認識過程)具有一致性:如前所述,目的的正當性與手段的有效性,本身與得其真的認知過程和求其善的評價過程難以分離。理性的能力則體現在:基於認知與評價的統一,為雙重意義上的合理性(目的的正當性與手段的有效性)提供擔保。

從哲學史上看,不同背景的哲學家或哲學系統,往往主要突出了理性的某一方面。以中國古典哲學中的理學而言,通過區分德性之知與見聞之知,理學的主流常常更多地關注於目的層面的合理性:德性之知以價值意義上的內聖與外王為指向。對理學而言,成物與成己首先就在於確認以上價值目的。與疏離見聞之知相應,在肯定和強調目的之維的合理性與正當性的同時,理學對如何通過經世治國的具體實踐過程達到以上價值目的每每未能給予充分的注意和考察。相對於理學的以上視域,休謨表現出另一重趨向。從經驗論的立場出發,休謨著重將理性與情感區分開來,在他看來,較之情感,理性總是處於從屬的地位:「理性是完全沒有主動力的,永遠不能阻止或產生任何行為或情感。」[18]由此,休謨進而視理性為情感的附庸:「理性是並應該是情感的奴隸。」[19]按其本義,奴隸

---

[18] 休謨:《人性論》(北京:商務印書館,1980 年),頁 497-498。

[19] 同上,頁 453。

具有工具、手段的意義，其作用僅僅在於供人使用、驅使，以理性為情感的奴隸，相應地意味著主要將理性與手段聯繫起來。在理學家與休謨的以上理解中，理性或囿於目的之域，或被等同於手段，近代以來所謂價值理性與工具理性的分離，在某種意義上以更普遍的形態顯現了這種對峙。

以邏輯思維為表現形態，以實然與應然、真與善的統一為實質的指向，理性的作用體現於成己與成物的整個過程。對實然（真）的認知、對應然（善）的評價，同時又與目的合理性（正當性）的確認以及手段合理性（有效性）的把握彼此相關。這一過程既以知識的形成為內容，也以智慧的凝集、提升為題中之義。無論是真實世界的敞開，抑或當然之域的生成，都展示了理性能力的深沉力量。

(二)想像、直覺、洞察（insight）

從人性能力與人之「在」的關係看，感知與理性作為人性能力的相關形式，在本體論上基於「身」與「心」的關聯。就「心」本身而言，問題則進一步涉及理性與非理性的關係。感知與理性的互動以不同的形式確認了感性與理性、身與心的聯繫，並由此構成了認識世界與認識人自身的重要方面。從成己與成物的過程看，如何由肯定以上聯繫而更深入地敞開世界、理解存在？這一問題將我們引向了人性能力的另一維度——想像、直覺和洞察。在以「心」觀之這一層面，相對於理性之以邏輯思維為形式，想像、直覺和洞察在相當程度上呈現超越邏輯程式的趨向，其特點在於以非理性或不同於理性的方式展示人的能力。

首先可以注意的是想像。如前所述，康德在著重從形式的層面

考察普遍必然的知識何以可能的問題時，也對想像給予了一定的關注，認為「沒有想像將不會有任何知識」❷。儘管康德往往傾向於從先天結構、形式的層面理解想像，但就其本然形態而言，想像更多地呈現為人的內在能力。作為人的能力，想像與可能無法分離：從本體論上看，想像乃是以可能之域為其前提和基礎：唯有存在可能的領域，想像才有作用的空間。對純粹的現實形態，所需的只是感知、觀察，而不是想像。維特根斯坦已注意到這一點：「當我看著某一對象時，我無法想像它。」❷與之相關，感知（知覺）、觀察依賴於對象的在場：惟有一定對象以在場的形式呈現，才可能發生關於該對象的感知、觀察。想像則往往以對象不在場為前提：對象若在場，則其呈現的便主要是現實的存在形態，對這種存在形態本身只能實際地感知或觀察，而無從想像。從邏輯的層面看，想像既以可能為充分條件，也以之為必要條件，換言之，凡是可能的，都是可以想像的；也只有可能的，才是可以想像的（凡包含邏輯矛盾便屬不可能，從而也難以想像）。

與以上邏輯與本體論的前提相應，想像在認識論上首先表現為探尋、發現、展示多樣的可能，並在不同的對象、觀念之間建立可能的聯繫。在感知（知覺）、觀察中，馬僅有四腿而無雙翼，然而在想像中，馬卻可以與雙翼聯繫起來，從而形成飛馬的形象。無翼有腿，是馬的現實形態，具有雙翼則表現了其可能的存在形態，後

---

❷　Kant: *Critique of Pure Reason*, Translated by N.K. Smith, Bedford/St. Martin's Boston / New York, 1965, p.112.

❷　Wittgenstein: *Zettel*, 621, Translated by G.E.M Anscombe, University of California Press, 1970, p.109e.

者雖不同於現實之「在」,但並不包含邏輯矛盾,它所展示的是馬與飛翼之間可能的聯繫。同樣,在植物嫁接的農林技術出現以前,人們所實際感知、觀察的,往往分別是桃、李等植物,但這並不妨礙人們在想像的世界中將桃、李加以連接,而隨著農林科學的發展,這一類的想像確實從可能的聯繫走向了現實的形態。如果說,飛馬的想像更多地為藝術創作提供了內在之源,那麼,桃、李等連接則展示了想像的科學意義。從藝術創作到科學研究,想像的作用體現於生活與實踐過程的各個方面。

想像既可以取得具體形象的形式,也涉及觀念或概念之間的關係。對世界的理解和把握總是包含概念的層面,與形象的規定一樣,概念之間也存在不同形態的可能聯繫,揭示、發現、建立概念之間各種可能的聯繫,是以概念的形式敞開、把握世界的重要方面。在這裏,想像同樣具有不可忽視的作用。新的解釋的提出、新的理論的形成,往往以發現、確立不同概念之間的可能聯繫為前提,科學史上對光的認識,便表明了這一點。基於波像的光概念與基於粒子的光概念在相當長的時期中曾彼此對峙,而對光這一現象更深刻、全面的理解,則以發現二者之間的聯繫為背景。在彼此分離甚至相互排斥、對立的概念之間建立關聯,便常常需要借助想像。以形象的方式展開的想像與概念層面的想像本身並非彼此排斥,事實上,在對光的如上認識中,「波」與「粒子」的形象性關係與奠基於其上的概念間關係在想像中具有相互交融的性質。廣而言之,這種關聯也體現於科學研究中的模型(model):模型的形成與想像難以分離,作為想像的產物,科學的模型同樣既呈現形象的特點,又包含概念的內容。

　　從認識論上看，與概念間的聯繫相應的，是認識過程中不同形式的綜合。在經驗的層面，儘管經驗材料的獲得主要通過感知、觀察等途徑，但由多樣的經驗材料綜合為有意義的知識系統，往往需要借助想像。以表像而言，其形成涉及知覺內容的綜合，但與知覺不同，它並不以對象的在場為前提，而在對象不直接呈現的條件下對知覺內容加以重組，便離不開記憶、想像等作用。這裏的想像也以可能為其依據，當然，它已不限於可能的邏輯之維（無矛盾性等），而更多地表現為現實的可能。從更廣的意義上看，知識的形成涉及經驗內容與概念形式的結合，後者並非僅僅基於預定的邏輯程式，相反，它同樣以想像為其必要的條件。康德已注意到這一點，認為經驗內容與知性範疇乃是通過想像而彼此聯接。❷

　　作為把握世界的方式，想像儘管不以對象的在場為前提，但並非與已有經驗完全分離。事實上，對可能之域的想像，常常基於一定的現實經驗。從作用的方式和形態看，想像與其他意識、經驗形式往往互滲互融：一方面，在知覺、記憶等作用中，常常已滲入了想像的形式，知覺中的看作（see as）便包含想像內容；另一方面，想像中也每每蘊含知覺、記憶等因素。就實質的層面而言，即使某些在現實世界中並不存在的「對象」，對它的想像也往往以某種方式涉及已有經驗。如現實世界中雖然無法看到「金山」，但人們卻有「金」與「山」的具體經驗，「金山」在某種意義上便表現為二

---

❷　Kant: *Critique of Pure Reason*, Translated by N.K. Smith, Bedford/St. Martin's Boston / New York, 1965, pp.146-147. 當然，在康德那裏，想像的這種功能，又與它本身所內含的先天結構或先天形式無法分離。

者（「金」與「山」）在想像中的聯接。不過，想像在基於經驗的同時，又具有超越經驗（不受已有經驗限制）的一面，以「金山」而言，它誠然關涉以往經驗，但在想像中，「金」與「山」之間的關係已得到重建，後者同時表現為對既定聯繫的突破。康德在肯定想像與先驗結構（形式）聯繫的同時，又通過想像與理性的比較，注意到了想像具有不為規則（rule）所限定的性質。❷如果說，以一定的經驗作為基礎體現了想像的合規則性，那麼，超越規則、突破已有經驗的限定則體現了想像的自由性質。從哲學史看，想像的以上二重品格往往未能得到充分注意。一些哲學家每每主要突出了想像所內含的超規則的一面。當維特根斯坦強調「想像從屬於意志」❷時，便多少表現出這一傾向：從屬於意志意味著不受制於外部條件、規則。事實上，維特根斯坦同時認為，想像是一種意願性的行動，並不提供有關外在世界的指導。❷另一些哲學家則未能看到想像總是包含對經驗限定的突破，柏克萊在這方面具有一定代表性，在他看來，「我們的想像能力並不能超出實在存在（或知覺）的可能性以外。」❷質言之，人無法想像未曾經驗之物。這種理解顯然忽視了想像對既成經驗的超越。

　　如前所述，通過指向可能之域，想像往往與現實世界形成某種

---

❷　Kant: *Critique of Pure Reason*, Translated by N.K. Smith, Bedford/St. Martin's Boston / New York, 1965, p.487.

❷　Wittgenstein: *Zettel*, 621 translated by G.E.M Anscombe, University of California Press, 1970, p.119e.

❷　Wittgenstein: *Zettel*, 627, ibid., p.110e.

❷　柏克萊：《人類知識原理》（北京：商務印書館，1958 年），頁 20。

距離，與現實的這種距離和對經驗的如上超越，從不同的方面展示了想像的自由性質，後者同時為創造性的把握世界提供了前提。借助想像，人們可以敞開事物尚未呈現的方面、規定、聯繫，也可以用觀念的方式構成現實中尚未存在的對象。前者表現了想像的發現功能，後者則展示了想像對發明的意義。與肯定想像的自由性質相應，維特根斯坦認為：想像與其說是接受（receiving），不如說是做（doing），想像可以稱之為創造的行動（creative act）。❷這些看法，似乎已注意到想像的自由品格與想像的創造性之間的聯繫。

想像的以上特性，使之與理性形成了某種互動。以可能之域為自由縱橫的空間，想像更多地呈現了動態的品格，這種動態性往往構成了理性活動的推動力：在想像的激發下，理性可以不為邏輯程式所限定，獲得內在活力；同時，想像每每使理性及理性的內容處於運動之中，並使思想得到擴展、延伸。通常所謂打開思路或開闊思路，其意義之一，便是設想更多的可能。在這裏，思或思路涉及理性的活動，而設想更多的可能則體現了想像的作用，二者的這種關係，具體表現了想像對理性的「擴展」、「延伸」。另一方面，理性又常常給想像以某種約束，使之在超乎經驗與規則的同時，又基於現實的可能。

廣而言之，想像不僅構成了認識世界的方式，而且體現於人與人之間的相互理解過程。理解他人往往涉及推己及人，孔子提出「能近取譬」，已肯定了這一點。在由己而及人的推論中，便蘊含

---

❷　Wittgenstein: *Zettel*, 637, translated by G.E.M Anscombe, University of California Press, 1970, p.111e.

著想像，包括設身處地的思考。在談到想像的作用時，利科曾指出：「說你像我一樣思考、感知，意味著想像：如果我處於你的地位，我將如何思考與感知。」❷通常所謂同情的理解，同樣滲入了類似的想像：這裏的「同情」，以設想自身處於他人的地位或站在對方立場為背景。在此，想像便構成了理解他人的前提。與推己及人等相輔相成的，是理解過程中的想像。不同個體間的交往常常以行為或語言的方式展開，而在行為的實施者與作用對象、說者與聽者、作者與讀者之間，總是存在各種形式的距離，理解過程需要不斷超越這種距離所形成的鴻溝，而想像則構成了其中重要的環節。無論是「聽」或「讀」，都涉及意的生成、重構，而聽者和讀者從當下的所聽、所讀中，往往並不能獲得意義生成所需的全部內容，通過想像而彙集、聯結各種可能的資源，則可以不同程度地克服說者與聽者、作者與讀者之間的阻隔，從而為意義的生成提供前提。同時，理解也包含著此刻所獲資訊與已有知識經驗之間的溝通和聯接，後者同樣不能僅僅依賴邏輯的程式，而是需要由想像來提供。可以看到，想像滲入於交往和理解的各個方面。

　　較之想像，直覺呈現了另一重特點。如前所述，想像首先與可能之域相聯繫，相對於此，直覺則同時關涉對世界和人自身的理解、領悟與認識背景、過程之間等關係。就直覺與對象之間的關係具有直接性而言，它似乎近於感知。但與感知不同，直覺所指向的，並不是對象呈現於外的規定。從直覺所把握的規定具有內在性

---

❷　參見 Paul Ricoeur: "Imagination in Discourse and Action", *in Rethinking Imagination*, Edited by G. Robinson and J. Rundell, Routledge, 1994, p.128。

看，它與邏輯思維似乎表現出某種一致之處。但直覺所指向的規定，又並非顯現於按邏輯程式展開的推論過程，在這方面，它又區別於通常的邏輯思維。簡言之，作為認識的方式，直覺所把握的，是既非呈現於感知、也非顯現於一般邏輯思維過程的存在規定。

直覺的以上性質，使之要求超越邏輯程式與已有知識背景的限定。從哲學史上看，一些哲學家對此作了較多的關注。如莊子便曾提出坐忘、心齋之說，其具體的內容包括「去知與故」、「解心釋神」。「去知」與否定成心相結合，具體表現為消除既成或已有的知識、觀念系統，「解心釋神」則是在更廣意義上對精神世界的解構；後者進一步構成了「內通」、「以神遇」的前提。在形式的層面，「內通」和「以神遇」表現為對感性直觀與理性推論的雙重揚棄，「以神遇」之「神」，便包含神而不可測（非邏輯或理性的程式所能限定）之意，而「內通」和「以神遇」的結合，則表現為以直覺的方式把握普遍之道。就認識論而言，當知識系統及精神世界的建構衍化為「成心」時，往往容易呈現消極的意義：這不僅在於由此可能引向獨斷論，而且在於既定的結構每每賦予思維以程式化趨向，從而導致思不出位；二者從不同的方面構成了對思維的束縛和限定。與之相對，解構已有知識系統及精神世界既表現為通過消除成心以抑制獨斷論，也意味著擺脫既定思維模式的束縛，莊子將其視為領悟道的前提，無疑注意到了直覺對已有邏輯程式的超越。當然，用「內通」、「以神遇」表示直覺活動，並以此排斥邏輯思維，又似乎賦予直覺以某種神秘的色彩。

作為把握世界與人自身的方式，直覺的特點之一確如莊子所注意到的，在於超越既成思維模式。邏輯思維更多地涉及普遍程式、

已有知識系統，相對於此，直覺既基於已往的知識背景，又不受這種系統的限定。在直覺中，常規思路往往被轉換或懸置，後者使新視野的呈現成為可能。同時，以直覺為形式，某些思維環節常常被省略或簡縮，大量無關或具有干擾性質的因素被撇開或排除，思維過程由此呈現某種無仲介、直接性的特點。黃老一系的《黃帝書·經法》在談到「神明」的作用時曾指出：「道者，神明之原也。神明者，處於度之內而見於度之外者也。」「處於度之內者，靜而不可移也；見於度之外者，動而不可化也。」㉙作為與道家思想有內在理論聯繫的文本，《經法》所說的「神明」，包括直覺等認識能力，「度」則與道相聯繫，關乎一定的程式、規範。在《經法》的作者看來，以道為本，「神明」一方面合於度（程式、規範），從而「靜而不可移」，另一方面又不限於度（程式、規範），從而「動而不可化」。這一看法無疑已涉及直覺這一類認識方式的以上特點。質言之，從形式之維看，直覺以思維環節的凝縮、簡省以及由此形成的跳躍性、直接性、無仲介性為特點；在實質的層面，直覺則表現為通過轉換或越出常規的思維趨向，形成對相關問題、對象的整體領悟。

　　與直覺及想像相聯繫的是洞察或洞見（insight）。就對象性的認識而言，想像主要展示事物之間可能的聯繫，直覺更多地涉及邏輯程式及常規思路之外的存在形態，洞察則進一步指向事物或對象的本質規定和具有決定意義的方面。就人自身的認識形態而言，想像使人打開更廣的視野，直覺賦予人以新的思路和理解，洞察則進而

㉙　《馬王堆漢墓帛書《黃帝書》箋證》（北京：中華書局，2004年），頁83。

使人在達到整體領悟的同時獲得內在的貫通。

　　儘管狹義的洞察具有頓然、突發的特點，但就整體而言，洞察同時又表現為一個過程。作為一個過程，其出發點首先是確定問題，並對相關問題加以反覆思考、多方面探索，以使之得到解決。如果經過種種努力仍未能解決問題，則通常會進入懸置、轉換的階段，即暫時擱置相關問題，改變對此問題的專注性思考，使思維處於相對鬆弛的形態。但擱置、鬆弛並非放棄思考，它在相當程度上是由專注的興奮形態轉換為潛含的形態；在某種現象、觀念等等的觸發之下，解決問題的洞見往往會在頓然之間形成。這種洞見最初可能僅僅以思想的閃念等形式存在，其價值、意義有待進一步的判斷和評價，其蘊含的觀念、思路則需要加以更充分的論證與展開。唯有經過論證、展開、評價之後，一開始形成的洞見才能超越個體性的意念而獲得知識經驗的形式。這種知識形態同時還應進入一定的學術圈或廣義的社會共同體，以經受質疑、批評、討論，最後則需要訴諸實踐的檢驗。

　　從作用的方式看，洞察本身涉及多重問題和關係。首先是思維的指向性與非指向性。洞見作為把握與理解相關對象的過程，具有一定的指向性：與遊移而漫無目標的意識活動不同，它總是針對一定的對象或問題。然而，思維過程可能達到的結果，本身又並非以現成的形態存在，對這種在過程開始之時尚未存在的思維結果，顯然難以形成具體的定向。與之相關的是限定與超越限定的關係。如前所述，洞察總是以一定的問題為其出發點，問題的指向同時在一定意義上規定了思考的界限和範圍，這種限定是必要的：無邊際、無範圍的意識活動，往往導向空泛，難以達到建設性的成果。但另

一方面，洞察作為創造性的思維過程，又需要不斷拓寬思路、擴展視野，避免限於某種界域或陷入某種單一的進路。由限定與非限定的張力進一步考察，便可以看到洞察過程的另一重面向，即預期與非預期的關係。洞察雖非一開始所能達到，但對可能達到的認識成果則應有所預期，缺乏必要的期待，往往會失去信心、放棄探索；有所預期，則能堅持、執著，保持思考的連續性與持久性。然而，如前文所提及的，洞見的形成每每具有出乎意料、突然頓悟的特點，達到洞見的具體方式、內容、時間事先無法確切預期。同時，過度的期待，往往容易使思維始終處於緊張狀態，從而抑制其創造性。如何合理處理以上關係？這裏的重要之點是在彼此相對的兩個方面之間保持適當的張力，亦即把握一定的度。作為人性能力的體現，洞察的內在特點就在於對思維之「度」的適當把握。

作為把握世界的方式，洞察與想像、直覺並非彼此懸隔。想像所提供的可能之域，往往構成了洞見形成的背景；直覺則不僅通過超越既成思維模式和程式而為思考進路的轉換提供了前提，而且常常直接地激發洞見。另一方面，想像所展示的可能之域（包括各種可能的聯繫）、直覺所達到的理解和領悟，常常在觸發與融入洞察的同時，也使自身獲得更具體的意義。就其現實的形態而言，洞察與想像、直覺更多地呈現互動、互滲的關係。

從人性能力的維度看，想像、直覺、洞察的共同之點，在於以不同於一般理性或邏輯思維的方式，展示了人把握世界與人自身的內在力量。就想像而言，如前所述，其特點首先表現為基於現實及既成的知識經驗而又超越現實的存在形態及與之相應的知識經驗，並由此敞開和發現更廣的可能之域（包括事物及觀念之間可能的聯繫）。

以可能之域為指向，想像同時為創造性的把握世界提供了自由的空間。同樣，通過揚棄程式化的思路、簡縮習常的探索環節、轉換思維的方式，直覺使人不為已有界域所限定，以非推論的方式達到對世界和人自身新的理解和領悟。與想像和直覺相聯繫的洞察，則基於對思維之「度」的創造性把握，進一步指向事物本質性或具有決定意義的聯繫、方面、規定，並賦予理解以整體性、貫通性的品格。不難看到，在想像、直覺、洞察中，人性能力得到了更廣意義的體現。

(三)言與意

　　想像、直覺、洞察儘管不同於邏輯的思維，但作為把握世界及人自身的方式，其作用往往較直接地涉及個體內在的心理、意識過程。廣而言之，感知和理性的思維也首先與基於身和心的個體存在相聯繫。相對於此，語言的運用從另一個方面表現了人的內在力量。作為社會文化的歷史沉澱，語言首先呈現公共、普遍的品格，後期維特根斯坦對私人語言的批評，已從一個方面突出了這一點。語言的以上特點，同時從一個方面展示了人性能力的社會歷史之維。

　　喬姆斯基曾對人的語言能力給予了相當關注。從普遍語法（universal grammar）的概念出發，喬姆斯基區分了語言的表層結構與深層結構，並將後者與人心的先天稟賦聯繫起來。❸在喬姆斯基看

---

❸　參見 Chomsky: "The formal Nature of Language", in *Language and Mind*, Cambridge University Press, 2006, pp.106-113。

來，未來的使命是發現人心的這種先天結構（innate structure），而這種結構既非自然選擇（natural selection）的結果，也非進化發展（evolutional development）的產物，它完全具有神秘性（total mystery）。❸對語言能力獨特性的如上肯定，無疑同時滲入了對這種能力的注重，然而，從人心的先天結構去考察語言能力，並將這種結構視為超自然的神秘現象，則很難視為合理的進路。語言能力誠然與人心存在種種關聯，但這種聯繫並非僅僅以先天或神秘的形式呈現。就個體而言，喬姆斯基所說的先天結構，可以更合理地理解為內在於人的可能趨向，這種趨向與類的歷史演化過程難以分離，其本身也唯有在社會的交往過程中才能逐漸形成為現實的能力。要而言之，作為基於類的歷史演化的可能趨向，語言的潛能非個體創造或個體作用的結果，而在某種意義上表現為先天的根據，但從先天根據或潛能向現實能力的轉換，則以社會的交往過程為前提。

語言能力的形成與作用過程，首先涉及思維活動及思想內容。語言與思想的關係有其複雜性，就現實的形態而言，無論從類的角度抑或個體的視域看，二者都非直接同一。人類學的有關研究表明，在語言形成以前，早期的人類已有某些意識或觀念；兒童心理學的研究則從個體的層面顯示，意識或觀念在掌握語言以前往往已出現。同時，人所具有的某些思想觀念，常常無法完全以語言加以表達，如某種不可名狀的痛苦，某些找不到適當的語詞來表達的想法，都以不同方式表現了思想與語言的某種距離。孟子認為，「不

---

❸ 參見 Chomsky: "Linguistic Contribution: Future", in *Language and Mind*, pp.78-85。

得於言，勿求於心，不可」**㉜**，亦從倫理的角度，肯定了心非限定於言。另一方面，語言也並非在任何條件下都具體地表達思想。無意識地說出某個詞、某句話，便並不真正地表達某種思想。儘管對這種現象可以借用無意識理論來分析，但無意識的言說，畢竟不同於思想的自覺表達。以上現象表明，廣義的思想並非絕對地存在於語言之中，語言也並非在任何場合都表達思想。

　　然而，從實質的層面看，有意義的語言總是包含具體思想；自覺、系統形態的思想，其凝結、發展、表達，也離不開語言。戴維森（Davidson）曾指出：「沒有語言，可能不會有很多思想。」**㉝**換言之，豐富而系統的思想離不開語言。蒯因（Quine）在談到思想與語言的關係時，也認為：「我們的第一個精神稟賦（mental endowment）是本能，隨後到來的是思想，接著出現的是語言。由於語言，思想走向了豐富和發展。」**㉞**從內在的方面看，有關思想與語言或思維與語言的關係，其要義不在於二者孰先孰後，也不在於無思想的語言或無語言的思想是否可能，這裏更具有實質意味的問題是：一方面，語言作為有意義的符號系統，以思想為其具體內容，從而，有意義的語言離不開思想；另一方面，語言又使思想得到豐富與發展，與之相應，較為系統的思想總是以語言的把握為其

㉜　《孟子·公孫丑上》。

㉝　"there probably can't be much thought without language", Davidson: "Rational Animals", in *Actions and Events: Perspectives on The Philosophy of Donald Davidson*; Edited by B. McLaughlin, Blackwell, 1984, p.477.

㉞　W.V Quine: "The Flowering of Thought in Language", in *Thought and Language*, Edited by J. Pleston, Cambridge University Press, 1997, p.171.

前提。在智力充分發展的背景下，即使無法以適當語詞和語句表達的思想，也以語言的掌握為背景，這裏的問題只是所掌握的語言暫時不足於表達有關思想。不難看到，言固然往往不足於盡意，但這種不盡意（無法充分表達），又基於對語言的某種掌握；所謂不足於盡意，無非是已把握的語言尚未能充分表達相關之意，後者顯然不同於前語言條件下的意識活動。

　　語言對思想發展的作用，首先表現在它使概念性思維成為可能。思維不同於情意等意識活動的特點之一，在於它的展開內在地基於概念系統。概念本身的形成，則離不開語言形式：概念所內含的意義，總是需要語言來加以確定、凝結。沒有語言，概念的形成便失去了前提，而缺乏概念，則概念性的思維也難以想像。當然，語言作為有意義的符號系統，唯有在實際的運用中，才具有內在的生命。奧格頓與理查德已注意到這一點：「如所周知，詞本身沒有『意謂』（'mean'）任何東西，……只有當思維者運用它們時，它們才代表什麼，或者說，才有了某種『意義』（'meaning'）。」❸❺這種運用，始終伴隨著思維過程。在此意義上，也可以說，思維賦予語言以現實性的品格。

　　就人與世界的關係而言，語言的運用既使特定對象的認識成為可能，也為普遍之道的把握提供了前提。中國古典哲學在肯定以名指物的同時，又確認以名喻道，已注意到語言在把握經驗世界與形

---

❸❺　參見 C.K. Ogden and I.A. Richards: *The Meaning of Meaning – A Study of the Influence of Language upon Thought and of the Science of Symbolism*, Routledge & Paul LTD, London, 1952, pp.9-10。

上之道過程中的作用。以名指物主要是以語言描述特定時空中的對象，以名喻道則更多地表現為對世界的整體把握。前者顯示的是存在的某一方面或層面，後者所敞開、澄明的，則是存在的統一性、具體性。

作為把握世界的形式，語言不僅構成了認識對象的條件，而且使知識經驗的凝結、累積成為可能。正是借助語言系統，一定背景、條件下的認識成果被確認、沉澱下來，從而避免了隨著特定情景的變遷而消逝。也正是通過語言系統，知識經驗得以在知行過程的歷史展開中逐漸積累，從而使之能夠前後傳承。凝結於語言的知識經驗，在某種意義上表現為人性能力的延伸和外化，人性能力則為知識經驗所進一步發展。同時，作為交流的仲介，語言又為不同個體及共同體之間的相互溝通、理解提供了前提，後者進一步使知識成果的彼此分享成為可能。語言所具有的以上品格，不僅使人對世界的把握超越了當下性與直接性，而且使個體不必重複類的認識過程，人的能力由此奠基於類的認識歷史之上。不難看到，語言能力既構成了人性能力的表徵，又內在地提升了人性能力。

㈣體驗

在體驗中，人的能力以綜合的形式得到了體現。相對於外在的感知，體驗與個體內在的精神世界也有著更切近的聯繫。當然，這並不意味著體驗僅僅是空泛的心理感受，作為人性能力的體現，體驗既關乎感性之身，又涉及理性之心，既基於個體的生活經驗與社會閱歷，又折射了人的社會歷史背景（包括沉澱於語言形式中的文化成果）。進而言之，以理解和領悟世界的意義與人自身的意義為實質

的指向，體驗同時蘊含認識論、本體論、價值觀念、審美趣味等多方面的內容。從對象世界的沉思，到存在意義的追尋，體驗展開於人「在」世的具體過程。

體驗包含認知，但又不限於認知。狹義上的認知以事實為對象，體驗則同時指向價值，其內容涉及主體的意願、價值的關懷、情感的認同、存在的感受，等等。作為把握和感受世界與人自身的方式，體驗首先與「身」或「體」（軀體）相聯繫，並相應地很難和個體的特定存在分離。《淮南子》在談到聖人與道的關係時曾指出：「故聖人之道，寬而栗，嚴而溫，柔而直，猛而仁。太剛則折，太柔則卷，聖人正在剛柔之間，乃得道之本。積陰則沉，積陽則飛，陰陽相接，乃能成和。夫繩之為度也，可卷而伸也，引而伸之，可直而睎。故聖人以身體之。」❸❻這裏的「體」意味著體驗或體認，「身」則表徵著個體的具體存在，「以身體之」，表明對道的把握總是滲入了某種體驗，而這一過程又無法離開基於「身」的具體存在。日常語言中所謂「切身體會」，也十分形象地表達了以上關係。按其本來形態，「身」既具有個體性，又呈現感性的規定，以道為指向的體驗，則包含著普遍的內涵與理性的品格；體驗與「身」的不可分離，使之在實質的層面表現為個體與普遍、感性與理性的統一。

在「以身體之」等形式下，體驗往往具有返身性的特點。孟子曾提出「盡心」之說：「盡其心者，知其性也；知其性，則知天

---

❸❻　《淮南子·氾論訓》。

矣。」❸盡心是指向自我的過程，「天」在這裏則是一種形上的原理，包括道德原則的超驗根據。在孟子看來，對形上之天的把握，並不是一個向外追求的過程，它更多地借助於自身的體悟。同樣，朱熹也肯定為學工夫的返身性：「不可只把做面前物事看了，須是向自身上體認教分明。」❸以仁義禮智而言，「如何是禮？如何是智？須是著身己體認得。」❸仁義禮智屬廣義的道德規範，按朱熹的理解，欲具體地把握其內涵，便離不開以反求諸己為特點的體驗。這些看法已注意到：體驗並非僅僅是對象性的辨析，它與主體自身的情意認同、價值關懷、人生追求等等無法分離。所謂反求諸己，也就是以主體自身的整個精神世界為理解的背景，從而超越單向的對象性認知。

　　進而言之，在返身的形式下，個體並非簡單地接受外在的意見、觀念，也非著重於知識的外在傳遞。體驗的返身性、切己性最後落實於個體自身的理解、領悟和感受：「反求諸己」總是邏輯地導向「實有諸己」。體驗既是一種活動，也涉及認識的成果。朱熹在談到體認時，曾指出：「體認省察，一毫不可放過。理明學至，件件是自家物事。」❹件件是自家物事，意味著通過返身體驗，相關的認識已融入於自我的精神世界，成為實有諸己的內容。由個體的體驗而達到的精神形態，同時賦予體驗以自我意識與反思意識的內涵。自我意識不僅以個體自身為指向，而且包含自覺之維；反思

---

❸　《孟子·盡心上》。

❸　朱熹：《朱子語類》卷八。

❸　同上，卷十一。

❹　朱熹：《朱子語類》卷八。

則意味著拒斥無批判的盲從。以自我意識與反思意識為內在規定，體驗不僅體現了與「身」的聯繫，而且在更深刻的意義上展示了自覺的批判意識。

「反求諸己」與「實有諸己」相互關聯，使體驗不同於抽象的概念或邏輯系統。事實上，體驗的返身性、切己性，既將體驗與人的整個生命融合在一起，也使之無法與人的生活、實踐過程相分離。伽達默爾已注意到這一點，在他看來，「每一個體驗都是由生活的延續性中產生，並且同時與其自身生命的整體相聯」❹。與生命存在的融合，使體驗揚棄了抽象、外在的形式；與生活過程的聯繫，則既使體驗獲得了現實之源，也使之呈現過程性。以生命存在與生活過程的統一為本體論的背景，體驗超越了靜態的形式，展開為一個在生活、實踐過程中不斷領悟存在意義的過程。

作為把握世界與人自身的獨特方式，體驗同時從不同的方面展示了人性能力的特點。以「身」與「心」的交融為前提，體驗首先體現了溝通個體與普遍的能力：如前所述，「身」作為特定生命存在的確證，具有個體的品格，「身」直接所面對、指向的，也是特定的對象。然而，「以身體之」所達到的，則往往是普遍之道，而不限於個體性的規定，這裏無疑展示了某種從個體中把握普遍的力量。「身」同時又表現為感性的形態，而以存在意義的理解、領悟為指向的體驗則不同程度地蘊含理性的內容，與之相應，「以身體之」又顯示了揚棄感性與理性對峙的趨向和能力。作為特定的生命個體，人具有有限性，他所處的各種境遇，也呈現暫時性，然而，

---

❹　伽達默爾：《真理與方法》（上海：上海譯文出版社，1992 年），頁 89。

在體驗中，時間往往超越了過去、現在、未來的分隔和界限，有限境域中的觸發，可以使人感受無限；瞬間的領悟，可以使人領略永恆，如此等等。要而言之，從理解世界與理解人自身的層面看，體驗表現了人達到個體與普遍、理性與感性、有限與無限統一的內在力量。

(五)判斷力

與體驗相近，判斷力也呈現綜合性的品格。如果說，體驗主要基於內在精神世界中的「返身切己」而表現了人的綜合能力，那麼，判斷力則從更廣的層面，展示了人性能力的綜合形態。在現實的作用過程中，判斷力以理性、感知、想像、直覺、洞察等方面的交融和互動為前提，表現為分析、比較、推論、確定、決斷等活動的統一。作為一種具有綜合性質的能力，判斷力基於人自身存在的具體性：能力的綜合統一，以人自身在身與心、個體規定與社會之維等方面的統一為本體論的前提。就作用方式而言，判斷力的特點首先體現於聯結與溝通，後者既涉及上述不同能力之間的交融，也以觀念形態與外部對象之間的關聯為內容。在實質的層面，判斷展開為人對世界不同形式的把握，判斷力則表現為實現這種把握的能力。

相應於知與行的不同領域，判斷力呈現為不同的形式。從認識過程看，判斷力主要以普遍的概念、範疇、理論與經驗內容之間的聯繫為指向：隨著普遍的概念、範疇等被引用於特定的經驗對象或經驗內容，普遍概念與經驗內容之間開始建立起內在的關聯，而在這種關聯的背後，則是存在的一般性質與特定形態的統一。通過普

遍概念、範疇與經驗內容的如上聯繫，存在的一般性質與特定形態的內在聯繫、事物的不同規定之間的相關性，也得到了把握，主體則由此進而形成了對事物不同維度、不同層面的認知。事實上，作出認識論意義上的判斷，往往便意味著形成某種知識。在道德領域，判斷力體現於倫理規範與具體情境的結合，以中國哲學的觀念加以表述，其中所展示的也就是「理一」與「分殊」之間的溝通。從道德行為的選擇，到道德行為的評價，都涉及倫理規範如何引用於具體情境的問題，道德領域的判斷力，便表現為將「理一」與「分殊」加以統一的能力。與以上二種形態有所不同，審美領域的判斷力，主要表現為人的目的性與對象呈現形式之間的溝通：通過確認特定對象的合目的性，人同時形成了關於對象的審美判斷。

　　作為把握世界與人自身之「在」的方式，判斷內在地包含著創造之維：對具體的個體而言，作出判斷，總是滲入了創造性的活動。某種判斷從社會的層面看也許並未提供新的觀念，但只要它超越了作出判斷的個體對世界與人的原有理解視域、包含了他對存在及其意義的新見解，那麼，這種判斷對相關的個體而言便具有了創造的意味。與之相聯繫，滲入於判斷之中的判斷力，也以綜合的形式，體現了人的創造能力。在外在的層面或直接的形態上，判斷似乎首先與想像相關：判斷所涉及的關聯，往往由想像提示。然而，想像中呈現的聯繫如果沒有得到確認，便難以提供對世界或人自身存在的實際把握，而這種聯繫的確認，總是通過判斷而實現。廣而言之，判斷所指向的特定境域及境域中的具體對象，常常由感知所提供，與之相對的普遍概念或原理，則關乎理性之域。總起來，判斷力的作用既關聯感知、體驗，也涉及理性的分析、邏輯的推論；

❹既需要借助想像，也有賴於直覺、洞察。從觀念與對象的聯繫與溝通，到存在意義的確認，固然都涉及一般規則的運用，但規則的這種運用並無既定或不變的程式，也無法僅僅借助形式化的推繹。這裏我們無疑需要區分規則與規則的運用：規則本身呈現形式化的特點，但規則的運用則是非形式化的，正是後者，突顯了判斷力的意義，而規則本身也是在判斷力的作用過程中，才獲得現實的品格。判斷的形式或者表現為以普遍統攝特殊，或者側重於將特殊歸屬於普遍❹，二者的實質指向和現實內容，則是世界的敞開與存在意義的澄明。

作出判斷往往並不是基於對相關對象所有方面或規定的認知。在很多情況下，判斷乃是以對相關事務既有所知又非完全知為其現實的前提。以認識過程而言，當人看到一座帶有門或窗的建築物時，常會作出「這是一幢房屋」的判斷，儘管此時他所看到的可能僅僅是該建築的某一部分（如帶有門或窗的一面牆），而非其全部。不難看到，在以上判斷中，既涉及概念的引用（通過應用「房屋」這一概

---

❹　阿倫特在肯定判斷是人的基本精神活動形式時，又認為它「與邏輯的操作沒有任何共同之處」，似乎忽視了判斷與邏輯思維之間的關聯。（參見 Hannah Arendt: *The Life of Mind*, Harcourt Brace Jovanovich, Publishers, 1978, p.215。）

❹　康德曾區分了判斷力作用的二種形態：在普遍的東西（如規則、原理、法則）被給予的前提下，判斷力表現為以這種普遍的東西（規則、原理、法則）將特殊收攝於其下；在唯有特殊被給予的情況下，判斷力則需要找到普遍的東西。與第一種形態相關的是規定性的判斷力，與第二種形態相涉的則是反思性的判斷力。從把握存在的方式看，前者表現為以普遍統攝特殊，後者則似乎是通過發現普遍的規定而將特殊歸屬於這種普遍規定。（參見 Kant: *Critique of Judgment*, Hafner Publishing Co. New York, 1951, p.15。）

念，相關對象被歸入「房屋」這一特定之「類」），又包含著某種預期或推論。在人形成「這是一幢房屋」的判斷之時，雖然他看到的只是一面牆，但他同時又預期或推知這一建築還有其他三面牆，這種預期和推知內在地蘊含於判斷過程及判斷的結果，並使當下的認識得到擴展（亦即使認識超越了特定時空中的直接呈現），而其本身則以有關房屋的背景知識為前提：根據判斷者已有的知識經驗，房屋這一類建築通常有四面牆。判斷是一種自覺的、專注性的意識活動，然而，背景性的知識往往並不以顯性或明覺的方式呈現，而是更多地表現為波蘭尼所說的隱默之知或默會之知（tacit knowing）。事實上，作為人性能力的體現形式，判斷力的特點之一在於溝通顯性的知識系統與隱默的知識背景，而在這一過程中，它本身也體現了自覺的確認、判定與潛在的預期、推論等認知活動的交融。在判斷力的以上作用中，既可以看到直觀、聯想以及概念引用等認識功能的互動，也不難注意到自覺之知與隱默之知的統一。

在不同能力的綜合作用中，判斷力同時也展示了人的內在力量。無論是事實的認知，抑或價值的評價，都滲入了判斷力的作用。從事實的認知看，感性材料或概念形式每每只是提供認識的條件和前提，僅僅獲得這些前提條件並不足以構成知識。唯有在此基礎上進一步作出具體的判斷，才可能形成關於相關對象的認識。即使在「這是一所學校」這樣的簡單表述中，也已內在地蘊含著判斷：它的認識內涵，便是借助判斷而得到體現和確認。同樣，道德、審美領域的價值評價，也總是通過判斷而得到實現：在「他做得對」或「那花很美」這一類陳述中，已分別內含倫理判斷與審美判斷。在作出判斷之前，認識與評價過程中的各種因素往往表現為

互不相關的各種質料或形式，通過判斷，它們才呈現為有意義的觀念結構和思想形態，後者的具體內容，則是對世界與人自身的把握：觀念的統一所折射的，便是存在形態的統一。進而言之，通過以不同的方式認識世界與人自身，判斷力同時又溝通了知與行：對具體對象、情景的判斷常常為人的選擇與決定提供了根據，而選擇和決定則進一步將人引向不同形態的實踐。以道德領域而言，對特定情景、普遍義務的把握以及二者關係的判斷，構成了在相關情景中作出道德選擇和道德決定的前提，後者又推動人從「知當然」（道德認識）走向「行當然」（道德實踐）。

從哲學史上看，康德對判斷力予以了深入、系統的考察。在康德那裏，判斷力既涉及認識領域，也關乎道德實踐與審美過程。在認識領域，判斷力所指向的是知性與感性的溝通：「如果把一般的知性視為規則的能力，那麼判斷力就是一種歸屬於規則之下的能力，即區別某種東西是否從屬於一個已有規則的能力。」❹❹這種歸屬，具體地表現為特殊與普遍的聯結（特殊的經驗內容與普遍範疇的溝通）。在道德實踐中，判斷力涉及道德概念的運用❹❺，在審美領域，判斷力則表現為對合目的性的評判，具體而言，也就是「通過愉快與不愉快的情感，對自然的合目的性作出判斷」。❹❻當對象在

---

❹❹ Kant: *Critique of Pure Reason*, Translated by N.K. Smith, Bedford/St. Martin's Boston / New York, 1965, p.177.

❹❺ 康德將道德領域中判斷力的運用與合乎普遍的法則聯繫起來，並以此作為判斷的「理性主義」（rationalism of judgment）的內在規定。（參見 Kant: *Critique of Practical Reason*, Cambridge University, 1997, p.61。）

❹❻ Kant: Critique of Judgment, p.30.

外在形式上的合目的性引發審美主體自由愉悅的情感時，主體往往便會形成審美判斷。通過自然的合目的性這一概念，判斷力溝通了自然概念之域與自由概念之域，㊼並使理論理性與實踐理性之間的過渡成為可能。

康德對判斷力的理解，無疑涉及了人的能力。然而，在康德那裏，判斷力首先又與先天的形式相聯繫，作為審美判斷力核心概念的「自然的合目的性」，便被規定為一條「先天原理」。㊽如前所述，判斷涉及特殊向普遍的歸屬，而在康德看來，「先驗判斷力」所需做的，也就是提供這種歸屬的「先天條件」。㊾與之相聯繫，康德將判斷力理解為一種天賦的機能：「儘管知性能夠用規則來被教導和配置（equipped with），但判斷力是一種獨特的才能，只能習行，無法教授。它是一種天賦的特殊品格，其缺乏無法通過學習來彌補。」㊿作為先天的稟賦，判斷力更多地表現為一種固有的機能（faculty）(51)，而有別於現實的能力（capacity or power）。機能近於屬性，具有既成性，能力則以生成性為更實質的特性，它形成於現實

㊼ Ibid., p.33.

㊽ Ibid., p.19.

㊾ Ibid.

㊿ Kant: Critique of Pure Reason, p.177.

(51) 康德在《實用人類學》中，從人類學的角度，將作為審美判斷力的趣味，規定為人的機能（faculty），相對於康德在認識論領域之注重形式的條件，人類學似乎更側重「人」這一種類所具有的屬性、機能，而範疇、概念的形式性與判斷力的機能性，也相應地形成了某種對照。這裏無疑也從一個方面體現了康德理解判斷力的內在視域。（參見 Kant: *Anthropology from Pragmatic point of View*, Southern Illinois University Press, 1978, p.14。）

的知、行過程之中，其作用也體現於這一過程。作為人的內在力量，人的能力同時構成了知、行活動所以發生的現實根據。然而，當判斷力被理解為先天而固有（既成）的規定時，它與現實的能力之間顯然已有一定的距離。事實上，作為「先天條件」，判斷力與範疇或純粹知性概念等認識形式已處於同一序列，相對於能力所內含的現實品格，其先驗的、被給予性的品格似乎處於更為主導的方面。對判斷力的以上看法，從一個側面表明，康德對人性能力的理解，仍有其自身的限度。

總起來看，理性、感知、想像、直覺、洞察、言與意，以及體驗和判斷力表現了人性能力的多重形式。以身與心、個體之維與社會歷史之維等存在規定的統一為本體論前提，人性能力既涉及理性與感性的關係，也關乎更廣意義上理性與非理性的統一；既體現了人性能力的不同表現方式，又展示了人性能力的綜合形態。從更廣的層面看，人的能力同時滲入於實踐或行動中的技能、技藝，後者與多樣的操作過程相聯繫並融合了如何做之知（knowing how），表現出某種具身性（embodiment）的特點。要而言之，與知、行過程的多樣性、豐富性相應，人性能力的形式也呈現多重性，並可從不同的視域加以概括、考察和理解。作為成己與成物所以可能的條件，人性能力本身也在成己與成物的過程中取得具體的形態。

三、結構與本體

作為成己與成物的內在力量，人性能力具有結構性。從認識世界的維度看，認識的發生往往與一定背景中的問題相聯繫，問題推

動著基於已有知識系統的多方面探索，後者又以具體地理解、把握相關對象和關係為指向。就對象而言，從問題的發生到問題的解決，表現為對世界認識的深化；就人性能力的體現而言，這一過程又在動態層面上展開為具有一定指向性的意識或精神結構。廣而言之，從直觀到思維，從推論到判斷，人性能力的展開與作用，都在不同的意義上與內在的精神結構相聯繫。

從類的角度看，以思維的邏輯等為形式的精神結構，並非先天或先驗的存在，而是形成於人類知與行演進的漫長歷史過程。就個體而言，其形成則以個體自身的活動以及個體與社會的交互作用為前提。如前文所提及的，精神結構並不僅僅是心理性的存在，它與概念形式、邏輯模式等具有內在的聯繫。社會地、歷史地形成的概念、邏輯形式對個體來說無疑具有先驗的性質（先於個體經驗），通過教育、引導、學習以及個體與社會之間廣義的互動，這種形式逐漸內化於個體的意識，並獲得內在的規範意義：個體的知與行唯有合乎以上形式，才能為社會所肯定和接納。在這種互動過程中，普遍的形式漸漸賦予個體精神以結構性和定向性。思維方式、概念形式的內化，同時又與個體自身的行動相聯繫。根據發生認識論的研究，在個體早期的簡單行動中，已蘊含某種結構性，這種活動在不斷重複之後，往往通過記憶、理解而凝化為較為穩定的意識結構或形式。如前所述，形成於社會歷史過程的邏輯、概念形式具有先於個體的性質，與之相應，其內化首先也以它的既成性為前提。相對於此，行動結構或行動的邏輯在個體意識中的凝化，則表現為一個生成的過程。進而言之，即使是社會地形成的普遍形式，也唯有在為個體所理解和接受之後，才可能內化於其意識之中。通過理解與

接受而實現的這種由外在形式向內在結構的轉換，對個體而言也同時具有某種生成性。不難看到，精神結構的建構，在總體上表現為內化與生成的統一。

考察精神結構的內化與生成，應特別關注個體與社會的互動。在個體早期生活過程中，已存在不同形式的社會交往活動。通過語言、示範等等方式，作為社會成員的成人努力讓尚未完全融入社會的個體以社會所希望和要求的方式行動，作為嬰兒的個體同樣也以他們獨特的說明方式，讓成人按其意圖行動。例如，在想抓住某物而又夠不到的情況下，嬰兒往往會以手指向該物，而這一意圖如果為成人所理解，他們便能夠獲得意欲得到之物。這一過程可以視為有效交往，其中包含指向性、理解、意圖的實現等環節；它不僅僅表現為單向的表達，而且涉及個體間的相互理解與溝通。正是在有效交往的過程中，指示性等表達方式與一定的意圖或目的之間逐漸建立起穩定的聯繫，這種聯繫經過往返重複，又進一步抽象化或符號化為某種心理模式或精神結構。有效的交往作為個體與社會互動的過程，同時涉及社會對個體的要求以及個體對社會的理解；個體目的或意圖的實現，往往以把握和合乎蘊含於社會要求之中的普遍規範、規則等等為條件。通過有效的交往，普遍的規範、思維的形式等逐漸為個體所理解和接受，後者構成了這種規範、形式內化於個體意識的前提。作為精神結構形成的前提條件，有效交往既賦予精神結構以社會性，也從一個方面規定了其過程性：相應於社會交往的歷史性，精神結構不同於現成或凝固的形態，而是呈現歷史性與過程性的品格。

作為人性能力的體現，精神結構具有本體的意義。這裏所說的

「本體」，與中國古典哲學中本體與工夫之辨所涉及的「本體」相關。如所周知，從宋、明開始，本體與工夫的關係便成為中國哲學的重要論題。這一論域中的「本體」首先關聯人的存在及其精神活動。以明代心學而言，在談到本體與工夫的關係時，王陽明指出：「合著本體的，是工夫；做得工夫的，方識本體。」❺此所謂本體即作為先天道德意識的良知，工夫則指道德認識與道德實踐（致良知）。按王陽明的理解，精神本體是知行工夫的出發點，知行工夫則應基於並合乎精神本體。王陽明的心學賦予本體以先天性質，無疑有其問題，但它對本體及其意義的肯定並非毫無所見。❺從現實的層面看，人的知行活動既有其社會歷史的背景，也離不開內在的人性根據，所謂精神本體，便可視為知行過程的內在根據。以意識的結構性與綜合統一為形態，精神本體以不同的形式制約著人的知行活動。從知行活動的取向（包括對象的選擇、目的的確立，等等），到知行活動的方式，都內含著精神本體的作用。正是通過引導、規定人的知行活動並賦予其以方向性，精神本體具體地展現為人性能力的內在根據。

---

❺　王陽明：《傳習錄拾遺》，《王陽明全集》（上海：上海古籍出版社，1992年），頁 1167。

❺　順便指出，以上語境中的「本體」，與西方哲學中的 substance 不同，後者以「實體」為義，並往往被規定為存在的「終極基質」（the ultimate substratum，參見 Aristotle: *Metaphysics*, 1003a25, *The Basic Works of Aristotle*, Random House, 1941, p.731. Aristotle: *Metaphysics*, 1017b23-25, *The Basic Works of Aristotle*, p.761）；與工夫相對的「本體」則側重於精神的本然形態及穩定的趨向，如上所述，它主要被理解為知行工夫的出發點及根據（參見楊國榮：《存在之維‧導論》，北京：人民出版社，2005年）。

　　精神本體作為人性能力的內在根據,有其心理性的規定。無論從其生成過程看,抑或就其存在形態或存在方式而言,精神本體都難以離開人的意識過程;它對知行活動的制約作用,也總是與人的意識及其活動息息相關。以意識的綜合統一為存在形態,精神本體無疑呈現心理的性質;從思維趨向,到德性品格,都不難看到這一點。心學將本體與「心」聯繫起來,已有見於此。然而,如前所述,不能由此將精神本體歸結為純粹的心理結構。與普遍的概念形式及規範的內化相應,精神本體同時又超越特定的心理規定,包含寬泛意義上的邏輯或准邏輯之維。事實上,精神的結構在凝化之後,其間的關係、聯結便具有穩定的性質,從而獲得了某種邏輯的意義。從哲學史上看,心學系統中的一些哲學家固然試圖溝通性體與心體,但當他們以心體規定本體之時,往往突出了本體的經驗、心理內涵,對其普遍的邏輯意義,則未能予以充分的注意。另一方面,邏輯行為主義者則常常把關注之點主要指向邏輯的形式,並由此表現出將心理還原為邏輯的傾向。在談到語言與思維的關係時,維特根斯坦便認為,「思維是某種語言」❺❹。相應於早期對邏輯形式的注重,維特根斯坦在這裏所提及的語言,首先側重於其形式的結構及意義,而將思維歸結為語言,則多少顯現出以邏輯淨化、消解心理規定的趨向。與以上理解相對,精神本體既不同於純粹的心理結構,也有別於抽象的邏輯形式。在其現實性上,它具體地表現為心理與邏輯的統一。

---

❺❹　"Thinking is a kind of language", Wittgenstein: *Notebook: 1914-1916*, Blackwell, 1979, p.82.

　　精神本體的結構性及其邏輯之維，同時呈現形式的意義。事實上，從普遍概念形式的內化，到行動邏輯向思維邏輯的轉換，精神本體或精神結構的生成都包含形式的方面，而邏輯之維與形式的規定在現實的存在形態中也很難截然相分。當然，精神本體並不僅僅是空洞的形式，與形式相互關聯的是其實質的內涵。精神本體的實質的方面，首先與認識世界與認識自己的過程相聯繫，其內容則表現為凝化於意識結構的認識成果。與之相關但又有不同側重的是價值內容，後者在道德品格或德性那裏得到了具體的體現。基於個體長期的實踐，現實的道德原則、倫理規範、價值標準，等等，逐漸通過認同、接受而內化為個體的道德品格和德性，後者構成了精神本體的重要方面。精神本體的另一具體內容，是審美意境。作為審美理念、審美鑒賞準則的內化和凝聚化，審美意境不同於一時的、偶然的審美感受，而是基於審美經驗的長期積累，具有穩定性、恆久性的性質。概而言之，精神本體既具有形式的結構，又以真、善、美的實質內容為具體形態；心理與邏輯、形式與實質在精神本體中展示了內在的統一性。作為有內容的形式與有形式的內容，精神本體既區別於純粹的先驗範疇，也不同於單純的經驗意識。

　　以心理與邏輯、形式與實質的交融為具體形態，精神本體同時超越了偶然的意念。王陽明曾區分了意念與作為本體的良知：「意與良知當分別明白。凡應物起念處，皆謂之意。意則有是有非，能知得意之是與非者，則謂之良知。依得良知，則無有不是矣。」❺❺

---

❺❺　王陽明：〈答魏師說〉，《王陽明全集》（上海：上海古籍出版社，1992年），頁217。

意念作為應物而起者，帶有自發和偶然的特點。所謂「應物而起」，也就是因境（對象）而生，隨物而轉，完全為外部對象所左右，缺乏內在的確定性。與意念不同，作為本體的良知既非偶然生成於某種外部境遇，也並不隨對象的生滅而生滅。它乃是在行著習察的過程中凝化為內在的人格，表現為專一恆定的品格。惟其恆常而內有主，故不僅非外物所能移，而且能自我立法、自我評價，並判定意念所涉之是非。要而言之，作為穩定的意識結構，精神本體具有超越偶然性、情景性、當下性的特點。

在哲學史上，朱熹曾批評佛家「專以作用為性」**❺❻**，並對此作了如下解釋：「佛家所謂作用是性便是如此。他都不理會是和非，只認得那衣食、作息、視聽、舉履便是道。說我這個會說話底，會作用底，叫著便應底，便是神通妙用，更不問道理如何。」**❺❼**這裏所說的佛家，更多地指禪宗。從哲學的層面看，「以作用為性」的特點在於僅僅關注飲食起居、行住坐臥以及與此相關的偶然或自發意念，並將這種偶然、外在的意識活動等同於內在之性。在宋明理學特別是程朱一系的理學中，「性」不同於偶發的意念而是以普遍的「道」、「理」為內涵，從而具有本體之意；「以作用為性」，則意味著以偶然、自發的行為及意念消解這種普遍本體。不難看到，朱熹對「專以作用為性」的以上批評，乃是以承諾精神層面的本體為前提。

近代以來，「以作用為性」的趨向仍往往以不同的形式表現出

---

❺❻　朱熹：《朱子語類》卷一二六。

❺❼　朱熹：《朱子語類》卷六二。

來。這裏首先可以一提的是實用主義。與注重特定的問題情景相
應，實用主義常常強調人在具體境遇中的活動以及特定的操作行
為，而對普遍的概念形式以及這種形式如何轉化為精神本體卻缺乏
必要的關注。對精神本體的這種看法，在某種意義上也是「以作用
為性」，它以偶然性、情景性、當下性為知行活動的全部內容，既
未能充分注意類的文化歷史沉澱在成己與成物過程中的作用，又忽
視了具有結構性、確然性的個體精神形態對知與行的意義。❸

　　以精神本體為內在根據，人性能力同時展現為某種定勢
（disposition）。定勢具有本體論的意義，就對象來說，它表現為必
然之勢，如水之趨下，葵之向陽，等等；從人的意識活動或精神形
態看，它則呈現為穩定的心理趨向。以思維方式而言，明於辨析、
長於綜合，每每表現為人性能力的多樣體現，不同的個體，在此往
往呈現某種個性差異，作為基於內在精神本體的個性特點，這種差
異不同於偶發的意識現象，而是作為確然的定向，具體地體現在個
體思考問題、解決問題的過程中。思維方式上的個性差異，顯然並
非取決於特定情景或境遇：特定的情景或境遇具有偶然性及變遷
性，從而難以擔保思維的確定趨向。與之相對，凝化於個體的精神
本體，則以綿延而穩定的形態，從內在的層面賦予人性能力以確然
的定勢。

---

❸　維特根斯坦在否定意識及其活動使語言具有生命的同時，強調語言的實質就
　　是「使用」（use），（參見 Wittgenstein: *The Blue and Brown Books*, Harper &
　　Row, Publishers, New York 1965, pp.3-4）這種看法所涉及的雖是語言與意識及
　　思維的關係，但就其以外在的「用」消解內在意識、精神形態而言，也在相
　　當程度上表現出「以作用為性」的傾向。

可以看到，以精神本體及精神定勢為存在形態，人性能力同時呈現本體論的意義。作為人的內在定勢，人性能力不同於外在的邏輯規則或概念形式：邏輯與概念具有非人格的性質，可以外在或超然於特定個體，不會隨著個體的變遷而生滅。相對於此，人性能力已化為存在規定，與個體融合為一，並始終與個體同「在」。從認識之域，到實踐過程，人的能力與人的存在都難以彼此分離。以「人性」規定人的能力，首先也是基於人性能力的這種本體論性質。

人性能力與個體的同「在」，無疑使能力本身呈現個性特點。事實上，如前所述，相應於概念形式向個體意識的內化以及個體存在形態的多樣性，人性能力也具有個性的差異。然而，這並不意味著人性能力僅僅表現為個體性的規定。與心理與邏輯、形式與實質的交融一致，人性能力也包含普遍性的品格。說一個人具有解決代數問題的能力，意味著如果給他一道難度適中的代數題，他便能給出正確的解答，而這種解答的正確性，同時具有普遍、公共的性質。人性能力與普遍性、公共性的這種聯繫，從一個方面表現了個體性與普遍性在人性能力之上的統一。

四、知識、智慧與視域

精神結構賦予人性能力以內在根據，並使之在本體論意義上獲得了定勢的意義。與之相輔相成的是人的視域（perspective）。這裏所說的視域，是對事物和世界較為一貫、穩定的看法和態度，它不僅包括認識論意義上對世界的理解，而且也涉及價值觀意義上對待

世界的立場。視域既從一個方面體現了人性能力，又構成了人性能力作用的內在背景。

在成己與成物的過程中，人既從已有的知識經驗出發，又不斷深化對世界的理解，並通過概念形式與經驗內容的結合而形成新的知識經驗。知識經驗是對世界特定方面或層面的把握，這種具有特定內涵的認識成果融合於意識系統以後，不僅構成進一步考察對象的知識前提，而且逐漸轉換為個體穩定的視域。視域既是一種內在趨向，又滲入了知識內容，它在某種意義上可以看作是由知識內容所規定的考察視角。知識經驗的不斷積累與反覆運用，往往賦予個體以相應的視域，這種視域不僅規定了考察問題的方式，而且提供了理解事物的特定角度。對同一現象，具有專業知識的個體與缺乏相關知識的個體常常有不同的考察角度。如見到高山之上的植物，一般旅遊者往往從審美的角度觀賞其呈現的自然景色，植物學家則每每從闊葉、針狀之別，考察海拔高度與植物形態的關係，這裏便體現了由知識積累的不同而形成的視域差異。通常所謂職業的敏感，事實上也內含著與特定知識背景相關的獨特視角。㊾

㊾　賴爾在《心的分析》一書中曾區分了「知道什麼」（knowing that）與「知道如何」（knowing how），並將人的能力主要與 knowing how 聯繫起來，這一看法後來被廣泛地認同和接受。事實上，「知道什麼」與「知道如何」無法截然相分，人的能力也相應地並非僅僅涉及「知道如何」。是「什麼」往往主要被視為認識論問題，「如何」則同時被理解為方法論問題，然而，從現實的形態看，關於對象的認識，總是包含方法論的意義：當知識運用於知和行的過程時，它同時便獲得了方法論的意義。另一方面，懂得「如何」做，又以獲得相關對象的知識為前提。在這裏，「知道什麼」與「知道如何」已呈現了內在的相關性。進而言之，知（knowing）、存在（being）、

　　視域不僅基於知識領域，而且折射了一定的存在背景。從形而上的層面看，所處境域的不同、內在存在規定的差異，往往對視域產生相應的影響。莊子在《逍遙遊》中曾分析了鵬與斥鴳之間的「視域」差異：「有鳥焉，其名為鵬，背若太山，翼若垂天之雲，搏扶搖羊角而上者九萬里，絕雲氣，負青天，然後圖南，且適南冥也。斥鴳笑之曰：彼且奚適也？我騰躍而上，不過數仞而下，翱翔蓬蒿之間，此亦飛之至也，而彼且奚適也？此小大之辨也。」斥鴳之笑鯤鵬，表現了二者在視域、觀念上的不同，對斥鴳而言，翻騰、翱翔於蓬蒿之間，便是其生活的全部目標，扶搖而上九萬里，則完全超出了它的想像。從本體論上看，斥鴳與鯤鵬在視域與觀念上的如上差異，導源於二者在生活境域及各自存在規定上的不同：斥鴳與鯤鵬首先是具有不同存在品格的個體，這種不同的存在形態

做（doing）亦難以彼此分離：關於存在（事實）的「知」，往往蘊含了應當如何做之「知」。例如，知道了某種植物有毒，這首先是關於「存在」（事實）之知，但其中又蘊含著應「如何做」（如避免食用該植物）之知。上述情況從另一方面展現了「知道什麼」與「知道如何」之間的聯繫。此外，就「知道如何」自身而言，又包含理論與實踐二個層面，理論的層面包括對「做」的過程中各種規則、程式等等的把握，實踐的層面則體現於以上知識在「做」的過程中的適當運用；前一方面近於「知道什麼」，後一方面則表現為狹義上的「知道如何」。在此，同樣可以看到「知道什麼」與「知道如何」之間的內在關聯。就認識與能力的關係而言，「知道什麼」與「知道如何」之間的如上聯繫表明，無論是關於「如何」的知識（knowledge of how），抑或關於「什麼」的知識（knowledge of that），都涉及人的能力。事實上，人的認識（包括關於「什麼」的知識與關於「如何」的知識）既滲入於實踐過程而化為具體的能力，又通過融入人的精神本體而在更廣的意義上成為人性能力的現實構成。

既制約著它們的存在方式，也規定了其視域和觀念。不難看到，莊子在這裏乃是以鳥喻人：斥鷃、鯤鵬之別的背後，是人的差異；二者在視域上的分野，則折射了人的不同存在境域對其觀念的影響。

就更具體的社會領域而言，作為現實的社會成員，個體之間存在著社會地位、利益等方面的差異，這種差異往往化為看待世界的不同立場、傾向，後者隨著時間的延續而漸漸凝化為內在的視域。體現不同社會背景的立場、傾向在化為視域之後，又進一步影響著個體對世界以及人自身的理解。對相同的對象，處於不同社會背景、具有不同視域的個體，常常形成不同的看法。以社會的變革而言，在特定歷史變革中利益收到衝擊的群體，容易形成對這種變革的質疑、批評態度，變革的受益者，則更傾向於對這種變革的支援和認同。立場、態度的以上差異，同時體現了視域的不同。這裏的視域不僅僅是知識的凝化，在其現實性上，它同時包含了社會歷史的內容。

作為人性能力作用的背景，視域既制約著對特定對象的考察和理解，也影響著普遍層面上對世界的看法，後者在哲學之域得到了更具體的體現。哲學的觀點、立場凝化為內在視域，往往構成了哲學思維的一般前提，哲學家對世界的理解，總是本於這種視域。以海德格爾的哲學而言，與傳統的形而上學不同，海德格爾提出所謂基礎本體論，否定存在的超驗性，肯定世界之在與人自身存在的聯繫。然而，海德格爾同時又以現象學為其視域，現象學的特點之一是關注事物在意識中的直接呈現而懸置其前後的演化過程，這種視域明顯地滲入海德格爾對世界的進一步理解。海德格爾之注重工具的「在手邊」性質，便體現了這一點：「在手邊」所展示的，是工

具的當下性、既成性。儘管他也肯定在手邊的工具不同於純粹之物，但「在手邊」所側重的，主要仍是已然與現成。事實上，作為存在特定形態，工具有其形成的過程，這種過程性從一個方面折射了存在的歷史性和過程性，對此，海德格爾似乎未能給予充分關注。他固然也肯定時間性，但在其哲學系統中，時間性主要與個體從被拋擲到世界直至其死亡的生存歷程相關，而缺乏更廣的社會歷史內容。不難看到，現象學的視域深深地滲入海德格爾對世界之在及人的存在的看法。

以相對穩定的觀點、立場為內容，視域既構成了人性能力作用的背景，也對人性能力的作用形成了某種限定。具有一定專業領域知識者，往往主要關注與該領域相關的方面或對象，並習慣於從與之相關的角度看問題；處於特定社會境域者，往往傾向於從自身所處的地位、境遇考察對象；接受某種哲學觀念、立場者，則常常以這種立場、觀念作為理解世界的前提，如此等等。按其本義，視域與廣義的「觀」或「見」相聯繫，它提供了「觀」物或「見」物的一定角度，事物的某些方面唯有從一定的視域或角度加以考察，才可能為人所見。但另一方面，僅僅從一定角度出發，往往又有「見」於此而無「見」於彼。同時，視域一旦被凝固化、絕對化，便可能轉化為成心或成見。由此出發，常常容易偏離現實的存在。懷疑論者每每由此對正確認識世界的可能性提出質疑：既然人總是具有與一定視域相聯繫的成見或成心，則真實的世界如何可能達到？

回應以上質疑的首要之點，在於肯定視域的可轉換性。如前所述，視域具有相對穩定的特點，但這並不意味著個體注定只能從某

一視域看問題。對具體的個體而言，其視域既非命定，也非不可轉換。從一定的視域考察對象，固然往往會形成對事物的某種理解，但視域本身又具有可轉換或可擴展的特點。⑥通常所說的從不同角度看問題，便意味著轉換或擴展視域，由此克服和超越特定視域可能帶來的限定。在哲學史上，莊子曾區分了考察存在的不同視域：「以道觀之，物無貴賤；以物觀之，自貴而相賤；以俗觀之，貴賤不在己。」⑥「道」在本體論上被規定為統一性原理，在認識論上以全面性為其內涵，「以道觀之」，即從整體、統一的視域考察世界；「物」、「俗」則指特定的存在形態，「以物觀之」、「以俗觀之」亦即以基於這種特定存在形態的視域考察世界，由此往往形成所謂「成心」（片面、先入之見）。莊子要求超越後者（「以物觀之」、「以俗觀之」）而走向前者（「以道觀之」），其中無疑也蘊含著視域轉換之意。

視域的可轉換性與可擴展性，體現了人性能力的自我調節功

---

⑥ 伽達默爾亦曾注意到視域的作用，不過，他對視域的理解似乎包含二重性。一方面，他肯定視域並非凝固不變，而是具有形成性，但另一面，其注重之點又主要在於歷史的視域與現在的視域的溝通、已有文本與理解過程之間的交融，他所提出的視域融合（fusion of horizons）也主要側重以上二個方面。（參見 Hans-Georg Gadamer: *Truth and Method*, Translation revised by J. Weinshimer and D.G. Marshall. *The Cotinuum Publishing Company*, 1998, pp.306-307, 374, 394-395）與後一方面相聯繫，伽達默爾否定視域的不變性，更多地涉及文本意義的生成：沒有既定、不變的文本意義，意義是在過去的文本與現在的理解過程的互動、交融中不斷生成的。對視域的如上看法，與這裏所說的視域轉換與視域擴展似乎有所不同。事實上，伽達默爾對理解的前見、理解的歷史性等方面的強調，在邏輯上更側重於既成視域。

⑥ 《莊子·秋水》。

能。從存在的形態看，視域的形成誠然離不開人的知行過程，但作為人性能力的背景，它已沉積、隱存於意識的深層，並多少獲得了自在的性質：從一定視域出發，往往並非基於個體自覺的選擇，而是表現為某種自發的趨向。然而，視域的轉換與擴展，又具有自覺的性質。這裏既涉及確定性與可變性的關係，又關聯著自發與自覺之辨。視域制約的自發性與視域轉換的自覺性，從不同方面表現了人性能力的作用方式，前者展示了人性能力與知識積累、觀念內化之間的內在聯繫，後者則使之不斷超越限定、指向真實的世界。

視域的轉換和擴展，往往並非限定於個體之域，而是涉及主體間的交往。通過不同形式的討論、對話，主體間既可以不斷達到彼此的溝通和理解，也常常能夠形成某種視域的交融或共識的重疊。這種理解與交融不僅體現於主體間的當下互動，而且也如解釋學所注意到的，可以跨越歷史時空，以文本為仲介而展開為不同時代主體之間的對話。主體間的相互溝通與視域的彼此交融，每每為個體視域的轉換、提升和擴展提供了社會的前提，並從社會歷史的層面推動著個體超越視域的限定，以實現視域的轉換與擴展。

從內在的觀念之維看，在克服與化解視域限定的過程中，需要特別關注形上智慧的意義。前文所提及的知識，主要與具體的經驗領域相聯繫，它以經驗世界中特定事實為對象，以命題、範疇等對具體對象分別地加以把握。相對於知識而言，智慧更多地表現為對「性與天道」的追問。這裏所說的「天道」，首先指向作為整體的世界及其存在法則；「性」則更多地與人自身的存在相聯繫，並具體展開為對人與世界的關係、人的存在意義、價值理想的追問。在知行過程的歷史展開中，人既逐漸獲得和積累知識經驗，也不斷走

向智慧之境，二者又進一步凝聚、轉換為不同的視域。如前所述，知識所把握的是經驗世界中的特定對象，與之相聯繫的視域，也呈現界限性。相對於此，智慧則以揚棄界限為其指向。在成己與成物的過程中，智慧之境既通過轉換為個體視域而為人性能力的作用提供了深層背景，又通過揚棄界限而推動著具體視域的轉換和擴展。

相對於精神結構的本體論意蘊，視域更多地從「觀」、「看」及價值立場等維度展示了認識論、價值論的意義。知識經驗和形上智慧融合於意識過程，既從不同方面提升了人性能力，又通過凝化為內在視域而為人性能力的作用提供了認識論、價值論的前提和背景。精神本體與認識視域的互融和互動，一方面使人性能力及其作用獲得了內在根據，另一方面又從認識論、價值論等層面賦予它以現實的作用方式和形態。

在成己與成物的過程中，人的能力構成了認識世界與改變世界（成物）的前提，表現為認識人自身與改變人自身（成己）的內在條件。以身與心、個體規定與社會之維等統一為本體論根據，通過感性與理性、理性與非理性的互滲，能力溶合於人的整個存在，呈現為具有人性意義的內在規定；基於體與用、本體與視域的交融，人性能力進一步展現了具體的作用方式和存在形態。作為人的本質力量的體現，人性能力既植根於人的潛能，又在知與行的展開過程中取得現實的品格；既表現為穩定的趨向，又具有生成性；既被賦予形式的規定，又包含實質的內容；既與普遍之理相關，又涉及個體之心。在凝化為人的內在存在規定的同時，人性能力又滲入於知與行的全部過程，從而在本原的層面為成己（認識人自身與改變人自身）與成物（認識世界與改變世界）提供了內在的擔保。

第三章　規範系統與意義生成

　　作為一個歷史過程，成己與成物不僅以人性能力為其內在條件，而且關聯著多重形式的規範系統。一方面，成己與成物具體展開為知和行的過程，後者本身包含不同意義上的規範性，另一方面，這一過程中所形成的知識與智慧，又通過外化為普遍的規範系統而進一步制約知、行過程。以認識世界與認識自己、改變世界與改變自己為指向，規範既與做什麼及如何做（to do）相關，也涉及成就什麼（to be）。與目的性規定相聯繫，規範內含價值之維；以實然與必然為本，規範又有其本體論根據。從形式的層面看，規範與「理」相近，具有外在的、非人格的特點，但其現實的作用卻並非隔絕於內在的意識（心），規範與個體及其意識活動的關係，具體展開為心與理的互動。作為制約存在形態與存在過程的當然之則，規範構成了人與人的共在所以可能的條件，對共同生活的這種擔保既體現了規範所內含的普遍性、公共性社會品格，又展示了其歷史性和具體性。

一、實然、必然與當然：規範之源

　　人何以有規範的問題？這本身是一個具有本原意義的問題。從

邏輯上看，何以有規範的問題首先涉及人為什麼需要規範，後者又與人的存在形態、存在方式相聯繫。人既認識世界與認識人自身，也改變世界與改變人自身，這一過程不僅使人在實然之外同時面臨當然（規範）的問題，而且賦予後一方面（當然－規範）以內在於知行過程的本原性質。❶中國哲學視成己與成物為本體論意義上人的存在形態，並將禮、義等價值原則與之聯繫起來，已從一個方面注意到規範與人之「在」的以上關係。

在寬泛的意義上，規範可以理解為規定與評價人的活動（doing）及存在（being）形態的普遍準則。存在形態涉及成就什麼，如後文將進一步討論的，規範在此具有導向的意義；活動或行動則首先指廣義的實踐過程，在引申的意義上，它也兼及意識活動（如認知、思維過程，等等）。在行動之前及行動之中，規範主要通過引導或約束行動來對其加以調節；在行動發生之後，規範則更多地構成了評價這種行動的準則。當然，調節與評價並非截然相分，以道德規範而言，當某種動機萌發時，儘管行動尚未發生，意識的主體也會根據一定規範對這種動機加以評判，以確定其正當與否；同樣，對已發生的行動的評價，也往往制約、調節著進一步的道德行為。

從作用的方式看，規範呈現多樣的形態。作為當然之則，規範以「應當」或「應該」為其內涵之一，後者蘊含著關於「做什麼」或「如何做」的要求。在「應當」或「應該」的形式下，這種要求

---

❶ 從以上前提看，一些研究者以「人具有自覺的理性意識」解釋人何以有規範問題（參見 C.M. Korsgaard: *The Sources of Normativity*, Cambridge University Press, 1996, pp.46-47），顯然很難視為對問題的真正把握。

首先具有引導的意義：「做什麼」主要從行動的目標或方向上指引人，「如何做」則更多地從行為方式上加以引導。與引導相反而相成的是限定或限制。如上所述，引導是從正面告訴人們「應該」做什麼或「應該」如何做，限定或限制則從反面規定「不應該」做某事或「不應該」以某種方式去做。引導與限定往往表現為同一原則的兩個相關方面，如「說真話」（引導）與「不說謊」（限定）即表現為同一誠實原則的不同體現。❷

　　引導性的規範，同時呈現某種說服的性質。以「應該」為形式，引導性的規範不同於外在命令，對於命令，不管是否願意都只能執行，引導性的規範則以相關主體的接受、認同為其作用的前提，而接受與認同又往往訴諸於說服。與說服相對的是強制。強制性的規範也蘊含著一定的要求，但這種要求不僅僅以「應該」或「應當」為形式，而是同時表現為「必須」。需要注意的是，規範

---

❷　規範的具體形態，可以從不同角度加以區分。賴特（G.H.v. Wright）在總體上將規範分為三類：即規則（rule，主要指遊戲規則、語法規則、邏輯法則）、規定（prescription，指命令、允許等）、指示或指導（direction，主要指技術規範），同時又區分了三類次要的規範，即習俗（customs）、道德原則、理想規範（ideal rule）。（參見 G.H.v. Wright: *Norm and Action – A Logical Enquiry*, Routledge and Kegan Paul, 1963, pp.15-16）根據規範的不同作用對象、作用領域、作用方式，也可分別對認識、道德、審美、法律、宗教、禮儀、習俗、技術等領域的規範作區分：認識領域的規範，主要與真假相關；道德領域的規範，涉及廣義的善惡；審美準則，關聯著藝術創作與審美鑒賞；法律規範，側重於正當性、合法性的確認；宗教戒律，以超驗追求為背景；禮儀規範，與文野之別相聯繫；習俗中的規定，以文化認同為指向；技術規程，旨在保證有效的技術操作；等等。這裏主要從理論的層面考察規範的一般性質和特點，不擬詳細討論規範的具體形態。

的強制性與規範的限定性不能等而同之。限定性的規範主要表現為否定性的要求，這種要求既可以取得強制的形式，也可以取得說服的形式。如所周知，道德規範與法律規範都包含限定性的方面，但前者（道德規範）具有說服的性質，後者（法律的規範）則以強制性為其特點。

規範既與做什麼及如何做（to do）相關，也與成就什麼或成為什麼（to be）相聯繫，後者即涉及前文所提及的存在形態。以道德領域而言，道德的規範不僅制約人的行為，而且對人自身走向何種形態也具有引導和規定作用。儒家以仁為核心的價值原則，在儒家那裏，仁既表現為德性，也包含規範的意義。與後一涵義（規範性）相應，儒家所說的「為仁」，一方面要求在行為過程中遵循仁的規範，另一方面則意味著按仁的原則塑造自我。在相近的意義上，一般的價值理想也具有規範的意義：它作為目標引導著人在人格形態上趨向於這種理想。廣而言之，政治、法律、科學等等領域的規範，也呈現雙重作用。在政治、法律領域，規範不僅規定著人們的行為，而且也要求人們成為具有政治、法律意識及相應品格和能力的存在，亞里士多德所謂「政治動物」以及現代語境中的守法公民，在不同的意義上蘊含了以上內涵。同樣，科學的規範也既規定和約束著科學領域的行為，又引導從事相關活動的人成為科學共同體的合格成員。

做什麼（to do）與成為什麼（to be）並非彼此分離。人格的塑造、存在形態的成就，與行為方式往往相互聯繫。就「為仁」而言，以仁為準則塑造自我（獲得仁的品格而成為仁者），總是離不開循仁而行（在行動中遵循仁的規範）的過程。同樣，政治、經濟、法律、

科學等領域的人格形態，往往也與相關規範所制約的行為過程具有一致性。另一方面，在一定規範引導下所成就的人格，又需通過具體的行動得到體現和確證。存在形態上合乎某種規範與行為方式上循乎這種規範，具體地展現了做什麼（to do）與成就什麼（to be）之間的內在關聯。

以引導行為與成就人為指向，規範內在地蘊含著目的性規定。如前所述，從普遍的層面看，規範根源於成己與成物的歷史需要，其功能也體現在為認識世界與認識人自身、變革世界與變革（成就）人自身提供條件與擔保。事實上，按其本來形態，規範總是滲入了價值的內涵，其意義在於達到廣義的「善」（the good），後者同時構成了其目的性規定。在道德、法律等領域，與規範相聯繫的廣義之「善」首先表現為行為的正當性或合法性，在變革自然等領域，這種作為目的性規定的「善」又同時涉及行為的有效性。

一些規範初看似乎與目的無直接聯繫，如習俗所內含的規定、遊戲規則，其目的指向往往並不顯而易見。但若作進一步的分析，則仍可以發現其目的內蘊。以習俗而言，它在某種意義上包含二重性：作為自發形成、具有規則性（regularity）的現象，習俗呈現近於「自然」對象的特點，也正是基於此，習俗的研究在某些方面往往採取與科學探索相近的描述（description）方式。但習俗同時又構成了一定民族、人群的行為準則，從而具有規範性。作為規範，習俗的意義之一在於實現文化認同和共同體的凝聚，後者（達到文化認同、共同體的凝聚）同時構成了習俗的內在目的。同樣，遊戲規則也內含自身的目的性規定。以不同形式的競技、比賽活動而言，其規則既具有建構意義（表現為這類活動所以可能的條件），也以保證活動的

秩序性（包括有效地確定優勝者）為目的性指向。

　　作為價值意義的體現，規範的目的性在更本原的層面涉及人的需要。如前所述，規範以達到廣義的「善」（the good，包括行動的正當性與有效性）為目標，後者本身基於人的需要。從道德實踐的領域看，道德規範構成了社會秩序與個體整合所以可能的必要擔保，而這種擔保之所以必要，又與社會生活的生產與再生產相聯繫：如果社會成員之間未能在仁道、正義等基本倫理原則和規範之下合理地處理和定位彼此的關係，並由此形成某種道德秩序，那麼，社會生活的生產與再生產便無法實現。在生活實踐展開的過程中，普遍的倫理理想、價值原則、行為規範、評價準則，同時從一個側面提供了將社會成員凝聚起來的內在力量：為角色、地位、利益所分化的社會成員，常常是在共同的道德理想與原則影響與制約下，以一種不同於緊張、排斥、對峙的方式，走到一起，共同生活。在這裏，社會生活的歷史需要，無疑構成了道德規範的內在根據。同樣，政治、經濟、法律、科學等不同的實踐領域，其規範也在相近的意義上形成於相關實踐過程的多樣需要。

　　需要與目的相聯繫，更多地具有價值的意義，以需要為本，相應地體現了規範的價值根據。事實上，作為當然，規範總是表現為價值領域的規定與準則。然而，價值意義上的當然同時又與本體論意義上的實然和必然難以分離。中國哲學對道的理解，已體現了這一點。在中國哲學中，「道」既被理解為存在的法則，又被視為存在的方式。作為存在的法則，「道」更多地體現了對象性的規定，具有自在的性質。作為存在的方式，「道」又與人相聯繫，包含為我之維：存在的方式不僅涉及對象如何存在，而且也關聯著人本身

如何「在」。道作為存在的法則，表現為必然；作為與人相聯繫的存在方式，則具有當然之意。事實上，在中國哲學中，道既指「必然」，又以「當然」為其內涵。「當然」內在地指向規範系統，後者（規範系統）往往取得理想、規則、程式等形式。在中國哲學看來，對世界的追問，並不僅僅在於揭示存在的必然法則，而且更在於發現、把握人自身如何「在」的方式，當孟子強調「得天下有道」、「得其民有道」❸時，他所說的「道」，便既涉及社會領域的存在法則，又與人如何「在」（人自身存在的方式）相聯繫。所謂如何「在」，具體包括如何安邦治國、如何變革對象、如何成就自我、如何解決人生的諸問題，等等。

　　關於必然與當然的關係，王夫之曾從形而上的層面作了具體闡釋。在具體分析道的內涵時，王夫之指出：「氣化者，氣之化也。陰陽具於太虛絪縕之中，其一陰一陽，或動或靜，相與摩蕩，乘其時位以著其功能，五行萬物之融結流止、飛潛動植，各自成其條理而不妄，則物有物之道，人有人之道，鬼神有鬼神之道，而知之必明，處之必當，皆循此以為當然之則，於此言之則謂之道。」❹一陰一陽、氣化流行之道，首先表現為內在於事物的必然的法則，它賦予世界以普遍的秩序（使事物各有條理而不妄）；通過揭示必然之道以把握合理的行為方式（所謂「知之明而處之當」），則進一步為實踐過程提供了內在的規範，作為規範行為的普遍原則，道同時便獲得

---

❸　《孟子·離婁上》。

❹　王夫之：《張子正蒙注》卷一，《船山全書》第 12 冊（長沙：嶽麓書社，1996 年），頁 32-33。

了當然之則的性質。以存在法則與存在方式的統一為前提，必然同時構成了當然的本體論根據。

從具體的實踐領域看，其規範的形成總是基於現實的存在（實然）以及現實存在所包含的法則（必然），與實然或必然相衝突，便難以成為具有實際引導和約束意義的規範。以現代生活中的交通規則而言，它所調節的，是車輛之間以及車輛與行人之間的關係，其具體規則的形成，則需要考慮不同道路之間的縱橫聯繫、車輛的速度和密度、車輛與道路的關係、人的行為特點，等等。儘管作為當然之則，它具有約定性（如車輛靠左行駛或傍右行駛在不同的國家或地區往往有不同的約定），但其有效性、合理性最終基於對以上各種狀況（實然）以及其間的確定聯繫（必然）的正確把握。隨著現實存在形態的變化，規則系統本身也需要進行相應調整，如高速公路出現之後，有關車輛時速的規則，便需作某種改變。可以看到，以交通的安全、暢通為目的性指向，作為當然的交通規則系統本身又以實然與必然為依據。

規範（當然）與實然的聯繫，在「應當蘊含能夠」（ought entails can）中也得到了具體的體現。寬泛而言，「能夠做」在邏輯上蘊含三重意義：其一，有能力做，它所涉及的主要是行為者，即一定個體是否具有完成某種行為的能力；其二，能成功地做，這裏的「能夠」同時關乎更廣的背景與條件，如能否駕機起飛，除個體的飛行能力外，還取決於機械、氣象等條件；其三、被允許做，其中涉及行為與其他規範系統的關係（是否為具有更廣制約作用的規範系統所許可），這裏所說的能夠，主要側重於第一重涵義。就行為的選擇而言，規範所規定的「應當」（做），以相關主體（行為者）「能夠」

（做）為前提，而能夠則意味著具有做某事的能力（ability），這種能力本身又表現為一種事實（實然）：主體（行為者）之具有相關能力，並非基於主觀的隨意認定，而是呈現為一種現實的存在形態（實然）。當然（規範）與能夠（能力）的以上聯繫，則相應地體現了當然與實然的聯繫。孟子曾區分了「不能」與「不為」：「挾太山以超北海，語人曰：『我不能』，是誠不能也。為長者折枝，語人曰：『我不能』，是不為也，非不能也。」❺「挾泰山而超北海」之所以不能成為「當然」（應當履行的規範），首先就在於它超出了人的能力，「為老者折枝」之所以「應當」成為行為準則，則是因為它處於人的現實能力所及的範圍之內；後者以實然（能力可及）為其根據，這一根據在前者之中則付之闕如。

　　進而言之，在具體的實踐領域，規範既本於一定的需要，又常常涉及相關領域特定的行為或活動方式，無論是現實的需要，抑或一定的活動過程，都有其現實的規定性。以需要而言，與主觀意義上的欲望不同，它更多地表現為現實關係所規定的客觀趨向。同樣，不同的活動過程本身內含一定的秩序和結構，後者也是現實的存在，具有實然的性質。規範唯有以這種具有實然性質的秩序與結構為根據，才能有效地引導實踐過程。從經濟、政治、法律等社會領域的活動，到技術性的操作過程，規範的合理性、有效性都既離不開對現實需要的把握，又以體現相關領域活動的特定秩序和結構為前提。

　　以當然的形態呈現的規範與實然、必然的以上聯繫，往往未能

---

❺　《孟子·梁惠王上》。

得到充分的關注和確認。一些研究者雖然注意到規範的根據問題，但對這種根據的理解，卻顯得相當抽象。在這方面，考斯伽德（C.M. Korsgaard）似乎具有一定的代表性。在《規範性之源》（*The Sources of Normativity*）一書中，考斯伽德將道德規範的根源列入研究之域，而其主要的結論則是：規範性之源首先應追溯到人的反思審察（reflective scrutiny）能力或意識的反思結構（reflective structure），這種能力和結構使人能夠形成自我認同的概念，並進一步自我立法，而由此構成的法則或規範即為行動提供了理由。❻規範性之源涉及規範的基礎與本原，從而，與規範的根據具有相通性；以人的反思審察能力或意識的反思結構為規範性的終極根源，則意味著從人的意識之中，尋找規範的根據。儘管考斯伽德的看法涉及了下文將具體討論的規範與內在意識的關係，但僅僅從意識結構中追尋規範之源，這種進路顯然未能真正把握規範（包括道德規範）的現實根據。以道德規範而言，考察其根源，首先需要著眼於現實的社會倫理關係。從家庭倫理看，在人類的歷史演進到一定時期之後，「關心子女」與「敬重父母」等便成為行為基本的規範。對具體的個體來說，自覺地理解或接受這種規範固然與理性的意識相聯繫，但從這些規範本身的起源看，則並非直接來自人的理性反思。在社會發展的一定歷史時期，當子女來到這個世界時，父母作為子女生命的給予者便同時被置於一定的責任關係（包括對子女的養育之責）；同樣，作為關係的另一方，子女也具有對父母加以尊重、關心的義務，這

---

❻ 參見 C.M. Korsgaard: *The Sources of Normativity*, Cambridge University Press, 1996, pp.92-113。

不是一種簡單的回報，而是以上倫理關係本身蘊含的內在要求。制約家庭生活的道德規範，便基於以上的倫理關係。廣而言之，作為具體的社會成員，人總是處於多方面的社會關係之中，這種關係往往規定了相應的義務；個體一旦成為關係中的一員，便同時需要承擔蘊含於關係中的義務，並遵循與義務相應的規則或規範。市場的經濟活動，有特定的市場規則；一定的學術團體，有自身的學術規範；大眾傳媒組織，有媒體活動的規則；公眾之間的討論，有言說與回應的一般程式，如此等等。以上規則、規範、程式，可以看作是相關義務的特定表現形式，而這種義務本身又是由交易雙方、團體成員、媒體與大眾所涉及的關係所規定。考斯伽德以意識的反思性為規範之源，無疑忽視了以上事實。

　　作為制約人的存在與行為的準則，規範的形成與運用同時又與實踐活動的重複性、延續性相聯繫：一定的規則，總是對同類實踐活動中的不同行為都具有引導或約束作用。以足球比賽而言，其規則便是所有的足球賽事都應當遵循的。事實上，從現實的形態看，不存在僅僅適用於孤立的行為或一次性活動的規則或規範。如果說，本於必然主要從本體論上規定了規範的普遍品格，那麼，人的活動與規範的以上關係則從社會實踐的層面賦予規範以普遍涵蓋性。然而，另一方面，規範又並非凝固不變。如前所述，規範固然以實然與必然為依據，但它同時又與人的目的、需要相聯繫，並包含某種約定的性質。就規範的形成而言，某一實踐領域的規範何時出現、以何種形式呈現，往往具有或然的性質，其中並不包含必然性。規範的這種性質，從一個方面體現了規範的歷史品格。隨著存在背景以及人自身目的、需要的變化，規範也每每發生相應的轉

換。以民用航空的乘坐規則而言，在移動電話等無線電子設備出現以前，乘坐飛機並無禁用無線電子設備的規定，而在這類電子設備逐漸普及之後，為避免干擾航空通訊、保證航空安全，禁用以上設備的規則便應需而生。從更廣的視域看，國際社會有維護國際經濟、政治等秩序的準則，這種國際準則在不同的歷史時期，往往需要作出調整，以適應新的世界格局。質言之，不僅規範的形成呈現歷史性，而且規範在形成之後，也具有可轉換性。可以看到，規範的普遍性與規範的歷史性、可轉換性，構成了規範的相關規定，後者同時也表現了當然之則與必然法則之間的差異。

進一步看，規範的作用過程，總是涉及人的選擇：人既可以遵循某種規範，也可以違反或打破這種規範。與之相對，作為必然的法則（包括自然法則），卻不存在打破與否的問題。一定的社會共同體可以制定「氣溫降到攝氏零下一度應當開暖氣」這一類規範，但儘管有此規定，共同體中的成員仍可以在氣溫下降到了攝氏零下一度後，選擇不開暖氣，從而打破以上規範。但「水到攝氏零下一度將轉換為固態」，則是自然的法則，這種法則具有必然性，無法被人打破：在通常的條件下，一旦達到攝氏零下一度，水便必然轉換為固態（冰）。規範與法則的以上區分從另一個側面表明：不能將當然等同於必然。

然而，在哲學史上，由肯定當然與必然的聯繫，一些哲學家往往對二者的區分未能給予充分注意，程朱一系的理學家便多少表現出這一傾向。程朱以天理為第一原理，這種「理」既被視為存在的根據，又被理解為普遍的倫理規範。作為普遍的規範，理常常被賦予超驗的性質：「說『非禮勿視』，自是天理付與自家雙眼，不曾

教自家視非禮，才視非禮，便不是天理。『非禮勿聽』，自是天理付與自家雙耳，不曾教自家聽非禮，才聽非禮，便不是天理。『非禮勿言』，自是天理付與自家一個口，不曾教自家言非禮，才言非禮，便不是天理。『非禮勿動』，自是天理付與自家一個身心，不曾教自家動非禮，才動非禮，便不是天理。」❼「天理付與」也就是天之所與，在界定仁道規範時，朱熹更明確地點出了此義：「仁者，天之所以與我而不可不為之理也。」❽作為天之所與，規範已不僅僅是一種當然，而且同時具有了必然的性質：所謂「不可不為」，便已含有必須如此之意。事實上，朱熹確實試圖化當然為必然，從其如下所論，便不難看到此種意向：「身之所接，則有君臣、父子、夫婦、長幼、朋友之常，是皆必有當然之則，而自不容已，所謂理也。」❾「自不容已」意味著自我無法根據自身的意願加以支配，它的背後，蘊含著對不可選擇的趨向或力量的肯定。以「自不容已」的外在命令為形式，天理已超越了自我的自願選擇，所謂「孝悌者，天之所以命我而不能不然之事也」❿，即表明了此點。對個體來說，「不能不然」意味著對天之所命別無選擇、必須服從。作為「不能不」服從的對象，孝悌等規範同時被賦予必然的性質：行為之必須如此，導源於規範的必然強制。從邏輯上看，將當然之則理解為「自不容已」、「不能不然」之理，往往趨向於以

---

❼　朱熹：《朱子語類》卷一一四。

❽　朱熹：《論語或問》卷一。

❾　朱熹：《大學或問下》。

❿　朱熹：《論語或問》卷一。

當然為必然，**⑪**而在道德實踐的領域，以當然為必然，則常常容易使規範異化為外在的強制。就更廣的視域而言，融當然於必然，意味著弱化或消解人在規範系統中的自主選擇等作用，從而導向與忽視規範的客觀根據相對的另一極端。**⑫**

要而言之，規範既本於實然與必然，從而有其現實的根據，又滲入了人的目的，並包含不同意義上的價值內涵；作為當然，規範同時具有約定的性質，從而有別於自然的法則。在規範的不同形態中，以上規定往往呈現不同的表現形式。以技術性的規程或規則而言，它所涉及的首先是人與對象的關係（如何有效地作用於相關對象，使之合乎人的需要），相應於此，其本於實然與必然這一面常常得到了更多的展示；在審美、道德、文化等領域，規範所面對的主要是人自身以及人與人之間的關係（包括各種共同體中的活動），從而，其合目的性與約定性每每顯得較為突出。進而言之，以人自身以及人

---

⑪ 從內涵上看，「不能不然」近於必須，屬較強意義上的規範（與命令相涉）；「自不容已」則近於必然（非個體所能左右的某種趨向），將二者等量齊觀，理論上便包含著以當然為必然的取向，事實上，在「必有當然之則，而自不容已」等表述中，已可看到這一點。

⑫ 康德在某種意義上也表現出將當然視為必然的傾向，在談到規則（rules）時，他曾指出：就其具有客觀性而言，規則（rules）「也可稱之為法則（laws）」。（Kant: *Critique of Pure Reason*, Translated by N.K. Smith, Bedford/St. Martin's Boston / New York, 1965, p.147）較之規則的當然意蘊，法則更多地體現了必然，以規則為法則，多少意味著將當然納入必然。事實上，在道德哲學中，康德確乎在相當意義上把當然同時理解為必然，如後文將提及的，他對道德律的看法，便明顯地表現了這一點。順便指出，考斯伽德（C.M. Korsgaard）雖以認同康德為其哲學立場，但對規範的理解卻與康德似乎存在實質的差異。

與人之間關係為主要制約對象的規範往往又有不同的側重：較之審美、道德的規範更直接地突顯出價值內涵，各種共同體中的遊戲規則更集中地展現了約定的性質。當然，上述不同的側重具有相對性，技術性的規則或規程誠然體現了與實然和必然的切近關係，但它同時又以讓對象為人所用或合乎人的目的為指向，後者顯然包含了價值的內涵。同樣，審美趣味與道德規範分別涉及自然的形式與現實的人倫（倫理關係），從而無法離開實然。遊戲的規則雖有約定性，但作為共同體中相關活動有效展開的擔保，其中也滲入了某種價值的內涵。從總體看，規範固然有多樣的表現形態，但在體現實然、必然與當然的交融以及現實性、價值性、約定性的統一等方面，又具有相通之處。

二、心與理：規範與內在意識

規範作為當然之則，具有普遍的、無人格的特點：它並非內在或限定於特定個體，而是外在並超越於不同的個體。然而，這並不意味著規範與個體及其意識彼此懸隔。無論是外在規範的實際作用，抑或內在意識的活動過程，都可以看到二者的相互制約。從中國哲學的視域看，規範可以視為「理」的具體形態，人的意識則屬「心」之域，從而，規範與內在意識之間的互動，同時涉及「心」與「理」的交互作用。

如前所述，規範系統的發生、存在都離不開人，其作用也基於人的接受、認同、選擇。與人的意願、態度、立場相聯繫，對規範的接受、認同、選擇內在地涉及人的意識過程及精神活動或精神形

態。接受、認同以理解為前提，後者不僅是指瞭解規範的具體規定、要求，而且包括對規範的必要性、正當性的判斷；選擇則出於人的意願，當規範與人的意願相衝突時，即使其意義得到了充分的理解，也往往難以擔保它在實踐中被遵循。這裏的理解、認同、接受、選擇，等等，都同時展開於意識過程，並包含考斯伽德所提及的理性反思、理性審察等作用：將理性審察視為規範之源無疑是抽象的，但這一類的內在意識確實又滲入於規範的運用過程。

維特根斯坦曾對遵循規則（following rule）作了考察，並著重肯定了其普遍性、公共性：「僅僅一個人只單獨遵守規則是不可能的。同樣，僅僅一個報導只單獨一次被報告，僅僅一個命令只單獨一次被下達，或被理解也是不可能的。——遵守規則，作報告，下命令，下棋都是習慣（習俗，制度）。」❸規則作為行為的規範，不限定於特定個體或特定情景，這裏的習慣與習俗、制度相聯繫，也包含普遍性與公共性之義。對維特根斯坦而言，習慣總是通過具體的行動而體現出來：「因此，『遵守規則』也是一種實踐。而認為自己遵守規則並不是遵守規則。」❹由強調遵循規則的超個體性和實踐性，維特根斯坦進而將遵循規則與內在的意識、精神過程（mental process）隔離開來。事實上，對遵守規則與「認為」自己遵守規則的區分，便同時蘊含著以上的分離。就其現實形態而言，「認為」自己遵守規則固然不同於遵守規則，但遵守規則的過程卻難以完全排除個體的自覺意識。然而，在肯定前者（「認為」自己遵

---

❸　維特根斯坦：《哲學研究》§199（北京：商務印書館，1996 年），頁 120。

❹　維特根斯坦：《哲學研究》§202，同上，頁 121。

守規則不同於遵守規則）的同時，維特根斯坦似乎多少忽視了後者（遵守規則的過程無法隔絕於個體的自覺意識），從以下的表述中，我們不難看到這一點：「當我遵守規則時，我並不選擇」，「我盲目地遵守規則。」❶如前所述，選擇基於自覺的意識與內在的意願，「盲目地遵守規則」而「不選擇」與不思不勉、從容中道的行為方式不同：不思不勉、從容中道是經過自覺而又超越自覺（達到更高層面的自然之境），「盲目地遵守規則」而「不選擇」，則尚未經過這樣一個自覺自願的過程，它在某種程度上意味著隔絕於自覺的意識與意願之外。從總體上看，維特根斯坦確實傾向於將遵循規則理解為與內在意識無涉的外在行為方式，這種觀點以規範作用過程的公共性、實踐性，排斥了規範與內在意識的聯繫，其中體現了某種行為主義的視域。

　　較之維特根斯坦，孟子表現了不同的思維趨向。按《孟子》一書的記載，孟子曾與他的同時代人告子就仁義問題展開論辯：「告子曰：『食色，性也。仁，內也，非外也；義，外也，非內也。』孟子曰：『何以謂仁內義外也？』曰：『彼長而我長之，非有長於我也。猶彼白而我白之，從其白於外也，故謂之外也。』曰：『異於白馬之白也，無以異於白人之白也。不識長馬之長也，無以異於長人之長與？且謂長者義乎？長之者義乎？』」❶仁與義在廣義上都兼有德性與規範之意，在以上語境中，義則側重於外在規範，包括尊重長者（「彼長而我長之」）。告子首先將價值意義上對長者的

---

❶　　維特根斯坦：《哲學研究》§219，同上，頁128。

❶　　參見《孟子‧告子上》。

尊重（「彼長而我長之」）與事實意義上以白色之物為白（「彼白而我白之」）等而同之。物之白為外在的事實屬性，以白為白即基於這種外在規定。同樣，對告子而言，長者之長（年長）也是外在的，告子由此推出對長者的尊重亦具有外在性：「彼長而我長之」僅僅基於對象年長（「彼長」）這一外在規定。與之相對，孟子則通過人與馬的比較，對事實的認定與價值的規範作了區分：「長馬之長」即由馬之「長」（馬齡之高）而肯定其為「長」（老），「長人之長」則是對年邁的長者表示尊重；前者屬「是」（事實），後者則屬「義」（應當）。孟子反對僅僅賦予「義」以外在性，其前提即是規範（以尊重長者等形式出現之「義」）的作用離不開內在的意識，在「且謂長者義乎？長之者義乎？」的反詰中，孟子已明確地表達了這一點：「長者」之長是對象性的規定，「長之者」之「長」則是人的行為方式（尊重長者），作為對待長者的方式和態度，其特點在於出於內在的敬重之意。在孟子看來，惟有後者，才體現了「義」。孔子在談到孝時，曾指出：「今之孝者，是謂能養，至於犬馬，皆能有養；不敬，何以別乎？」❶「孝」是體現於親子之間的道德規範，這裏的「敬」則表現為內在的意識，包括對父母的真誠敬重、關切，對孔子而言，缺乏這種內在的道德意識，則即使有各種外在的表示（如「養」），其行為也不具有遵循、合乎規範（「孝」）的性質。孟子強調「義」的內在性，可以視為孔子以上思路的進一步闡發，相對於告子將規範（「義」）僅僅歸結為外在的規定，孟子的看法無疑更深入地把握了規範作用的特點。

---

❶ 《論語·為政》。

　　當然，規範的作用與內在意識的聯繫，並不意味著遵循規範僅僅表現為有意而為之的過程。在現實的生活過程中，人們往往並不是先想到某種規範或先作出應當遵循規範的決定，然後再依規範而行。合規範的行為，常常表現為習慣性的、不假思的過程。以遵循交通規則而言，對現代社會的駕車者來說，見紅燈則停，轉綠燈則行，已成為近乎本能的反應。對規範的這種習慣性的遵循，以規範的內化為其前提。這裏所謂規範的內化，是指通過長期的、反覆的實踐，對規範的理解、接受和認同逐漸融入行為者的意識或精神結構，成為某種隱默意識（tacit consciousness）及內在的精神定勢。從而，一旦出現與某種規範相聯繫的情景，便會以近於自發的方式循此規範。在這裏，遵循規範與內在的意識過程的聯繫並沒有根本變化，改變的只是意識作用的方式：對規範的有意識接受、認同、選擇，逐漸轉換為隱默意識與精神定勢的內在制約。

　　遵循規範與內在意識過程的以上聯繫，主要體現了「心」對「理」的影響。從更廣的視域看，「心」在作用於「理」（規範）的同時，本身也多方面地受「理」（規範）的制約。就認識過程而言，從感知到思維，都可以看到普遍規範不同形式的影響和調節。感知領域以觀察的客觀性為一般的原則，儘管對客觀性可以有不同的理解，而且觀察往往滲入了理論，但如其所是地把握外部世界，無疑作為一般原則引導著感知活動。同樣，思維的過程也受到不同規範的制約。從形式的層面看，思維的正確性，總是以遵守邏輯規則為前提，雖然人們在思維過程中並不是每時每刻都想到邏輯的規則，而且，僅僅遵循邏輯規則，也不能擔保達到創造性的認識成果，但合乎邏輯地思考，確實從一個方面構成了正確認識世界的條

件。

　　「理」（規範）對「心」的影響和制約同樣體現於道德領域。道德意識的重要形態是道德情感。從形式的方面看，道德規範主要表現為社會的外在要求，道德情感則是個體的內在意識，二者似乎缺乏內在的關聯，然而，進一步的分析則表明，實際的情形並非如此。作為道德意識的具體形態，道德情感的形成、培養，直接或間接地受到道德規範的影響。以內疚感而言，其產生過程即滲入了道德規範的作用：內疚往往伴隨著某種自我譴責，而這種譴責即源於行為與道德規範的不一致，從邏輯上看，這裏包含著衡之以道德規範以及由此形成某種情感反應的過程。同樣，對非道德現象或非道德行為的不滿，也與基於道德規範的評價相聯繫：非道德現象或非道德行為之所以引發不滿的情感，主要即在於它不合乎主體所肯定和接受的道德規範。

　　在更普遍的意義上，道德的規範同時制約著德性的培養。德性作為統一的精神結構，包含著普遍性的規定，這種規定難以離開對規範的自覺認同。事實上，德性的形成過程，往往與按規範塑造自我的過程相聯繫；一定時期占主導地位的規範體系，既制約著人們的行為，也從社會價值觀念等方面影響著人格的取向。《禮記》已指出：「道德仁義，非禮不成。」❶❽寬泛而言，「道德仁義」既有普遍性的一面，又有內在性之維，當它與「禮」相對時，便更多地表現為滲入於人之品格與德性的內在規定。此所謂「禮」則既涉及制度或體制，又指一般的規範系統。所謂「道德仁義，非禮不

❶❽　《禮記·曲禮上》。

成」，意味著內在品格的形成，離不開普遍之禮的制約。李覯對此作了更具體的肯定：「導民以學，節民以禮，而性成矣。」**⑲**此所謂「性」，主要指與天性相對的德性，「導民以學，節民以禮」，也就是引導人們自覺地接受、認同普遍的規範，並以此約束自己：「性成」則是由此而使天性提升為德性。張載也提出了類似的看法，強調「凡未成性，須禮以持之」。「故知禮成性而道義出。」**⑳**這裏所確認的，亦為「知禮」（把握規範系統）與成性（從天性到德性的轉換）之間的統一性。廣而言之，通過影響人的德性，規範也從一個方面引導著精神世界的塑造。

與科學認知、倫理德性相聯繫的是審美意識。審美領域也有自身的標準或準則，後者對審美意識（包括審美趣味）同樣產生多方面的影響。以審美經驗而言，其特點在於不同於單純的感性快感，而美感不同於感性快感的根源之一，則在於前者（審美經驗）的形成與一定的審美標準相聯繫。《論語·述而》中記載，「子在齊，聞韶，三月不知肉味。曰：『不圖為樂之至於斯也！』」聞韶樂而「不知肉味」，意味著審美意義上的愉悅使人超越了感性層面的快感，精神的這種昇華，又與審美規範的引用相聯繫。《論語》記敘了孔子對韶樂與武樂的比較：「子謂韶：『盡美矣，又盡善也。』謂武：『盡美矣，未盡善也。』」**㉑**韶樂即傳說中舜之時代的音樂，武樂則是周武王時代之樂，孔子所確認的審美標準是美善的統

---

⑲ 《李覯集》（北京：中華書局，1981 年），頁 66。

⑳ 《張載集》（北京：中華書局，1978 年），頁 264、37。

㉑ 《論語·八佾》。

一，韶樂之所以為孔子所欣賞，即在於它已達到了這一標準。從另一方面看，正是以美善統一的審美判斷準則衡之韶樂，使孔子聞此樂而不知肉味。與積極意義上的欣賞相對的，是否定層面的拒斥。孔子曾提出「放鄭聲」的主張❷，鄭聲即鄭國之樂，之所以要求對其加以放逐、疏離，主要就在於它不合乎孔子所堅持的審美標準，所謂「惡鄭聲之亂雅樂也。」❸這裏的「惡」，包含著情感上的憎棄，它與韶樂引發的審美愉悅，正好形成了某種對照。要而言之，韶樂、鄭聲之別以及二者導致的不同情感反應，都與審美規範的引用、影響相聯繫。

可以看到，與人的實踐活動及「在」世方式的多樣性相應，規範表現為多樣的形態，後者又從不同的方面制約著人的意識活動。當然，規範的引導、影響，更多地構成了意識活動合理、有效展開的條件，它並不排斥或限定人的創造性。事實上，規範總是蘊含著創造的空間。以下棋或其他競技性的活動而言，遵循一定的遊戲、比賽規則是參與有關活動的基本前提，但要成為優勝者或贏得比賽，則僅僅遵循規則顯然不夠，它同時需要相關活動的參與者創造性地運用規範。類似的情況也存在於認識過程。如前所述，思維合乎邏輯（規則），是達到正確認識的必要條件，但僅僅合乎邏輯規則，並不能擔保對世界真實、深入地認識。規範在引導與限定思維過程的同時，也為創造性的思考提供了廣闊的天地，從而呈現開放性。但創造性的思考如何具體展開，則非規範所能預設。

---

❷　《論語·衛靈公》。

❸　《論語·陽貨》。

　　在道德實踐的領域，同樣可以看到普遍規範與個體意識的交互作用。道德實踐的過程總是展開於特定的情景，對具體情景的分析，既要求規範的引用，又涉及原則的變通。中國哲學很早已開始關注這一問題，在經權之辯中，便不難看到這一點。「經」所側重的，是原則的普遍性、確定性，「權」則含有靈活變通之意。中國哲學家在要求「反（返）經」的同時，又反對「無權」❷，這裏已涉及規範的引用與具體情景的分析之間的關係。更值得注意的是，在中國哲學那裏，經與權的互動，總是與個體及其內在意識交織在一起。王夫之的以下論述在這方面具有一定的代表性：「惟豫有以知其相通之理而存之，故行於此不礙於彼；當其變必存其通，當其通必存其變，推行之大用，合於一心之所存，此之謂神。」❷王夫之的這一論述既涉及天道，也關聯著人道。從後一方面（人道）看，所謂「相通之理」便包括普遍的規範，知相通之理而存之，意味著化普遍規範為內在的觀念結構。通與變的統一，包含著「經」（普遍規範的制約）與「權」（基於情景分析的權變）的互動，而在王夫之看來，這種統一與互動，又以內在的觀念結構為本（合於一心之所存）。「理」的變通與「一心之所存」的以上聯繫，同時展示了個體內在的意識活動在普遍規範的引用、情景分析等過程中的作用。

　　規範的作用通過個體的理解、認同、接受、選擇而實現，個體的意識活動又受到規範的多方面制約，與此相聯繫的是合乎規範與

---

❷　《孟子·盡心上》。

❷　王夫之：《張子正蒙注》卷一，《船山全書》第 12 冊（長沙：嶽麓書社，1996 年），頁 72。

創造性思考的交互作用。規範與個體內在意識的如上關係，從一個方面具體體現了心與理的統一。

三、形式、程式與規範：意義世界的現實擔保

　　一般規範與個體意識活動的互動，主要從規範與個體的關係上展示了其內在規定性。作為當然之則，規範的作用並不限於個體之域。事實上，無論從歷史之維還是現實的形態看，規範都呈現普遍、公共的品格。從人與人的共在過程，到社會體制的建構，都可以看到規範的具體作用。

　　人是社會性的存在，無法隔絕於他人或群體。人與人的這種共在既是本體論意義上的存在狀態，也是歷史過程所展示的事實。與之相關的問題是：這種共在何以可能？在這裏，廣義的規範顯然應當予以必要的關注。歷史地看，在初民時代，不同的氏族往往都以某種動物或植物為圖騰，這種圖騰在相當意義既是不同氏族之間相互區別的重要標誌，也構成了氏族成員集體認同的根據；氏族的凝聚、組合，與之具有內在的聯繫。在形式的方面，圖騰表現為一種文化符號；在實質的層面，圖騰則包含著以禁忌（如不准傷害或食用作為圖騰的動植物）等形式出現的規範。在這裏，便不難看到社會組織的形成與廣義規範之間的關係：圖騰對社會組織（氏族）形成的影響和制約，同時包含著廣義規範的作用。

　　在中國哲學中，人與人的共在，常常被理解為與個體相對的「群」。按儒家的看法，「群」是人區別並超越於動物的根本特徵之一。在對人與其他存在物加以比較時，荀子曾指出：「水火有氣

而無生，草木有生而無知，禽獸有知而無義，人有氣有生有知亦且有義，故最為天下貴也。力不若牛，走不若馬，而牛馬為用，何也？曰：人能群，彼不能群也。人何以能群？曰：分。分何以能行？曰：義。故義以分則和，和則一，一則多力，多力則彊，彊則勝物；故宮室可得而居也。故序四時，裁萬物。兼利天下，無它故焉，得之分義也。」❷❻「氣」、「生」、「知」、「義」側重於本體論與價值論，「群」則同時具有社會學的意義；在「有氣有生有知」之外「亦且有義」，使人在本體論和價值論的層面區別於其他存在，「能群」則使人在社會組織形式上超越於動物。值得注意的是，荀子由此進一步提出了「人何以能群」的問題。在荀子看來，「群」以「分」為前提，「分」主要表現為等級結構、社會角色等方面的分別，這樣，「群」如何可能的問題便具體轉化為「分」何以能行，而由後一問題則進而引出了「義」。「義」的原始涵義與「宜」相聯繫（義者，宜也），「宜」有適宜、應當等意，引申為當然之則。與之相應，以「義」分意味著按一定的準則分別地將社會成員定位於一定的社會結構，由此進而建立等差有序的社會組織（「群」）。

　　上述意義中的「義」，與「禮」彼此相通，故以「義」分又稱之為以「禮義」分。荀子在談到「禮」的起源問題時，便具體地闡述了這一點：「禮起於何也？曰：人生而有欲，欲而不得，則不能無求，求而無度量分界，則不能不爭，爭則亂，亂則窮。先王惡其亂也，故制禮義以分之，以養人之欲，給人之求。使欲必不窮乎

---

❷❻　《荀子·王制》。

物，物必不屈於欲，兩者相持而長，是禮之所以起也。」❷❼如前所述，「禮」既指倫理政治的制度，也指與之相應的社會規範系統。在這裏，荀子同樣著重從如何建立與維護「群」的角度，分析禮的起源及其功能。對荀子而言，禮的特點在於為每一個社會成員規定一定的權利和義務，這種規定同時構成了行為的「度」或界限：在所屬的「度」或界限內，其行為（包括利益追求）是合理並容許的，超出了此度，則行為將受到制止。所謂度或「度量分界」，實際上蘊含著一種秩序的觀念；正是不同的權利界限和行為界限，使社會成員能夠以「群」的方式和諧共在，從而避免社會紛爭。不難看到，作為普遍規範，「禮」和「義」被理解為有序共在（群）所以可能的一種擔保。❷❽

人與人的共在涉及不同的方面。在其現實性上，人首先表現為一種關係中的存在；從日常生活，到廣義的經濟、政治等實踐活動，人與人之間的共在，本質上也展開於關係之間。關係意味著超出個體或自我，從靜態看，個體之「在」總是構成了他人之「在」的背景，反之亦然；從動態看，關係則引向個體間的交往。作為人與人共在的背景與方式，人所身處其間的關係具有不同的表現形式，而廣義的和諧與衝突則是其基本的形態。和諧以一致、統一為

---

❷❼ 《荀子·禮論》。

❷❽ 歷史地看，一些規範往往是在社會實踐中自發形成，然後被逐漸接受、認可，並得到自覺的表述，從而取得規範形式。這裏包含實踐需要與歷史選擇兩個方面：如果說，社會演化中規範的自發形成，體現了實踐的需要，那麼，社會對其接受、認可以及進一步的形式化，則表現為歷史的選擇。禮義在某種意義上也可以視為以上二個方面互動的產物。

其根據，衝突則導源於差異。從現實的形態看，人與人之間既存在統一性，也包含多重意義上的差異，如何在積極的意義上從統一引向和諧與如何在消極的意義上避免由差異發展為衝突（或將衝突保持於一定限度），構成了人與人共在的相關前提，而這一前提的形成，則離不開社會的規範。作為當然之則，普遍的規範一方面通過正面的引導、要求而使社會成員在生活實踐中彼此溝通、協調、合作，另一方面又通過消極意義上的限定而使社會成員的行為不超越自身的權利和義務，從而避免由差異走向衝突或由衝突走向無序。如荀子已注意到的，規範所包含的以上二重功能，使之同時成為人與人的共在所以可能的前提。

　　就社會的、公共的層面而言，規範不僅表現出調節（to regulate）功能，而且具有建構性（to constitute）。社會的結構並不僅僅直接地以人與人之間的關係呈現，它總是包含制度或體制的方面。體制的形成涉及不同的前提和條件，其中重要的方面是普遍的價值原則。價值原則既包含一般的理想，也呈現規範的意義，並總是以不同的方式滲入於一定的社會體制。以殷周的禮制而言，它適應了殷周社會的歷史需要，也體現了那個時代基於血緣宗法關係的價值原則和價值理想。作為價值原則和價值理想的具體化，禮制的形成同時以相關的價值原則和價值理想為其根據。同樣，近代的政治體制，體現的是啟蒙時代以來民主、平等、自由等價值原則和價值理想，後者（近代的價值理想與價值原則）在相當程度上引導、規範著近代政治體制的構建。廣而言之，一定的規範往往參與了一定社會組織、共同體的建構：科學研究的規範，在相當程度上推進了科學共同體的形成；不同的行業規範，造就了相關的行業組織；多樣

的遊戲規則，在引入特定活動形態的同時，也推動了球隊、棋協等團體和組織的建立，如此等等。當然，規範在促成不同的體制、組織的同時，本身也受到體制的制約。一定的體制、組織在形成之後，常常會要求規範系統進一步與之適應，並由此調整原有規範。這樣，規範在一定意義上創建體制，體制則要求規範根據其自身形態進行調整，二者互動而又互融。在社會演進過程中，規範與體制往往很難截然相分，如前文一再提到的，中國古代的「禮」便典型地表現了這一點：它既是政治倫理的體制，也包含著普遍的原則和規範；作為體制的「禮」以作為原則和規範的「禮」為內在根據，而後者（作為原則和規範的「禮」）又需要適應於前者（作為體制的「禮」）。

作為社會生活所以可能的條件，規範具有普遍性的品格。一定時代或一定共同體中的規範如果是有效的，便總是對該時代或共同體中不同的個體都具有約束或調節作用。維特根斯坦以遵循規則（following rule）拒斥私人語言，同時也蘊含著對規範（規則）公共性的肯定。然而，一些哲學家往往未能充分注意規範的這種普遍性品格，在這方面可以一提的是拉孜（J. Raz）。在考察規則的不同形態時，拉孜對個體規則（personal rule）與社會規則（social rule）作了區分。㉙這種看法的前提是承認個體規則的存在。事實上，僅僅適用於特定個體的所謂「規則」，常常只是個體對自身的某種自我要求，如規定自己「每天 6 時起床」、「早晨散步半小時」之類，它固然對個體自身的行動也具有某種規範性，但由於僅僅作用於一己

㉙　參見 J. Raz: *Practical Reason and Norms*, Hutchinson of Landon, 1975, p.52。

之域，缺乏公共、普遍的性質，因而只能視為個體性的計劃、決心、作息時間等等，而無法歸入規範之列。

上述意義中的個體要求、計劃，也不同於康德所說的自我立法。康德在道德領域將人的善良意志或實踐理性視為道德律的頒佈者，但實踐理性所立之法，並不僅僅適用於自我，而是應普遍地運用於所有個體。康德所肯定的基本道德法則之一便是：「僅僅這樣行動：你所遵循的準則（maxim），同時應當能夠成為普遍的法則（universal law）」❸⓿。按照康德的看法，「實踐領域一切合法性的基礎，客觀上就在於規則及普遍的形式（the form of universality）」。❸❶質言之，自我立法完全不同於個體性的要求，道德自律的前提，是確認道德法則的普遍性。康德的這些看法儘管表現出某種以當然為必然的傾向，但同時也從道德實踐的視域，注意到了規範的普遍性品格。

規範所內含的普遍性，對人的實踐過程具有內在的影響。如前所述，規範通過「應當」或「不應當」等要求，對人的行動加以引導、約束，這種要求在不同的意義上構成了行動的根據或理由：「應當」意味著有理由做某事，「不應當」則為抑制某種行為提供了依據。規範所蘊含的這種理由和根據，不僅依據於實然與必然，而且凝集了類的歷史經驗，體現了社會的要求，它使個體無需在每一次行動之前都從頭重新探索是否應當做，也不必在每一次選擇之

---

❸⓿　Kant: *Grounding for the Metaphysics of Morals*, Hackett Publishing Company, 1993, p.30.

❸❶　Ibid., p.38.

後再具體的考察應該如何做。與認識論上的一般命題相近，滲入於規範的普遍性超越了個別與殊相，涵蓋了相關實踐領域的不同方面。以規範為依據，個體的行為選擇與行為方式既獲得了正當性，也避免了不必要的重複，它在某種意義上體現了行為的經濟原則。

以實踐為指向，規範同時呈現系統性。不同實踐領域中的規範，往往並不是以孤立、單一的形態出現，而是更多地表現為一套系統，從道德規範、法律規範，到遊戲規則，都呈現這一特點。以棋類遊戲而言，如何移動棋子、如何攻擊對方，都有一套系統的規則。從整個社會領域看，不同規範系統之間具有不同的權威性。一般來說，法律規範常常居於更高的支配地位：社會領域中的其他規範如果與法律規範相衝突，便難以獲得合法性。當然，規範系統之間也具有相容性，如在不與法律規範衝突的前提下，其他規範（諸如道德、行業規範等）可以為法律規範所相容。規範的系統性及系統之間的關係，從另一個方面體現了其公共、普遍的社會性質。

這裏似乎可以對規範與規範性作一區別。相對於規範，規範性具有更為寬泛的意義。以語言為例，懂得某一詞的涵義，意味著能夠正確地使用該詞，就此而言，意義（詞的涵義）蘊含著「如何」（如何用該詞），從而，掌握詞的意義，也意味著對其規範性的把握。在相近的意義上，範疇、概念在整理經驗材料的過程中，也呈現規範之維。康德已明確指出了這一點：「從形式的方面看，概念總是某種作為規則（serves as a rule）的普遍的東西。」❸此外，命

---

❸　參見 Kant: *Critique of Pure Reason*, Translated by N.K. Smith, Bedford/St. Martin's Boston / New York, 1965, p.135。

令、允許、承諾、要求、規定、威脅（「如果不如此，則將採取某種行動」之類）都內含不同程度上的規範性。當然，不能將規範性與規範簡單地等同。一般而言，規範具有普遍的性質，而一定情景中的命令、允許、承諾、要求、規定等等雖然也具有規範性，但它們往往主要涉及特定的人與事，從而缺乏普遍性。同時，如上所述，規範以系統性為特點，命令、允許、承諾、要求、規定等具有規範性的表達形式，則常常表現為彼此區別的個別性要求，後者與規範的系統性顯然有所不同。

從形式的層面看，規範涉及定言判斷與假言判斷的關係。康德曾從道德實踐的角度，對假言判斷與定言判斷作了區分，強調道德律是定言判斷，而非假言判斷。假言判斷在邏輯上包含著條件蘊含關係（如果－則），定言判斷則不受條件的制約，因而呈現絕對命令的形式。對康德來說，假言判斷往往涉及功利目的，它所指向的行為，僅僅出於外在的目的，而道德行為的特點則在於完全以義務本身為根據，不涉及具體結果及功利目的，與之相應，道德律也只能被賦予定言判斷的形式。康德以此將道德行為與狹義的功利行為區分開來，否定對道德行為的經驗論和功利主義理解，無疑有其意義，但將道德律視為無條件的定言判斷或絕對命令，則又有其自身的問題。

道德律所涉及的，既是行為，也是行為者。作為具體的存在，行為者總是置身於現實的社會倫理關係之中，從後一方面看，道德律顯然不能僅僅被理解為定言判斷。在其現實的形態上，道德律往往取得如下形式：如果你處於某種倫理關係之中，那麼，你就應當盡這種關係所規定的義務並遵循相應的規範。在這裏，道德準則便

同時呈現假言性之維。事實上，正是這種假言的判斷形式（如果－則），在邏輯的層面上將實質的倫理關係與形式化（普遍化）的道德律溝通起來；而以上的邏輯關係同時又折射了二者之間現實的聯繫。❸❸

　　廣而言之，道德領域之外的規範，其作用同樣涉及一定的背景以及現實的關係，從而也具有某種假言的性質。以日常生活中的「入鄉隨俗」而言，「俗」即習俗，其中包含著能否做以及如何做等行為規範，「鄉」則可以視為一定的存在形態或存在背景；「隨俗」意味著遵循習俗中包含的行為規範，而對規範的這種遵循，又以身處一定的社會境域為前提，其邏輯形式可以表達為：如果來到或生活在一定的社會境域，便應當遵循該境域所要求的行為規範。類似的情形也存在於其他規範性活動中，如遵守交通規則、遵循生產過程的操作規程、遵循學術規範，等等。在此，規範的作用都以一定的現實關係為背景，其要求分別表現為：如果在某一國家或地區駕車或行走，則應遵守當地的交通規則；如果在一定的生產流水線工作，則應遵循相應的操作規程；如果在某一學術共同體中從事研究活動，就應遵循該共同體的學術規範。不難看到，在「如果－則」的邏輯形式背後，是具有實質意義的存在背景和現實的社會關係；規範的假言形態所折射的，是人的存在的社會性以及規範本身的歷史性和具體性。

　　規範在形式的層面不僅涉及邏輯關係，而且關聯著不同的表達

---

❸❸　參見楊國榮：《倫理與存在》，第三、第八章（上海：上海人民出版社，2002年）。

方式。首先是語言形式。一般而言，以自覺的方式制定的規範，如法律、法規，不同形式的規定（prescription），技術的規程（如關於如何操作的說明）等，往往較為直接地以語言形式加以表示，事實上，表現為規定（prescription）的規範，常常同時被視為所謂言語行動（speech act）。規範也常常以行為方式、儀式等形式表現出來，在社會歷史演進中自發形成的規範，如習俗，便主要以非語言的形式存在，其作用的方式，也更多地訴諸示範、模仿等。另有一些規範，其存在與表達方式呈現較為複雜的特點。以中國傳統社會中的清議及人物品評、臧否而言，其內容涉及對一定時期有關政事、人物的評價，這種評論對當時相關社會群體（如士大夫）的言行，具有十分重要的約束、影響作用。評論所涉及的雖然是具體的事與人，但其中總是蘊含著某種普遍的價值原則，在評論活動中，這種原則涉及言語，但又不是以明晰的判斷、概念形式被表述，它在相當程度上存在於共同的信念之中，並以不同於邏輯推論的敘事方式表達出來。如果說，語言從形式的層面表現了規範的普遍性，那麼，共同的信念則從實質的意義上體現了規範的社會品格。

四、人性能力與普遍規範

以成己與成物為指向，規範的作用與人性能力難以分離。事實上，心（內在意識）與理（外在規範）的互動，已從一個方面表現了人性能力與規範系統的相關性。成己與成物的過程既以人性能力為內在根據，又受到規範系統的制約。人性能力與規範系統相互聯繫，從不同的層面構成了意義世界生成的現實條件。

　　與意義的生成相聯繫，成己與成物具體地展開為知和行的歷史過程。以認識人自身與成就人自身、認識世界與變革世界為實質的內容，知與行的過程在敞開和改變存在的同時，又不斷推進知識與智慧的形成和發展。知、行過程的展開既以人性能力與規範系統為其所以可能的條件，又通過知識與智慧的發展影響與制約人性能力與規範系統。具體而言，一方面，以個體的理解、領悟、認同以及實踐活動的多方面展開為前提，知、行過程中形成的知識與智慧逐漸滲入於個體的視域、思維定向、內在德性，從而內化為人性的能力。另一方面，知識與智慧又在實踐的歷史展開中形成為普遍的觀念系統並體現於價值體系，從而取得社會的、公共的形態。通過滲入人的知、行過程並在觀念和實踐的層面引導、影響人的活動，普遍的知識和智慧系統又進一步獲得了規範的意義，並外化為不同形式的規範系統。

　　以知、行過程中形成的知識與智慧為共同之源，人性能力與規範系統在本原的層面呈現了內在的統一。作為知識與智慧的內化形態，人性能力為成己與成物的過程提供了內在根據；相對於此，規範系統作為知識與智慧的外化，則更多地表現為成己與成物的外在條件。前文已論及，成己與成物的過程同時以意義世界的生成為其內容，與之相應，人性能力與規範系統也從不同的方面制約著意義世界的生成過程。

　　作為成己與成物的內在根據，人性能力首先賦予這一過程以創造的品格。從成己（人自身的成就）這一層面看，個體的人格並不僅僅按既定的程式而設定，德性的形成也不同於程式化的過程。走向自由人格的過程，總是包含著個體與社會的互動，在這一過程中，

個體並不僅僅被動地接受社會的外在塑造，而是處處表現出自主的選擇、具體的變通、多樣的回應等趨向，這種選擇、變通、回應從不同的方面體現了成己過程的創造性。同樣，以變革世界為指向的成物過程，也並非完全表現為預定程式的展開，無論是化本然之物為人化的存在，抑或社會領域中構建合乎人性的世界，都包含著人的內在創造性。本然的對象不會自發地適應人的需要，化本然之物為人化存在，也就是揚棄對象的自在性，使之成為為我之物。社會的實在，同樣展開為一個不斷走向理想形態的過程，其中的變革、損益，都滲入了人的創造性活動。成己與成物過程的這種創造性無疑涉及多重方面，而人性能力則構成了其內在的前提：如前所述，人自身的成就與世界的變革，從不同方面表徵著知、行過程的深度與廣度，後者又總是相應於人性能力的發展程度。

然而，成己與成物的過程儘管不囿於外在的程式，但又並非不涉及任何形式的方面。成就的含義之一是走向理想的人格形態，這裏既關乎人格發展的目標（成就什麼），又涉及人格成就的方式（如何成就）。從目標的確立，到實現目標的方式與途徑之探索，都無法略去形式與程式的方面。儒家在主張成己的同時，又一再要求「立於禮」❸❹，這裏的「立」便以成己為指向，「禮」則更多地表現為形式層面的規定和要求。成己（立）與禮的聯繫，從一個方面展示了成己過程與形式、程式等方面的相關性。較之成己，成物展開為更廣意義上的實踐過程，其合理性、有效性，也更難以離開形式和程式的規定。就變革自然而言，從生產、勞動過程，到科學研

---

❸❹　《論語·泰伯》。

究活動，都包含著技術性的規程。同樣，在社會領域，政治、法律、道德等活動，也需要合乎不同形式的程式。現代社會趨向於以法治揚棄人治，而法治之中，便滲入了程式的要求。成己與成物過程中的這種程式之維，首先與規範系統相聯繫：正是不同形式的規範或規則，賦予相關的知、行過程以程式性。人性能力誠然為成己與成物過程的創造性提供了內在的根據，然而，作為個體的內在規定，人性能力的作用如果離開了規範的制約，往往包含著導向主觀化與任意化的可能。成己與成物的過程既要求以人性能力的創造趨向揚棄形式化、程式化的限定，也要求以規範的引導克服人性能力可能蘊含的任意性、主觀性。從更廣的視域看，人性能力與規範系統的相互制約，無疑為成己與成物過程提供了不同的擔保。

　　創造性與個體性往往難以分離。無論就其指向的目標而言，抑或從具體的過程看，成己與成物都呈現個性化、多樣化的特點。人的發展所追求的，並不是千人一面、整齊劃一的人格，同樣，人化的自然、社會的實在，也非表現為單一的模式。人性能力在賦予成己與成物過程以創造品格的同時，也為知、行過程的個性化展開提供了前提。然而，與程式化的規定相聯繫，成己與成物的過程又有普遍的維度。理想的人格以走向自由之境為共同的指向，人化的實在則以合乎人的需要以及合乎人性為其目標。儘管在社會發展的不同階段，成己與成物往往具有特定的內涵，但從社會演化的歷史方向看，以上的理想和目標無疑體現於成己與成物的不同形態，並構成了其普遍的趨向。成己與成物過程的如上普遍之維，與規範系統的普遍性，顯然存在內在的關聯。在知、行發展的歷史過程中，體現普遍價值理想的規範，總是蘊含著對世界之在以及人自身存在較

為恆常的看法，它往往與普遍的價值原則、價值取向相聯繫，從總的方面規定著成己與成物的目標和方向。同時，規範也每每表現為一般的行為準則或規則，以穩定的方式對相關情境中的行為加以引導，後者從另一個方面擔保了知、行活動的普遍性。如果說，人性能力賦予成己與成物過程以個體性、多樣性的品格，並由此揚棄了其單一性，那麼，規範系統則通過價值理想、價值原則以及行為準則和規則而為這一過程提供了普遍的範導，從而使之避免僅僅流於偶然化和相對化。

　　成己與成物既以人與人的世界為指向，又以人為主體。作為人的內在規定，人性能力同時也構成了成己與成物展開的現實動因。人自身的成就如果離開人性能力的現實作用，往往便停留於理想的層面；同樣，世界的變革也惟有進入人性能力的作用之域，才能展開為現實的過程。進而言之，規範系統在未與人性能力相結合時，往往具有抽象的形態，只有通過人性能力的作用，規範形態才能獲得現實的生命。從這方面看，人性能力無疑又賦予成己與成物過程以現實性或現實的品格。然而，另一方面，動力因無法完全疏離形式因。人性能力誠然為成己與成物的過程提供了現實的動因，但如前所述，其作用過程又受到規範系統的制約：在範導知、行過程的同時，規範系統也從形式的層面，制約著人性能力的作用方式和過程。質言之，規範系統離開了人性能力固然將流於抽象化，人性能力脫離了規範系統也容易陷於盲目性。就成己與成物的過程而言，如果說，人性能力使之從內在的方面獲得了現實的規定，那麼，規範系統則從外在之維賦予它以某種自覺的品格。

　　如前文一再論及的，成己與成物的過程同時表現為意義的生成

過程,後者首先涉及觀念的層面。在觀念的領域,意義的發生既本於人性能力,又關聯不同形式的規範系統。以知識形態而言,其形成無疑基於人與對象的互動過程,這一互動過程的具體展開,則無法離開人性能力與規範系統。從感知到思維,從想像到體悟,從直覺到推論,人性能力的作用體現於知識生成的各個環節。另一方面,知識作為有意義的系統,又受到不同規範的制約。感知的過程需要遵循觀察的客觀性原則,思維的過程不能違背邏輯的規則,如此等等。想像儘管不可為典要,但亦需依據可能世界的規定(如不能涉及邏輯矛盾)。此外,如金岳霖所指出的,與知識系統相聯繫的概念、範疇,同時具有摹寫和規範雙重作用,所謂概念的規範,便包含對認識過程的引導與限定。如果說,人性能力賦予知識的形成過程以創造性、現實性的品格,那麼,由邏輯、概念等構成的規範系統則為這種意義形態的普遍有效性提供了擔保。

在滲入價值內涵的意義世界中,同樣可以看到人性能力與規範系統的交互作用。從成己的過程看,首先需要關注的是以精神世界的形式表現出來的意義形態。如後文將進一步論述的,在認知過程中,世界首先呈現為可理解的圖景;通過評價,世界進一步展示了對於人的價值意義。由世界之在反觀人自身的存在,對象意義的追問便進一步導向對人自身存在意義的關切,與之相聯繫的,則是不同形式的精神之境或精神世界。作為人自身成就(成己)的觀念體現,精神世界不僅以人性能力的創造性運用為內在之源,而且離不開價值理想、價值原則等廣義規範系統的引導、制約。無論是從事實之域到價值意義的轉換,抑或理想意識與使命意識的形成,都既本於內在的人性能力,又依乎普遍的價值原則。

　　由意義的觀念形態轉向意義的現實形態，便涉及廣義的人化實在。以本然之物向為我之物的轉換為前提，現實形態的意義世界更多地與成物過程（成就世界）相聯繫。從本然存在走向人化的存在涉及多重方面，包括實然、必然與現實可能的把握、目的與理想的形成、計劃與藍圖的制定，等等。進而言之，這一層面意義世界的生成，始終無法離開實踐過程：化本然之物為人化存在，以實踐過程的歷史展開為其前提。在意義世界的如上生成過程中，自始便包含著人性能力與規範系統的交互作用。對實然、必然與現實可能的把握涉及認識過程，後者既以人性能力為內在條件，又處處受到認識與邏輯規範的制約；在把握實然、必然與現實可能的基礎上，融合人的價值目的而形成理想藍圖，也同時包含著人性能力的創造性運用與價值原則的範導；實踐過程的展開，則一方面本於體現人性能力的實踐智慧，另一方面又涉及行動的具體規則、程式，等等。人性能力與規範系統的如上互動，也展開於社會實在的生成過程。作為意義世界的現實形態，社會實在（包括各種體制）的形成，同樣以人性能力與普遍規範為其相關的條件。從社會體制，到文化系統，社會實在的發生與發展，都滲入了人性能力與普遍規範的作用。

　　可以看到，以意義世界的生成為指向，成己與成物的過程既基於內在的人性能力，又本於外在的普遍規範。作為成己與成物所以可能的條件，人性能力與普遍規範本身存在內在的關聯。規範系統離開了人性能力，往往容易導向抽象化、形式化，並失去現實的生命力；人性能力無規範系統的範導，則每每難以避免任意性、偶然性，並可能由此失去自覺的品格。正是在人性能力與規範系統的互動中，成己與成物的過程達到了創造性、個體性、現實性與程式

性、普遍性、自覺性的統一，這種統一，同時為意義世界的生成提供了具體的擔保。

第四章　精神世界的意義向度

　　以人性能力與規範系統為相關條件，成己與成物構成了人的基本存在方式與存在形態。在成己與成物的歷史展開中，物之呈現與意之所向交互作用，世界則由此進入觀念的領域並成為有意義的存在。如前所述，本然世界不發生意義的問題，意義之源內在於認識世界與認識人自身、變革世界與變革人自身的歷史過程。以人的存在與世界之在為本源，意義一方面內在並展現於人化的實在，另一方面又呈現為觀念的形式。前者意味著通過人的實踐活動化「天之天」為「人之天」，從而使本然世界成為打上人的印記並體現人的價值理想的存在，後者（意義的觀念形態）既表現為被認知或被理解的存在，又通過評價而被賦予價值的內涵，並展開為不同形式的精神之境。

一、世界圖景：理解與意義

　　從觀念的形態看，意義世界首先展示了存在的可理解性。作為被認知與理解的對象，觀念之域中的事物不同於悖亂無序、抵悟難喻之物，而是呈現為有意義的存在。在這裏，存在的有意義性與悖謬相對而具體表現為可思議性或可理解性。

　　以可理解性為形式，意義世界首先通過常識的形態呈現出來。寬泛而言，常識可以看作是在日用常行中所形成的諸種觀念和信念，這些觀念和信念是人們在千百年的歷史過程中逐漸沉積而成，並代代相傳。由常識構成的觀念或信念以人對世界及自身存在的理解為內容，但這種理解主要不是通過理論性的論證或反思而確立，而更多地取得了不證自明、自發認同的形式，其接受則通常以生活實踐和社會影響為前提。常識與非常識的區分具有相對的性質，以地球與太陽的關係而言，「太陽從東方升起」以及與此相聯繫的「地球不轉太陽轉」，這在很長的歷史時期中是「常識」，而且直到現在，它在日常生活的領域中依然具有常識的意義，但在今天具有中學以上文化程度的人之中，「地球既圍繞太陽運轉又自轉」、「太陽的『升落』其實與地球的自轉相聯繫」，這也已成為一種常識。後一意義上的常識固然內含天文學的知識，但作為普及性的觀念，它也無需借助論證和反思，而是表現為一定群體中普遍接受的共同信念。

　　作為觀念系統，常識所涉及的是對世界的理解和把握。以共同的信念為形式，常識將世界納入有序的構架，使之能夠為人所理解和接受，並由此為日常生活的展開提供內在的根據。在常識的視域中，世界首先不同於虛幻的存在而呈現實在性，哲學的思辨可以將外部世界理解為精神的構造，但常識卻對生活世界中各種對象的實在性堅信不疑；從飲食起居到交往活動，日用常行都基於這種信念。事物不僅確實地存在於生活世界，而且其間具有不同形式的聯繫，對常識而言，事物間的這種聯繫具有恆定的性質。以時間關係而言，存在於過去、現在、將來的不同事物總是依次出現，其序具

有不可逆的性質；以事物的生長而言，種瓜不會得豆，種豆也無法得瓜，如此等等。對事物聯繫恆定性的這種確信，構成了日常生活和日常勞作所以可能的前提。

不難看到，在常識的世界中，對象和事物儘管千差萬別、變動不居，但其間卻呈現有序的結構，常識的特點在某種程度上即表現為對事物作有序的安頓，由此揚棄世界對於人的不可捉摸性或異己性，從而使生活實踐的常規形式成為可能。常識所展示的這種有序性既使世界呈現可理解的品格，也賦予它以內在的意義。以對世界的感知、理解、認同等等為內容，常識的世界同時表現為人心目中的世界或日常意識中的世界，與之相應，常識所展示的意義世界，也具有觀念的形態。

與常識相對的是科學。如所周知，科學在近代取得了較為成熟的形態，作為把握世界的方式，近代科學的特點首先體現在注重實驗手段及數學的方法。實驗一般是在人所選擇或設定的理想條件下考察對象，以實驗為研究手段相應地意味著以理想化的方式把握世界，後者（理想化的方式）往往突出了事物的某些規定而懸置或撤開了其他的方面，由此展現的是不同的世界圖景。就其目標而言，近代科學所指向的，是以數學的方式來把握世界。與實驗手段所蘊含的理想化趨向相輔相成，數學化逐漸成為科學追求的對象；是否能以數學的形式概括對世界的認識，在某種程度上成為判斷是否已達到嚴格科學的標準。對世界的數學化理解在某種意義上開始於伽利略。胡塞爾已指出了這一點：「通過伽利略對自然的數學化，自然本身在新的數學的指導下被理念化了；自然本身成為——用現代的

方式來表達———一種數學的集（Mannigfaltigkeit）。」❶自然的數學化常常意味著從數量關係及形式的結構方面更精確地把握自然，它賦予科學的世界圖景以另一重特點。

相對於常識視域中世界，科學的世界圖景無疑展示了不同的意義。作為一定歷史時期、一定社會群體自發接受、認同的觀念，常識主要以非反思的方式把握世界。在常識之域，世界的有序性與可理解性，首先基於日常實踐的循環往復、合乎常規：以日常的信念接納、安頓世界的前提是日用常行中的事物及其關係的有條理性和有規則性（非悖謬而無法捉摸），世界的非反常性（如太陽朝升暮落）與日用常行的合乎常規（如日出而作、日落而息）常常彼此一致。以實驗及數學方法為手段，科學對世界的理解不同於單純的現象直觀而更多地呈現實證性與理論化的特點，科學所顯現的世界秩序也有別於日常經驗中的常規性或非反常性，而是呈現為通過理論及邏輯活動而展示的構架。在數學的模型與符號的結構中，世界的有序性便得到了獨特的體現，這種秩序的確認，與理性論證（包括數學運演）等活動顯然難以分離。

通過理想化、數學化等方式形成的世界圖景，無疑呈現某種抽象的形態；相對於常識，它在相當程度上已遠離感性的具體。然而，如上所述，以科學的概念、數學的模型等等為構架，科學同時又在更深層、更內在的層面，展示了世界之序。科學的世界圖景固然不同於具體的感性世界，但通過對事物的內在規定、必然之理的

---

❶ 胡塞爾：《歐洲科學危機與超驗現象學》（上海：上海譯文出版社，1988年），頁27。

彰顯，它也進一步賦予世界以可理解的形式，並使之在認知的層面展現特定的意義。與常識視域中的存在形態相近，科學的世界圖景也表現為人所理解或進入觀念之域的世界，當然，儘管二者在本體論上指向的是同一對象，但在認識論上，以常識的方式理解的世界與通過科學的方式把握的世界對人往往呈現不同的意義：作為意義世界的不同形態，常識世界所包含的認知內容與科學世界所提供的認知內容具有不同的深度與廣度。

科學的世界圖景在總體上指向的是經驗領域的對象，與之具有不同側重的是形上視域中的世界圖景。較之科學以實證與經驗的方式把握世界，形上的視域更多地與思辨的進路相聯繫。不過，在將世界理解為一種有序的系統這一點上，二者似乎又有相通之處。

與科學的世界圖景不同，形上視域關注的不是存在的特定領域或特定對象，而是存在本身或作為整體的世界。作為整體的存在是否具有統一的本原？從水為萬物之源說到原子論，從五行說到元氣論，通過追溯世界的基本構成或規定存在的本原，形上的視域從不同的方面將世界納入統一的系統。當水、原子或元氣被視為存在的終極構成或本原時，萬物便獲得了統一的歸屬，其間的關係也不再紛亂而無法理解。《易傳》確信：「易與天地准，故能彌綸天地之道。」❷所謂「彌綸天地之道」，便意味著從整體上把握世界，而其前提則是將世界本身視為包含內在統一性的存在。

存在的本原關聯著存在的方式，後者涉及的是世界如何存在。在談到萬物之間的關係時，《中庸》曾提出如下觀念：「萬物並育

---

❷　《易傳·繫辭上》。

而不相害，道並行而不相悖。」❸天下萬物，互不相同，但卻共同存在、彼此相容，形成並行不悖的存在形態。在主張元氣論的哲學家中，事物之間這種並育不害、並行不悖的關係，常常被歸因於氣化運動中所包含的內在之理：「天地之氣，雖聚散、攻取百塗，然其為理也，順而不妄。」❹萬物源自於氣，氣的聚散則遵循必然之理，這一過程所展現的，是萬物發生、共在的「天序」：「生有先後，所以為天序；小大高下相並而相形焉，是謂天秩。天之生物也有序，物之既形也有秩。」❺所謂「天序」與「天秩」，也就是自然之序。在「天序」或「天秩」的形式下，萬物的存在超越了悖亂（「妄」）而獲得了可理解的性質，相對於統一的本原所提供的世界圖景，「天序」與「天秩」所體現的存在形態似乎更內在地展示了世界的形上意義。

宗教在追求超驗之境的同時，也往往試圖將世界納入有序的系統，後者同樣表現為廣義的形上視域。以佛教而言，儘管它並不承認現實世界的實在性，但卻力圖在確認真如之境和區分真妄的前提下，對世界加以整合。《大乘起信論》在談到「色」（現象界）時，便認為：「所現之色無有分齊，隨心能示十方世界、無量菩薩、無量報身、無量莊嚴，各各差別，皆無分齊而不相妨。此非心識分別能知，以真如自在用義故。」現象界的事物林林總總，或分（差異、區別）或齊（相同、統一），但在真如的視域下，卻呈現彼此

---

❸　《中庸·第30章》。
❹　張載：《正蒙·太和》，《張載集》（北京：中華書局，1978年），頁7。
❺　張載：《正蒙·動物》，《張載集》，頁19。

共存（「不相妨」）的形態。在華嚴宗的「事事無礙法界」說中，事物間這種「不相妨」的關係得到了進一步的概括。撇開其真妄之分的預設，對世界的以上理解，與「萬物並育而不相害」的看法顯然具有類似之處。

與常識及科學所確認的世界圖景相近，形上視域中的存在圖景不同於存在的本然或實際形態，而是表現為被理解的存在或觀念之域的存在。法藏在闡釋真空觀時，曾指出：「由心現境，由境現心，心不至境，境不入心。常作此觀，智慧甚深，故曰攝境歸心真空觀也。」❻真空觀體現了華嚴宗對存在的理解，這種理解所確認的世界圖景首先與「心」相聯繫，從而不同於實際的世界，所謂「心不至境，境不入心」，也就是強調觀念中的世界並不實際地內在於外部之「境」，同樣，外部之「境」也並非直接進入觀念之中。華嚴宗的真空觀當然並沒有離開以心法起滅天地的立場，但其以上看法無疑也從一個方面注意到了形上視域中的世界圖景首先呈現觀念性的品格。通過以「天序」、「事事無礙」等概念去說明、接納對象，並由此賦予存在以可理解的形態，形上的視域同時從觀念的層面展示了世界圖景的意義。

常識、科學與形上視域中的世界圖景既從不同方面表現了存在順而不妄的有序性，也體現了人對存在多層面的理解。如前所述，有序性與可理解性使世界成為有意義的存在，而在不同的世界圖景中，事物的存在意義又具有內涵上的差異。以水而言，在常識的存在圖景中，水主要被視為透明、無色的液體，可以供人飲用、灌

---

❻　法藏：《修華嚴奧旨妄盡還原觀》。

溉，等等；在科學的世界圖景中，水被理解為由二個氫原子、一個氧原子（H₂O）構成的存在形態；在形上的視域中，水則往往被規定為萬物之源（泰勒斯）或萬物本原之一（五行說）。可以看到，同一對象（水），在不同的世界圖景中，呈現出互不相同的意義。意義的這種差異既表現了觀念形態的世界圖景與實在本身的不同關係，也折射了人把握世界的不同維度和形式。

從常識、科學到形上視域，作為人所理解的存在，世界圖景都涉及意識與概念形式的關係。以觀念形態呈現的世界，也可以視為廣義的精神世界，其存在與人的意識、精神過程難以分離。但同時，世界圖景的形成，又總是伴隨著不同形式的概念對世界的整合、安頓。常識中的太陽東升西落或地靜日動圖景，不僅運用了「日」、「地」等概念，而且蘊含著以「動」、「靜」等概念規定太陽與地球的關係；科學的世界圖景，更具體地表現為以物理、數學等概念對經驗領域諸種事物的整治；形上的視域則往往以思辨的概念系統為理解存在的形式，其世界圖景也相應地奠基於這種概念系統之上。在世界圖景的形成過程中，概念通過融入意識活動而成為理解世界的現實形式，意識活動則通過概念的運用而超越了單純的心理感受和體驗。二者的以上互融一方面賦予世界圖景以觀念的形態，另一方面又使之區別於個體意念而獲得普遍的意義。

作為意義世界，世界圖景的形成以「心」為體。這裏所謂以「心」為體，既指作為被理解的存在，世界圖景不同於物理的對象，而是以觀念的形態存在於精神之域，也肯定了如下事實，即世界圖景乃是通過對存在的理解、整合、規定等觀念性活動而形成。在解釋張載關於「大其心，則能體天下之物」這一觀點時，王夫之

指出：「天下之物皆用也，吾心之理其體也；盡心以循之而不違，則體立而用自無窮。」❼以心「體」天下之物，也就是以觀念的方式把握萬物，與之相聯繫，所謂「天下之物」，主要不是指本然意義上的物理存在，而是為心所「體」或為觀念所把握之物。此處的「吾心之理」，可以視為內化於意識的概念性認識或概念系統，它同時構成了「心」據以「體」物的根據。就物為觀念所把握而言，「心」顯然構成了其「體」：離開了以心「體」物的過程，物便無法進入觀念之域、取得觀念的存在形態。「心」體「物」用的如上涵義，無疑從一個方面展示了以「理」為內容的「心」在世界圖景形成中的作用。就其現實性而言，與概念系統相聯繫的意識及其活動確乎構成了觀念形態的意義世界所以可能的內在根據。

　　世界圖景以「心」為體，並不意味著這種圖景僅僅存在於私人之域或僅僅表現為個體性的心理世界。作為觀念形態的存在，世界圖景的意義誠然相對於人而言，而且，如前所述，與常識、科學、形上之域等不同的把握世界方式相應，世界圖景對不同個體所呈現的意義也具有差異。然而，這種意義並非如所謂私人語言那樣，僅僅內在於特定個體的意識之中❽。就其現實形態而言，世界圖景的意義不僅以世界的可理解性為其前提，而且意義本身具有主體間的可理解性，後者首先基於「心」與「理」的統一。如前文所論及的，作為意義世界之「體」的「心」，並非僅僅指個體意念，它通

---

❼　王夫之：《張子正蒙注·大心篇》，《船山全書》，第 12 冊（長沙：嶽麓書社，1996 年），頁 143。

❽　嚴格而言，如維特根斯坦所指出的，僅僅內在於特定自我、唯有這種自我才能理解的私人語言本身並不存在。

過與概念系統的融合而內含普遍之「理」。這裏的「理」既在形式的層面涉及邏輯的普遍性，也在實質的層面上指向存在的普遍規定，二者在不同的意義上使世界圖景在主體間的可理解性成為可能。

世界圖景在主體間的可理解性，同時從一個方面展示了世界圖景本身的開放性，這種開放性在更廣的意義上表現為不同圖景之間的相互關聯。從具體的形態看，以上諸種世界圖景確實包含不同的內涵，然而，這並不意味著這些圖景完全互不相關或彼此之間存在無法跨越的界限。事實上，儘管不同的世界圖景體現了人與實在的不同關係，但從本原的層面看，它們又植根於同一個世界：在成己與成物的歷史過程，人所面對的，是同一個超越了本然形態的現實世界，這裏的「現實」既指實在性，又表現為對本然或自在性的超越。就形成方式而言，世界圖景又以「心」為體，並展現為人把握世界的不同形式。然而，如前文所分析的，作為世界圖景形成的內在之「體」，「心」在不同的層面上通過與概念系統的融合而內含普遍之「理」（包括概念內容與邏輯形式）；觀念的這種普遍之維，同時使不同觀念系統之間的溝通成為可能。如果說，以同一個現實的世界為本原，使不同世界圖景之間的關聯獲得了本體論的根據，那麼，觀念（心）所蘊含的普遍之「理」，則從把握世界的方式上，為以上聯結提供了內在的擔保。

二、價值意境

世界圖景展示的是人所理解的存在，在不同形式的世界圖景

中,存在通過理解而呈現為有意義的形態。從把握世界的方式看,世界圖景所顯現的意義首先與「是什麼」的追問相聯繫:儘管世界圖景本身包含多方面的內涵,但作為人所理解的存在,它無疑更多地表現為在不同視域下,世界對人呈現為什麼;從而,也更直接地對應於「是什麼」的問題。事實上,世界被人理解為什麼,從另一角度看也就是:在人看來,世界「是什麼」。與「是什麼」相聯繫的是「意味著什麼」,後者進一步將觀念形態的意義世界引向價值之域。

以理解為旨趣,「是什麼」的追問首先關聯著認知過程,相對於此,「意味著什麼」的關切則更多地涉及評價活動,後者具體地指向存在與人的價值關係。就其現實的形態而言,意義世界並不僅僅表現為人所理解的存在形態,它同時以確認這種存在形態與人的價值關係為內涵。在詮釋「覺」的涵義時,法藏曾作了如下闡釋:「覺有二種,一是覺悟義,謂理智照真故;二是覺察義,謂量智鑒俗故。」❾這裏的「覺」無疑首先表現為佛教語境中的精神形態,但其中亦滲入了對意義世界的一般看法。就後一方面而言,所謂「覺察」,主要便側重於對世界的理解,與之相對的「覺悟」,則首先以價值層面的體認、領悟為指向。懸置滲入其中佛教視域和立場,作為精神形態(覺)的二重涵義,「覺察」與「覺悟」的如上統一同時也從一個方面體現了意義世界中「是什麼」與「意味著什麼的」的相關性。

王夫之從另一個角度涉及了以上問題。在對「心」加以分析、

---

❾　法藏:《華嚴經明法品內立三寶章》。

界定時，王夫之指出：「必須說個仁義之心，方是良心。蓋但言心，則不過此靈明物事，必其仁義而後為良也。心之為德，只是虛、靈、不昧，所以具眾理、應萬事者，大端只是無惡而能與善相應，然未能必其善也。須養其性以為心之所存，方使仁義之理不失。」❿這裏，王夫之區分了「心」的二種形態，即仁義之心與靈明之心，仁義所展現的是價值的取向和價值的觀念，其中蘊含「至善之條理」⓫，靈明則主要表現為認知與理解的能力。基於靈明之心，固然可以把握理、應對事，但無法使之在價值層面擔保善的向度，唯有以仁義之心為本，才能使精神之域獲得價值的內涵。以上看法無疑注意到了意義世界與價值意識的聯繫，它在某種意義上也可以看作是心為「體」、精神世界（進入觀念領域之物）為「用」之說的引申。

如前所述，意義世界的價值內涵與評價過程難以分離。價值所體現的是事物與人的需要、理想、目的之間的關係，這種關係通過評價而得到具體的判定和確認。在認知過程中，世界首先呈現為可理解的圖景；通過評價，世界進一步展示了對於人的價值意義，就此而言，價值層面的意義世界，也可以視為價值意境或被賦予價值內涵的世界圖景。

從理論的層面看，「是什麼」、「意味著什麼」所提問的內容儘管各不相同，但所涉及的都是有別於本然形態的存在。當人提出

---

❿　王夫之：《讀四書大全說》卷十，《船山全書》，第 6 冊（長沙：嶽麓書社，1996 年），頁 1077。

⓫　同上，頁 1091。

上述問題時，他所置身其間或面對的存在，已取得人化的形態。人化的存在同時也是具體的存在，這種具體性的涵義之一在於，對象不僅包含著「是什麼」的問題所指向的規定和性質，而且也以「意味著什麼」所追問的規定為其題中之義。單純的事實並沒有包括事物的全部規定：它略去了事物所涉及的多重關係及關係所賦予事物的多重規定，從而呈現某種抽象的形態。以人化的存在為形式，事物不僅自我同一，而且與人相關並內含著對人的不同意義。就其涉及人的需要而言，這種關係及意義無疑具有價值的性質，後者（價值的性質）並不是外在或主觀的附加：作為人化存在的屬性，價值關係及價值規定同樣具有現實的品格。在現實存在中，事實層面的規定與價值規定並非彼此懸隔；事物本身的具體性、真實性，即在於二者的統一。❷事實與價值的以上統一，同時構成了認知層面的世界圖景與評價之域的價值意境相互關聯的本體論根據。

評價對價值關係的確認具有不同的情形。當事物的屬性已實際地滿足人的需要或事物的屬性與人的需要之間的一致性已在實踐層面得到彰顯時，評價便表現為對這種價值屬性和價值關係的現實肯定；當事物的屬性僅僅可能合乎人的需要或事物的價值屬性還具有潛在的形式時，評價則以預期的方式確認這種價值意義：在進入評價過程之前，事物所內含的可能的價值屬性往往僅僅作為事物的本然屬性而呈現，正是通過評價活動，上述屬性才作為具有價值意義的屬性而得到確認。在以上的評價活動中，價值意識的形成與價值內涵向意義世界的滲入構成了同一過程的二個方面。正如世界圖景

---

❷　參見楊國榮：《存在之維》第二章（北京：人民出版社，2005 年）。

作為被理解的存在具有觀念的性質一樣，形成於評價過程、被賦予價值內涵的意義世界，也呈現觀念的形態。

　　以價值意義的確認為指向，評價首先本於事物與人的需要之間的關係，而在人的諸種需要中，生存的需要又具有某種本原性：「人們首先必須吃、喝、住、穿，然後才能從事政治、科學、藝術、宗教等等」❸，與這一事實一致，生存需要的滿足，是其他需要滿足的前提；價值意義的呈現，也相應於以上前提。就自然對象而言，在以認知和理解為內涵的世界圖景中，事物主要呈現與「是什麼」相關的不同意義，從人與對象的價值關係出發，事物所呈現的意義則更多地與「意味著什麼」的問題相聯繫。《尚書大傳·洪範》在對水、火等事物作界定時，曾指出：「水、火者，百姓之求飲食也；金、木者，百姓之所興作也；土者，萬物之所資生也。是為人用。」所謂「是為人用」，側重的主要便是水、火等事物對人的生存所具有的意義，而飲食、興作、資生等等，則是這種「用」的不同體現。以這裏所涉及的水來說，相對於通過水的分子結構（H_2O）理解水的意義，從「求飲食」的角度對水加以界定，無疑使意義具有了價值的內涵。廣而言之，當人們肯定礦產、森林等等對人的意義時，這裏的「意義」，同樣基於以上的價值關係。

　　當然，評價活動對價值關係的確認，主要體現於觀念的層面：通過評價，存在的價值意義主要在觀念的層面得到呈現。價值意義從觀念的實現到現實的確證，離不開生活實踐、勞動過程。水火對於人之「飲食」的意義，唯有在以水煮飯、以火烹調這一類活動中

---

❸　《馬克思恩格斯選集》第 3 卷（北京：人民出版社，1972 年），頁 574。

才能獲得現實性，礦產對於人之「用」，則只能通過開採、冶煉等勞動過程才能實現，如此等等。價值意義在觀念層面的實現與這種意義在實踐層面的實現，本身具有不同的「意義」，後者從一個方面體現了意義世界的觀念形態與實在形態的差異。

　　觀念層面的價值意義既以人的需要為本，也基於人的目的、理想以及廣義的價值觀念。事物對人呈現何種價值意義，與人具有何種價值目的和理想、接受何種價值原則等等往往難以分離。以社會實在而言，對其變革、轉換的評價，總是相應於人的價值觀念。春秋末年，社會曾經歷了劇烈的變遷，而在這一時期的重要思想家孔子看來，這種變遷首先便意味著「禮崩樂壞」，亦即更多地呈現消極的、否定性的價值意義。孔子對當時社會變革的這種評價，即基於對禮制的推崇與肯定，後者具體表現為一種價值理想和價值的立場。春秋時代的社會變革之所以在孔子的心目中呈現「禮崩樂壞」的負面意義，主要便在於這種變革與他所堅持的價值立場（維護禮制）相衝突。在這裏，存在對人所呈現的意義，與人所具有的價值觀念之間，具有一致性。

　　存在意義與價值意識的如上聯繫，在倫理的領域得到了更具體的展現。作為社會之域的存在，道德主體之間的關係首先表現為現實的倫理關係，後者作為社會關係具有超越個體意識的性質，然而，這種關係的倫理性質以及關係中個體的倫理屬性是否得到確認，則與是否具有道德的意識相聯繫。王陽明在談到意與物的關係時，已注意到這一點：「心之所發便是意，意之本體便是知，意之所在便是物。如意在於事親，即事親便是一物；意在於事君，即事君便是一物；意在於仁民愛物，即仁民愛物便是一物，意在於視聽

言動，即視聽言動便是一物。」❶作為「心之所發」，「意」屬個體的內在意識，「知」則指良知；以「知」為意之本體，主要突出了「意」所包含的倫理涵義，它使「意」不同於心理層面的意念，而是表現為具有價值內涵的道德意識。此處之「物」不同於本然的存在，本然的存在總是外在於人的意識（尚未進入知、行過程），作為「意之所在」的物，則已為意識所作用並進入意識之域。「意之在物」作為「意」指向對象的過程，同時又是對象的意義向人呈現的過程。對缺乏倫理、政治意識的人來說，親（父母）、君、民只是生物學意義上的存在，只有當具有道德內涵的「意」作用於以上對象時，親、君、民才作為倫理、政治關係上的「親」、「君」、「民」而呈現於主體，從而獲得倫理、政治的意義。通過呈現倫理的意義，對象揚棄了對於倫理意識的外在性，並被納入觀念之域，後者以意義世界為其具體形態。就其與倫理、政治等意識的聯繫而言，這種意義世界同時包含著價值的內涵。作為物理的對象，事物的存在並不依存於價值意識，但作為意義世界中的存在，其呈現卻難以離開人的價值觀念。如王陽明所注意到的，對缺乏道德意識的個體來說，親子關係就不具有道德的意義。

　　以世界圖景的形式表現出來的意義世界，首先涉及人對存在的理解：在這種圖景中，世界主要被理解為或被視為某種形態的存在。相形之下，意義世界的價值形態，則與人的生活實踐呈現更切近的聯繫。以倫理之維的意義世界而言，作為滲入價值內涵的觀念

---

❶　王陽明：《傳習錄上》，《王陽明全集》（上海：上海古籍出版社，1992年），頁6。

形態，倫理的意義世界與倫理的生活具有內在的相關性。賦予對象以倫理意義，同時意味著以倫理的方式作用對象。與之相反相成的則是，倫理的實踐方式，導源於倫理的價值意識。正是在此意義上，王夫之認為：「孝無可質言之事，而相動者唯此心耳」。❶「孝」為道德實踐的具體形態，而對王夫之來說，這種實踐活動本身並無固定模式和機制，其推動力量主要來自內在之心對倫理意義的體認，換言之，倫理之行（孝）與倫理之心彼此相關。王陽明關於「意」的進一步規定，則從另一角度表達了類似的觀念：「意未有懸空的，必著事物，故欲誠意則隨意所在某事格之。」❶所謂「格之」，在此即指身體力行的道德實踐活動。意指向對象，使本然的存在獲得了倫理的意義（自然血緣關係上的親子成為倫理意義上的對象），對象的這種倫理意義，又通過事親敬兄等道德實踐得到具體的確證。在這裏，倫理的意識與倫理的生活同樣呈現相互交融的關係。上述看法已從不同的方面注意到：在價值的領域，意義世界的形成與體現相關意義的實踐生活難以彼此分離。

　　倫理之域的價值意義更多地指向善，與善的追求相聯繫但又有不同價值內涵的是審美活動。事實上，意義世界的價值之維，同時也體現於審美過程。從另一方面看，與倫理的世界相近，審美的世界也以意義的生成為其內在向度，後者既涉及藝術的創作，也體現於美的鑒賞。存在是否呈現美的意義、呈現何種美的意義，並不僅

---

❶　王夫之：《讀四書大全說》卷四，《船山全書》，第 6 冊（長沙：嶽麓書社，1996 年），頁 607。

❶　王陽明：《傳習錄下》，《王陽明全集》（上海：上海古籍出版社，1992年），頁 91。

僅取決於對象的物理規定或物理形態，在其現實性上，它與人的審美能力、審美理想、審美趣味、審美準則等息息相關。審美的對象並不是一種本然的存在，它只有對具有審美意識和審美能力的主體來說才呈現美的意義，誠如馬克思所指出的：「對於沒有音樂感的耳朵說來，最美的音樂也毫無意義。」❼「沒有音樂感的耳朵」所隱喻的，是審美能力的缺失，在處於這一類存在境域的人那裏，審美意義便難以生成。與審美能力相聯繫的是更廣視域中的審美意識，後者對事物是否呈現以及呈現何種審美意義往往形成更具體的制約作用。「人閑桂花落，夜靜春山空。月出驚山鳥，時鳴春澗中。」這是王維《鳥鳴澗》中的詩句。詩中提到了「花」、「月」、「山」、「鳥」、「澗」等物，這些對象或可由植物學「觀」之（花），或可由地質學「視」之（山、澗），或可由動物學「察」之（鳥），或可更簡單地視為日常生活中的熟知之物；在這一類的視域（「觀」、「視」、「察」）中，對象也主要呈現出與這些視域相應的屬性和規定。然而，在詩人的眼中，人的悠閑與花的飄落，夜的寂靜與山的空幽，明月的升空與山鳥的驚飛，山澗的潺潺之聲與山鳥的鳴囀之音，卻彼此交織，構成了一幅既不同於科學圖景，也有別於生活場景的詩意畫卷。不難看到，正是經過詩人的觀照，科學、日常視域中的對象呈現出別樣的審美意境：同一山、月、花、鳥，在人的心中（觀念之域）化為另一重意義世界（詩意之境）。作為以上轉換的前提，這種審美觀照本身又基於詩人內在的

---

❼ 馬克思：《1844 年經濟學哲學手稿》（北京：人民出版社，1985 年），頁82。

審美意識與審美觀念。

以審美意識和審美觀念為本，意義的生成與人的想像、移情、體驗等等具有更直接的聯繫。嵇康在《聲無哀樂論》中曾對音樂之聲與哀樂之情作了區分：「躁靜者，聲之功也；哀樂者，情之主也。」❸緩急之異，因聲而起；哀樂之別，由情而生。聲音本身無哀樂之分，它之所以會給人以哀樂之感，主要源於內在之情的作用：「夫哀心藏於內，遇和聲而後發；和聲無象，而哀心有主。夫以有主之哀心，因乎無象之和聲，其所覺悟，唯哀而已。」❹質言之，音樂之獲得哀樂等意義，與人自身的情感體驗難以分離；情系於聲，始有哀樂。嵇康的以上看法已注意到音樂的審美意義與人的情感活動、審美體驗之間的聯繫。當然，嵇康由此認為「心之與聲，明為二物」❺，無疑又過於強調心與物之分。事實上，如前所述，意義的生成內在地蘊含著物之呈現與意之所向的統一；在肯定意之所向的同時，嵇康對物之呈現這一方面似乎未能給予充分的關注。

從審美的維度看，通過景與物的不同組合、情與景的彼此交融，人可以建構不同的審美世界。劉禹錫在《罷和州遊建康》一詩中曾寫道：「秋水清無力，寒山暮多思。官閑不計程，遍上南朝寺。」就物理現象而言，「清」與「力」是二種不同的規定，然而，通過詩人的想像，二者卻整合於同一秋水之中。秋水的清澈與

---

❸　《嵇康集·聲無哀樂論》。

❹　同上。

❺　同上。

無力，既展示了清水緩緩而流的秋天景象，又使人聯想到宦居生活的清閒，後者進而隱含著仕途的坎坷不暢。寒山表現了景物的清冷，暮色進一步給人以寂靜之感。相對於世間的喧囂，這裏無疑更多地提供了沉思的空間，而寒山暮色中的「多思」，又內在地暗示了此「閒」非真「閒」：它表明，身處秋水寒山，並不意味著忘卻人世的關切。儘管南朝之寺似乎隱喻著對塵世的疏離，但作為儒家中的人物，兼善天下的觀念依然內在於詩人。在這一審美意象中，人、物、景通過想像、重組，構成了體現詩人獨特感受的意義世界。類似的圖景也可以從王維的如下詩句中看到：「泉聲咽危石，日色冷青松。」❷❶危岩之畔，泉水流過，發出嗚咽之聲；松林之中，日光照入，形成清冷之色。泉與石本無生命，但在此卻與具有情感意味的嗚咽之聲聯繫起來；日光本來象徵溫煦，但在此卻以具有憂鬱意味的清冷之色出現。在擬人化的聯想中，自然對人所呈現的幽寂、冷峻與人自身的所思所悟彼此交融，外在的山水圖景則由此而同時獲得了內在的審美意義。

作為具有價值內涵的意義形態，審美的世界與倫理的世界並非相互隔絕。意義的審美形態不僅體現於個體情感的抒發和表達，而且作用於生活的其他方面。儒家已注意到審美活動與「成人」（理想人格的培養）之間的聯繫，孔子便將「文之以禮樂」視為成人的方式❷❷，其中包含著通過審美活動以陶冶人的情操之意。孔子很重視審美活動在成人過程中的作用，主張「興於詩，立於禮，成於

---

❷❶　王維：〈過香積寺〉。

❷❷　參見《論語·憲問》。

樂」，亦即通過禮樂教化來培養完美的人格。孔子本人曾聞韶樂而
「三月不知肉味」❷，所謂「不知肉味」，也就是在音樂所引發的
審美意境中，精神超越了自然之欲（飲食所帶來的感官享受）而被淨
化，內在人格則由此得到昇華。荀子對藝術審美活動在成人過程中
的作用也作了具體的考察。按荀子的看法，在化性起偽的過程中，
音樂構成了一個重要的方面：「夫聲樂之入人也深，其化人也
速。」「樂者，聖人之所樂也，而可以善民心。其感人深，其移風
易俗易。」❷作為藝術形式，音樂往往可以激發心靈的震蕩和共
鳴，並給人以精神的洗禮，使之由此得到感化。在這裏，美的意境
與善的意向呈現了意義世界的相關內涵，其具體形態表現為「美善
相樂」。

　　美和善的追求更多地指向基於現實存在的理想，與之有所不同
的精神趨向是終極關切，後者和宗教領域有更切近的關係。宗教無
疑既有外在的形式，如宗教組織、宗教儀式、宗教建築，等等，又
往往預設了超驗的存在，如神、上帝；但從內的方面看，它與人
的觀念世界似乎具有更實質的聯繫。康德晚年在談到宗教時，曾指
出：「宗教是良知（conscientiousness）」。「擁有宗教，並不需要上
帝的概念（to have religion, the concept of God is not required）。」❷良知所涉
及的，首先是內在的精神世界以及精神活動，上帝則外在並超越於
人，在康德看來，前者才是宗教的實質方面。就其現實的形態而

---

❷　參見《論語·泰伯》、《論語·述而》。

❷　《荀子·樂論》。按：末句原作「其移風易俗」，王先謙認為當為「其移風
　　易俗易」，此從王說校改。

❷　Kant: *Opus Postumum*, Cambridge University Press, 1993, p.248.

言，宗教的精神世界，同時也展現為一種具有價值內涵的意義世界。從肯定的方面看，宗教的觀念每每隱含著對彼岸之境的嚮往和追求；從否定的方面看，它則表現為對現實存在或世俗存在的拒斥。與以上態度和立場相應的，是世界所呈現的不同意義：在宗教的視域中，現實或世俗的存在常常更多地呈現消極、負面的意義，而彼岸之境則似乎展示了積極的、永恆的意義。以二者的這種反差為內容，宗教同時形成了其自身的意義世界。

當然，在宗教的某些形態中，此岸與彼岸之間的界限，往往並不截然分明。這裏可以一提的是禪宗。作為中國化的佛教，禪宗並不對世間與出世間判然劃界，這當然並不是說，禪宗完全將存在視為同一種形態。在禪宗看來，佛與眾生之別，主要在於迷與悟的不同：「前念迷，即凡夫；後念悟，即佛。」「不悟，即佛是眾生，一念若悟，即眾生是佛。」❷❻與此一致，世俗之世與彼岸存在之分，也取決於心體之悟，如果領悟到自心即佛，便可達到西方樂土：「心但無不淨，西方去此不遠。」❷❼作為內在觀念世界的不同形態，「迷」與「悟」既體現了對人的存在與世界之在的不同理解，又內含相異的價值取向；「佛」與「西方」則表現了心悟之後世界向人所呈現的不同意義。「悟」的達到，又以智慧的觀照為其前提：「用智惠（慧）觀照，於一切法不取不捨，即見性成佛道。」❷❽這裏的「智惠（慧）」體現的是佛教的視域。這樣，對禪

---

❷❻　慧能：《壇經》。

❷❼　同上。

❷❽　同上。

宗而言，超越之境與現實存在、此岸與彼岸的差異，主要相對於人的不同視域而言，通過改變觀念世界（包括價值觀念），「用智惠（慧）觀照」，便可使同一存在呈現不同的意義：就人而言，一旦由迷而悟，眾生皆可將自身體驗為佛；就世界而言，如果以解脫之心觀之，則世俗世界則可呈現為西方之土。不難看到，相應於價值觀念的變化，禪宗視域中存在之呈現方式的如上轉換，實質上表現為意義世界的重建。

　　從倫理、審美到宗教之域，意義世界多方面地滲入了價值的內涵。與價值意識的作用相聯繫，意義世界的生成既以對象的意義呈現為內容，又涉及主體的意義賦予：對象呈現為某種意義，與主體賦予對象以相關意義，本身表現為一個統一的過程。以倫理之域而言，對象呈現為不同於一般生物而具有倫理意義的存在，與主體將對象視為應以倫理原則而非生物學觀念加以對待的存在，總是難以分離。同樣，審美對象與審美主體、信仰對象與信仰者之間，也存在類似的關係。意義呈現與意義賦予的如上統一，與更廣層面上呈現性與意向性的交融，無疑具有一致性❷❾。內在意識對事物的指向，使事物意義的呈現成為可能；事物的呈現，則使意向性活動獲得現實的內容，意義呈現與意義賦予的統一可以視為以上互動的進一步體現。❸⓿

---

❷❾　呈現性與意向性的統一，與認識論意義上所與（the given）和所得（the taken）的統一，似乎也具有相關性。（參見楊國榮：《存在之維》第三章，北京：人民出版社，2005 年）。

❸⓿　胡塞爾的現象學在某些方面已注意到意義的呈現與意義的賦予在意向活動中的相關性，不過，如本書第一章所論，與懸置存在及強調意識的建構作用相

　　與世界圖景相近，滲入價值內涵的意義世界固然與個人的體驗、視域相聯繫，但並非僅僅囿於個體的意識之域。作為意義世界生成的前提之一，價值意識和價值觀念同時包含普遍的方面，孟子已注意到這一點，在他看來，心總是有「同然」，而這種「同然」又以「理」、「義」為其內容：「心之所同然者，何也？謂理也，義也。聖人先得我心之所同然耳，故理義之悅我心，猶芻豢之悅我口。」❸這裏所說的「理」、「義」，便包含價值的內容，作為「心之所同然」，它們同時內在於人心而表現為人的價值意識，而其「同然」則體現了普遍性的品格。價值意識的這種普遍性，使它所滲入的意義世界也具有了個體間的開放性。所謂理義「悅心」，便強調了具有普遍內容的價值意識可以為不同的個體所共同理解、認同和接受。當然，從現實的過程看，這種認同、接受既以價值意識本身體現了一定時期共同的歷史需要為前提，又以生活、實踐過程中個體間的相互交往、溝通為背景。

　　作為意義世界的表現形式，世界圖景與價值意境並非彼此懸隔。世界圖景固然以「是什麼」的追問為主要指向，但無論是其科學的形態，抑或常識、形而上的展現方式，都同時在不同程度上涉及價值的內涵，事實上，與「是什麼」相聯繫的「真」，便具有廣義的價值意義。同樣，價值意境誠然首先關聯「意味著什麼」的問題，但其中也蘊含著對「是什麼」的理解，從道德領域到審美領

應，胡塞爾的現象學在總體上更多地突出了意義的賦予，而對事物的呈現則未能給於充分的定位。就此而言，顯然很難說它已真正把握了意義生成過程中二者的互動和統一。

❸　《孟子·告子上》。

域，從善與美的現實追求到超越層面的終極期望，價值的關切總是無法離開對世界的理解。世界圖景與價值意境的以上相關性，既以二者在本原上基於同一個現實的世界為前提，又從一個方面體現了「是什麼」與「意味著什麼」的意義追問難以截然相分。

三、精神世界與人性境界

作為意義呈現與意義賦予的統一，存在圖景與價值世界的意義更直接地涉及對象之域：無論是事物對人展示為什麼，抑或事物對人意味著什麼，首先都關乎對象所具有的意義。由事物之在反觀人自身的存在，關於對象意義的追問便進一步引向對人自身存在意義的關切。當人反思為何而在時，他所關切的也就是其自身的存在意義。與存在意義的自我追問相聯繫的，是不同形式的精神世界或精神境界。

從思想史上看，上述語境中的「境界」一詞，首先來自對佛教經典的翻譯與闡釋。❸在佛教的論域中，境界有內外之分，所謂

---

❸　當然，就詞源而言，「境界」一詞在佛教傳入以前就已開始出現，不過其原始的詞義主要與地域、邊界等相聯繫，漢代一些學者便在以上意義上使用該詞，如鄭玄在對《周禮》中「卜大封」一句作注時，即指出：「『卜大封』，謂竟界侵削，卜以兵征之。」（《周禮註疏》，卷二十四）這裏的「竟」借為境，「竟界」亦即「境界」，而其所指，則主要是地域、邊界。佛教傳入後，該詞同時被用於翻譯、闡釋佛教的概念，其涵義也相應地發生了變化。但需要指出的是，「境界」的原始詞義在此後一些表述中仍可看到，如王陽明在〈案行漳南道守巡官戴罪罸兵剿賊〉中即曾提到「廣東境界」（參見《王陽明全集》，上海：上海古籍出版社，1992 年，頁 535），

「內外境界,心之所行。」❸外在的境界常指由緣起而成的現象世界,對佛教而言,這一意義上的境界往往以心為源,缺乏實在性:「境界是無,惟自心見。我說不覺,惟是自心。見諸外物,以為有無,是故智慧不見境界。」❹惟其源自於心而無真實之性,故難以進入佛家的智慧之域。禪宗的無業亦云:「一切境界,本自空寂,無一法可得。迷者不了,即為境惑,一為境惑,流轉不窮。」❺這裏的境界,也泛指外部的存在,在禪宗看來,執著於此,便意味著惑而不悟。與外在境界相對的內在境界,則主要與精神之境相涉,表示精神所達到的一定層次或層面,其特點在於超越了世俗意識。在《華嚴一乘教義分齊章》的結尾,法藏特別指出了這種境界與「事」的區別:「唯智境界非事識,以此方便會一乘。」❻「事」所關涉的是經驗領域的現象,超越世俗意識的智慧之境無法通過這種經驗現象來把握,在解釋智慧境界時引用「事」,僅僅只是方便說法。「境界」與「事」的如上區分一方面展現了境界的內在性,另一方面則確認了境界作為正面精神形態的意義。❼後者在慧

此所謂「境界」,主要便與該詞的原始詞義相聯繫,指疆域或地界。這些現象無疑表現了語言演化、運用過程的複雜性。

❸　《大乘密嚴經》。

❹　《佛心品》,《入楞伽經》卷五。

❺　《五燈會元》,卷三。

❻　法藏:《華嚴一乘教義分齊章》卷四。

❼　從寬泛的層面看,佛教一方面以緣起規定外在境界,亦即用因緣而起解釋現象世界,並由此將其納入可理解的意義之域;另一方面,又以涅槃規定內在境界,並由此賦予境界以價值意義。就此而言,內外境界之分,亦涉及意義世界的不同涵義。

能的如下表述中得到了更明確的肯定：「悟無念法者，見諸佛境界。」❸

　　隨著歷史的演進，以境界表示精神世界，逐漸不再限於佛教之域。白居易在《偶題閣下廳》中曾寫道：「平生閑境界，盡在五言中。」這裏的「境界」，便有精神形態之意。陸游的《懷昔》詩中亦提到了境界：「偶住人間日月長，細思方覺少年狂。眾中論事歸多悔，醉後題詩醒已忘。龜作鯨吞籲莫測，穀堙山塹浩難量。老來境界全非昨，臥看縈簾一縷香。」這裏表達的是其晚年的所思所悟，此時詩人已少了早年的鋒芒，而多了對世事的感慨；所謂「老來境界」，便指與少年時代不同的精神之境。在宋明及宋明以後的哲學家中，境界的概念得到了更廣的運用。朱熹在談到心體時，即把本體之虛與境界聯繫起來：「心之本體固無時不虛，然而人欲己私汩沒久矣，安得一旦遽見此境界乎？故聖人必曰正其心，而正心必先誠意，誠意必先致知，其用力次第如此，然後可以得心之正而復其本體之虛，亦非一日之力矣。」❸作為心體的特定存在方式，這裏的境界也以精神形態為內涵。在朱熹看來，達到心體的這種形態，必須經過致知、誠意、正心的工夫，後者同時展開為一個長期的過程（「非一日之力」）。

　　王夫之進一步從成就德性的角度，對境界作了分疏：「『安仁』、『利人』，總是成德後境界。」❹孔子在《論語·里仁》中

---

❸　慧能：《壇經》。

❸　朱熹：〈答張欽夫〉，《朱文公文集》卷三十。

❹　王夫之：《讀四書大全說》卷四，《船山全書》，第 6 冊（長沙：嶽麓書社，1996 年），頁 624。

曾提出「仁者安仁，知者利人」之說，在王夫之看來，二者都構成了德性涵養中的境界。當然，以成德為視域，境界又表現出不同形態，當人僅僅以富貴貧賤為意時，其境界便也難以越出此域：「所以一意在富貴貧賤上用工夫，只掙扎得者段境界，便是他極致，而於天理自然之則，全未搭著涯際。」❹反之，如果始終堅持仁道，在任何時候都不與仁相悖，則意味著進入另一重境界：「到得『君子無終食之間違仁』，則他境界自別，赫然天理相為合一。」❷在這裏，境界之別，既涉及德性的高下，也表現為內在精神形態的差異。

從朱熹到王夫之，對境界的理解更多地側重於觀念與精神的層面。作為觀念的存在，境界也可以視為寬泛意義上的精神世界，而對後者（精神世界）的考察，則涉及更廣的視域。孟子曾有如下表述：「萬物皆備於我矣。反身而誠，樂莫大焉。」❸這裏的「萬物皆備於我」，並不是指外部世界以物理的形態內在於個體，而是表現為觀念層面的意義境域：以視域的擴展、理性的想像、內在的體驗等等為形式，「我」把握了作為整體的世界並領悟了其意義，萬物則由此進入「我」的觀念之域，二者的關係一如天之「誠」與人之「思誠」：「誠者，天之道也；思誠者，人之道也。」❹在這裏，世界對「我」的敞開與「我」對世界的開放、世界意義對

---

❹ 王夫之：《讀四書大全說》卷四，《船山全書》，第 6 冊（長沙：嶽麓書社，1996 年），頁 627。

❷ 同上。

❸ 《孟子·盡心上》。

❹ 《孟子·離婁上》。

「我」的呈現與「我」對世界意義的領悟融合為一，而對這種精神之境的真切感受，往往又伴隨著超乎感性快感的內在精神愉悅，此即所謂「反身而誠，樂莫大焉」。在以開放的視域接納世界並深切領悟其意義的前提下所達到的這種「樂」，同時表現為一種精神境界，王夫之已指出了這一點：「孟子於『萬物皆備於我』之下，說個『反身而誠，樂莫大焉，』是何等境界！」**45**

境界與精神世界的相通性，在張載的「大心」說中也得到了體現。在談到內在之心與外在之物的關係時，張載指出：「大其心，則能體天下之物，物有未體，則心為有外。世人之心，止於聞見之狹。聖人盡性，不以見聞梏其心，其視天下，無一物非我。孟子謂盡心則知性、知天，以此。天大無外，故有外之心不足以合天心。」**46**「大其心」，亦即精神視域的擴展，這種視域不同於感性層面的聞見，聞見以特定之物的外在形態為對象，精神視域所指向的則是世界的意義，與之相應，所謂「體天下之物」，也就是超越特定之物或存在的有限形態、從整體上領悟和體認世界的意義，而「無一物非我」，則近於孟子所說的「萬物皆備於我」。在此，涵蓋天下之物、其大無外之「心」，同時表現為超越有限、追求無限的精神世界。

作為觀念性的存在，境界或廣義的精神世界表現為不同的形態。事實上，在孟子以及張載、朱熹、王夫之對精神世界的理解

---

45 王夫之：《讀四書大全說》卷十，《船山全書》，第 6 冊（長沙：嶽麓書社，1996 年），頁 1119。

46 張載：《正蒙·大心》，《張載集》，頁 24。

中，都已蘊含著對其高下差異的確認。馮友蘭更明確地肯定了這一點。在他看來，由於人對宇宙人生的覺解不同，其境界亦往往各異：「人對宇宙人生的覺解的程度，可有不同。因此，宇宙人生，對於人底意義，亦有不同。人對於宇宙人生在某種程度所有底覺解，因此，宇宙人生對於人所有底某種不同底意義，即構成人所有底某種境界。」❹作為意義世界的觀念形態，境界或廣義的精神世界既有內涵之異，也有層面或層次之別；前者（內涵之異）與倫理世界、審美世界、宗教世界等區分相聯繫，後者（層面或層次之別）則相應於精神的發展、提升所達到的不同程度。通常所說的境界高或境界低，便主要體現了精神世界的不同層面或層次。精神世界的如上差異不僅在認識之維涉及對世界理解的不同深度，而且在評價之維關乎對世界的不同價值取向和價值立場；馮友蘭所謂覺解，似乎便同時包含了以上二個方面。

在人的在世過程中，精神世界的不同內涵既相應於人的不同存在形態，也對人展示了不同的存在意義。就其現實性而言，人總是經歷不同的發展階段，人的生活過程也具有多方面性，在人生的不同發展階段與不同的生活的不同方面，精神世界或精神之境每每包含不同的內容，後者既具有規範性，也具有適應性。規範性在此意味著對在世方式的引導和存在境域的提升，適應性則往往表現為對生存過程的安頓，這種安頓更多地體現於日用常行之域。作為生命生產與再生產的實現形式，日常生活本身構成了人存在過程的重要

---

❹ 馮友蘭：《三松堂全集》，第四卷（鄭州：河南人民出版社，1986 年），頁549。

方面，與之相適應的精神之境儘管常常呈現自發性，但仍有其自身的意義，儒家所謂日用即道，也包含對以上方面的肯定。同時，就不同的個體而言，其人生目標、價值追求往往具有多樣性，在這種多樣的取向之後則是不同的精神之境。這些不同的精神之境如果與體現歷史發展趨向的價值原則無實質的衝突，則對人的存在也呈現各自的意義。要而言之，在人的成長過程中，既應肯定精神之境的發展、提升，也需要關注精神之境的多樣性。

從更深沉的價值層面看，境界或精神世界所指向的，是人之為人的存在意義。事實上，從孟子的反身而樂，到張載的「大其心」、王夫之的成德之境，在境界或精神世界中，意義的理解和把握，都進一步引向了對人自身內在存在意義的思和悟。如本書第一章所論，以存在意義的自我反思為視域，境界或精神世界的核心，集中體現於理想的追求與使命的意識。理想的追求以「人可以期望什麼」或「人應當期望什麼」為指向，使命的意識則展開為「人應當承擔什麼」的追問，二者與「人為何而在」的自我反思緊密聯繫，體現了對人自身存在意義的深沉關切。

張載在要求「大其心」的同時，曾提出如下觀念：「為天地立心，為生民立道，為去聖繼絕學，為萬世開太平。」❹這裏既體現了理想的追求，又包含內在的使命意識。在張載看來，人為天地之心，民為社會之本，往聖之學體現了文化的精神命脈，天下安平則構成了歷史的目標；理想的追求就在於真正確立人在天地之中的價值地位，順應生民的意願，延續文化的命脈，實現天下的恆久安

---

❹　張載：《近思錄拾遺》，《張載集》，頁 376。

平；而人的歷史使命，便在於化上述理想為社會現實。境界或精神世界在張載那裏以「大其心」為其內在前提，而理想追求與使命意識的以上統一，則賦予「大其心」以核心的內涵。

以「應當期望什麼」為內容的理想追求，主要從價值目的上展現了對人為何而在的自我反思。從寬泛的層面看，「應當期望什麼」的追問所指向的，也就是成己與成物，成己意味著人自身通過多方面的發展而走向自由、完美之境；成物則是通過變革世界而使之成為合乎人性需要的存在。在成己與成物的過程中，人既賦予期望與理想以實質的內涵，也使自身的存在獲得了內在的意義。這裏的存在意義之所以呈現內在的性質，首先便在於成己與成物以人與人的世界自身的完成為指向。換言之，它所體現和確認的，是人自身的目的性。

相對於「應當期望什麼」所體現的理想追求，以「應當承擔什麼」為內涵的使命意識，更多地從人的責任、人的義務這一維度表現了對自身存在意義的關切。作為類或社會的規定和要求，責任與義務使人超越了生存之域的有限目的而在社會歷史的層面體現了人之為人的本質。康德曾指出：「作為動物，人屬於世界。然而，作為人，他又屬於具有權利、並相應的具有自由意志的存在。二者在本質上使人區別於所有其他存在。」❹康德所說的世界屬廣義的自然，作為動物，人同時即表現為自然的存在。對康德而言，人超越自然、區別於其他存在的主要之點，便在於人具有權利與自由意志。從實質的意義看，權利的確認以承認人的價值為前提，價值的

---

❹　Kant: *Opus Postumum*, Cambridge University Press, 1993, p.239.

內在形態則涉及目的性：內在的價值即表現為以自身為目的。與之相聯繫，肯定人具有權利，同時意味著將人視為目的性的存在。對人的這一理解，與康德在倫理學上要求把人始終看作目的而非手段，無疑相互一致。與權利相關的是自由意志。在康德那裏，自由意志總是涉及責任和義務，並且與後者難以分離：「自由的概念如何可能？唯有通過義務的規定；義務本身又是一種無條件的命令。」「自由概念基於一種事實：絕對命令。」（"The concept of freedom is founded on a fact: categorical imperative"）❺不難注意到，對康德而言，自由意志的背後，是責任與義務；從邏輯上看，權利與自由意志的這種相關性，與權利與義務的聯繫也具有對應性。總起來，作為人區別於其他存在的內在規定，權利所確認的目的性之維與自由意志所蘊含的責任和義務，同時也從一個方面展現了人之為人的本質。

與康德相近，孟子也曾對人之為人的規定予以相當的關注：「人之所以異於禽獸者幾希，庶民去之，君子存之。」❺使人區別於與動物（禽獸）的主要之點究竟體現在何處？庶民所去、君子所存者到底是什麼？在談到君子的特點時，孟子對此作了進一步的闡釋：「君子所以異於人者，以其存心也。君子以仁存心，以禮存心。」❺對孟子而言，君子作為人的完美存在形態，集中地體現了人之為人的品格，而君子的具體特點，則表現於其「存心」；所謂

---

❺ Ibid., p.232, 238.

❺ 《孟子·離婁下》。

❺ 同上。

「存心」，也就是內在的精神世界，後者又以「仁」、「禮」為其內容。「仁」與「禮」既有德性之意，又表現為「當然」（應當遵循的規範）：作為不同於禽獸者，人都「應當」循仁而「在」、依禮而行，這裏無疑既體現了道德的理想（確立以道德意識為內涵的精神世界），也蘊含著某種道德領域的責任意識（應當循仁依禮，意味著有責任遵循道德規範）。所謂「以仁存心，以禮存心」，也就是確立和維護包含廣義道德理想與道德責任的精神世界，在孟子看來，正是這種內在的精神世界，使人「異於禽獸」而成為真正意義上的人。

廣而言之，以「應當期望什麼」所體現的理想意識與「應當承擔什麼」所內含的使命意識或責任意識為核心，人的境界確乎在觀念的層面體現了人之為人的本質規定。就其體現了人的本質規定而言，這一意義上的境界，也可以理解為人性境界。在人性境界的視域中，人自身的存在意義既成為關注之點，也得到了不同方面的呈現。從理想之維看，以成己與成物為指向，人在確認自身即目的以及確立存在方向的同時，也賦予自身的存在以內在意義；從使命之維看，通過承擔責任與義務，人既超越了有限的生存目的，也使自身不同於其他存在的本質規定得到展現，後者進一步從存在形態和存在方式上展示了人的存在意義。人性境界的以上二個方面本身並非彼此分離，在張載那裏，「為天地立心，為生民立道，為去聖繼絕學，為萬世開太平」便同時具有人的理想與人的使命雙重涵義。從更廣的層面看，自我通過多方面的發展而走向自由之境（成己）與化本然的存在為合乎人性發展的世界（成物），同樣既是人所追求的理想，又表現為人難以迴避的歷史使命。

以人之為人的本質規定為關切之點，人性境界同時在二重意義

上體現了存在的自覺：就何物存在而言，它意味著確認人不同於自然的存在，後者相應於人禽之別；就為何而「在」而言，它意味著以成己與成物為存在的內在指向，後者蘊含著對人自身存在意義的深沉體認。人性境界的以上內涵，既展現了精神世界的深沉性，也表現了其超乎個體的普遍品格。當然，作為觀念形態的意義世界，精神世界同時又總是包含個性的差異，呈現多樣的形式，但從其實質的方面看，人性境界的普遍內涵與精神世界的個性差異及多樣形態之間並非互不相容，對人性境界普遍規定的認同，也並不意味著消解精神世界的個體性與多樣性。事實上，作為人性境界具體指向的成己與成物，便蘊含著人自身多方面發展的要求，而所謂多方面發展，便包括揚棄精神形態的單一性和無差別性，形成具有個性特點、多樣趨向的精神世界。

四、人性境界與人性能力

就其現實形態而言，精神世界無法離開成己與成物的過程。這不僅在於精神世界以成己與成物為指向，而且表現在它本身形成於成己與成物的過程。從成己與成物的維度看，廣義的精神世界既包含人性境界，又涉及人性能力。如果說，前者（人性境界）通過指向成己與成物而確認了人自身存在的意義，那麼，後者（人性能力）則從一個方面為成己與成物提供了所以可能的條件。

如前文所論，人性境界首先以理想意識與使命（義務）意識展示了精神世界的人性內涵。相對於此，人性能力更多地表現為認識世界與認識自我、變革世界與變革自我的現實力量。作為成己與成

物所以可能的條件，人性能力既不同於抽象的邏輯形式，也有別於單純的意識或心理功能。以感性與理性、理性與非理性等統一為形式，人性能力呈現綜合的性質和具體的形態，並內在地作用於人的知、行過程，知、行過程所達到的深度與廣度，總是相應於人的不同能力。就其不同於外在的手段而體現了人的本質力量、不同於抽象的邏輯形式而融合於人的存在過程並與人同「在」而言，它無疑具有人性的內涵。❸

　　然而，儘管人性能力內在地展現了人的本質力量，但這並不意味著其存在與現實作用必然合乎人性發展的方向。正如在一定的歷史時期，勞動的異化往往導致人本身的異化一樣，人性能力也包含著異化為外在手段和工具的可能。近代以來，隨著科學的凱歌行進，以科學技術為主導的視域，浸浸然滲入社會的各個層面。在科學的領域，自然及其他存在首先被作為對象來處理。當科學取得較為成熟的近代和現代形態時，這一特點表現得更為明顯。海德格爾曾對現代的技術作了分析，並認為可以用座架（Gestell）來表示這種技術的本質：「座架（Ge-stell）意味著對那種擺置（Stellen）的聚集，這種擺置擺置著人，也即促逼著人，使人以訂造方式把現實當作持存物來解蔽。」❹座架具有限定、凝固的意義，它把人與自然的關係限定和凝固在認識與被認識、作用與被作用等關係中，而自然（即廣義的存在）則由此成為一種可計算的對象。科學與技術當然

---

❸　參見本書第二章。

❹　海德格爾：《技術的追問》，《海德格爾選集》（上海：上海三聯書店，1996年），頁938。

有所不同，但二者並非彼此懸隔，技術將存在對象化的趨向，也從一個方面折射了科學思維的對象性特點。事實上，海德格爾在揭示技術將自然對象化的同時，也指出了科學的同一特徵：「理論將現實之物的區域確定為各種對象領域。對置性的領域特徵表現為：它事先標畫出提問的可能性。任何一個在科學領域內出現的新現象都受到加工，直到它可以合適地被納入到理論的關鍵性的對象聯繫之中。」❺❺與對象化的思維趨向相聯繫，科學更側重於對世界單向的發問與構造，後者往往導向對人自身存在意義的淡忘。就人的存在而言，科學本身當然並不僅僅表現為負面的形態，事實上，科學在敞開世界的同時，也為成己與成物的過程提供了更廣的空間。然而，當對象化的思維趨向引向對人自身的理解時，人是目的這一價值原則往往會變得模糊，而人本身也容易在被對象化的同時面臨物化之虞。與之相聯繫的，則是人性能力的工具化趨向：當人本身漸趨物化時，人的能力也將逐漸失去作為成己與成物內在根據的意義，而僅僅被視為指向科學對象或達到某種科學或技術目標的工具和手段。

廣而言之，在社會之中尚存在「人的依賴關係」與「物的依賴性」的歷史條件下❺❻，與人性發展方向相異的外在名、利往往成為追求的對象，較之走向自由這一內在價值目標，這種名和利本質上表現為人的「身外之物」。莊子便曾對「物」與「性」作了區分，

---

❺❺　海德格爾：《科學與沉思》，同上，頁 967。
❺❻　參見馬克思：《1857-1858 經濟學手稿》，《馬克思恩格斯全集》，第 30 卷（北京：人民出版社，1995 年），頁 107-108。

並批評「天下莫不以物易其性矣。小人則以身殉利，士則以身殉名。」❺❼這裏的「性」是指人之為人的內在規定，與之相對的「物」則是外在於人的對象，所謂「名」、「利」都屬此類。「以物易性」，意味著以外在之物的追逐，取代對人內在規定與存在意義的關切。一旦人的能力主要被用於獲取這些「身外之物」，則人性能力本身也必然將異化為外在的工具和手段。

避免人性能力的工具化和手段化，既涉及社會歷史的層面，也關乎觀念之維。在社會歷史的層面，它意味著揚棄勞動的異化和人的異化、超越「人的依賴關係」與「物的依賴性」、從價值導向與實踐過程等方面抑制科學與技術的僭越，等等；就內在的觀念和精神領域而言，則應當對人性境界予以必要的關注。如前所述，作為精神世界的具體形態，人性境界的深層內蘊體現於對何物存在（人禽之別）與為何而在（人生目的）的關切，後者所涉及的也就是人之為人的本質規定以及人自身的存在意義。從「人之所以異於禽獸者幾希，庶民去之，君子存之」到「為天地立心，為生民立道，為去聖繼絕學，為萬世開太平」，人性境界既確認了人不同於其他存在的本質規定，又從人是目的這一維度肯定了存在的意義。以此為內涵，人性境界同時也從精神世界的內在方面規定了人性能力的價值方向，並引導其在成己成物的過程中展現人自身的本質力量，以避免異化為外在的手段和工具。

從另一方面看，人性境界固然包含價值的內涵，但如果離開了人性能力及其在知、行過程中的具體展現，僅僅停留於觀念性的層

---

❺❼　《莊子・駢拇》。

面，則容易使精神世界流於抽象、玄虛、空泛的精神受用或精神承諾。歷史地看，以心性之學為主要關注之點的理學在某種程度上便表現出以上傾向。理學中的一些人物固然也談到成己與成物，但往往將後者限定於德性涵養等倫理之域，與之相聯繫的人性能力，也主要囿於以倫理世界為指向的德性之知，而未能展現人的全部本質力量。以此為價值立場，人性境界每每呈現思辨化、玄虛化的形態。前文提到的「為天地立心」等等誠然體現了宏闊的精神旨趣和追求，但當這種旨趣和追求脫離了現實的歷史實踐過程時，便常常顯得蒼白、空泛。黃宗羲曾批評理學末流疏離經緯天地的現實活動，「徒以生民立極、天地立心、萬世開太平之闊論鈐束天下。一旦有大夫之憂，當報國之日，則蒙然張口，如坐雲霧。」❺❽這種評論並非毫無所據。理學一再以所謂醇儒為理想的人格，這種人格往往主要以精神世界中的窮理去欲為指向，人的多方面發展及變革現實世界的過程則難以進入其視域。在這種抽象的世界中，境界往往被理解為個體的精神「受用」。晚明心學的一些人物將心體與「歸寂」聯繫起來，便十分典型地表現了這一點。他們視內在心體為寂然之體，認為一旦達到了這種寂然的本原，便可進入「精義入神」之境：「充養乎虛靈之寂體而不以一毫意欲自蔽，是謂精義入神而用在其中也。」❺❾「充養乎虛靈之寂體」在此意味著形成內在的精神境界，所謂「用」，則主要表現為抽象的精神受用，它隔絕於現

---

❺❽　黃宗羲：〈贈編修弁玉吳君墓誌銘〉，《黃宗羲全集》，第十冊（杭州：浙江古籍出版社，1992 年），頁 421。

❺❾　聶豹：〈答陳明水〉，《雙江聶先生文集》卷十一。

實的認識和實踐過程之外，僅僅以反身向內的心性涵養和思辨體驗為其內容。不難注意到，離開廣義的人性能力及其現實的作用過程、僅僅在德性之域展開意義的追尋，人性境界便很難避免封閉、玄虛的走向。

類似的趨向也內在於海德格爾對人的理解。就哲學的層面而言，海德格爾對近代科學技術的發展之勢的質疑，與他對傳統形而上學的批評相聯繫。如所周知，在海德格爾看來，傳統形而上學的偏向在於僅僅關注存在者，而遺忘了存在。海德格爾所理解的存在，首先以人之「在」為實質的內涵，對人之「在」的這種關注，無疑蘊含著對人的存在意義的關切。事實上，責難科學技術的對象化趨向與批評存在的遺忘，在理論上確乎彼此呼應，二者都以存在意義的自我確認為前提。然而，海德格爾對存在意義的追尋，同時又以本真之我為主要指向。對他而言，個體在被拋擲於世之後，便難以避免與他人的共在，這種共在過程既使人不斷領略煩、畏等生存境遇與體驗，又使人沉淪於常人，失去本真之「我」。唯有在向死而在的過程中，通過對先行而至的死的體驗，人才能真正意識到自身的個體性、一次性、不可重複性，從而回歸本真之我，實現人生的意義。對人的存在及其意義的以上理解不僅未超出個體的生存之域，而且主要限於個體的精神體驗。在這種精神性的生存體驗中，廣義的人性能力及其現實作用，同樣被置於存在過程之外。上述思維路向在某種意義上相應於對近代科學技術的責難：質疑科學技術在邏輯上往往導向疏離其中所蘊含的廣義人性能力；而它所體現的抽象性、思辨性，則又與心性之學呈現相近之處。

可以看到，就觀念或精神的領域而言，人性能力離開了人性境

界，便往往缺乏內在的價值承諾和理想的引導，從而容易趨向於工具化和與手段化；另一方面，精神境界離開了人性能力及其現實的歷史作用過程，則每每導向抽象化與玄虛化。從成己與成物的視域看，人性境界與人性能力既形成於認識世界與認識自我、變革世界與變革自我的過程，又從不同方面指向這一過程並構成了其展開的內在根據。在以上的歷史互動過程中，人性境界與人性能力本身也不斷獲得統一的形態。以人性境界與人性能力的如上統一為前提，一方面，通過人是目的這一本質規定的突顯，人性能力揚棄了外在的形態，展示出內在的價值意義；另一方面，在融入於成己與成物的現實創造活動過程中，精神境界超越了抽象、玄虛、空泛的精神受用或精神認同。就人的存在而言，如果說，人性境界的形成，使人首先表現為價值目的意義上的德性主體，那麼，人性能力的發展，則使人更多地呈現為價值創造意義上的實踐主體，而自由的人格則以二者的具體融合為歷史內涵。作為人性能力與人性境界統一的具體形態，這種自由人格同時又從人自身存在這一向度，進一步賦予意義世界以深沉的價值內涵。

第五章　意義與實在

在成己與成物的過程中，意義不僅通過認識和評價活動而體現於觀念的層面，而且又基於實踐過程而外化於現實的存在領域或實在的世界。作為意義的外化或現實化，這種形成於知、行過程的存在領域同時可以視為意義世界的現實形態或外在形態。後者既涵蓋「人之天」或廣義的為我之物，也以生活世界與社會實在為其現實內容。

一、化「天之天」為「人之天」

作為現實存在的意義世界首先相對於本然的存在而言。本然的存在尚未進入人的知、行之域，其意義亦未向人敞開；意義世界則已打上了人的印記，表現為不同層面的為我之物。以中國哲學的概念來表述，本然之物也就是所謂「天之天」，作為外在於知、行領域、尚未與人發生實際聯繫的存在形態，它既未在觀念之維構成有意義的對象，也沒有在實踐之域獲得現實的意義。抽象地看，人與本然世界都屬「存在」，從而並非絕對分離，但當本然世界尚處於知、行領域之外時，二者更多地以相分而非相合的形式呈現。

揚棄本然世界與人的彼此分離，以人變革世界的活動為其前

提。本然的存在不會主動地適應人，也不會自發地滿足人的需要。即使在人類早期的採集與漁獵時代，人的存在也並非被動地依賴自然的賜予，事實上，採集與漁獵本身也屬於廣義的生產勞動。正是基於這種實踐活動，人一方面走出了自然，另一方面又走向自然。後者（走向自然）既意味著在認識論的層面不斷敞開存在，也意味著在本體論的層面化本然存在為人的世界。通過面向與變革自然，人在給本然世界打上自己印記的同時，也使之合乎人自身的不同需要，從而賦予它以多方面的意義。

以人對本然形態的敞開與變革為前提，存在首先呈現了現實性的品格。如前所述，從人與存在的關係看，需要對「現實」與「實在」作一區分：本然的存在無疑具有實在性，但對人而言，它卻不一定具有現實性的品格。這裏的現實性，是指進入知與行的領域，成為認識與實踐的對象，從而獲得實際的意義。❶在認識之光尚未照射其上時，本然之物往往昧而不明，所謂「天不生仲尼，萬古如長夜」，便隱喻了這一點，當然，此所謂「仲尼」，應更確切地理解為作為類的人；同樣，當本然之物還處於實踐領域之外時，其存在形態與具體規定都無從呈現。如果說，人自身是在「贊天地之化

---

❶ 胡塞爾曾從邏輯的視域，對「現實的」一詞作了如下界說：「『現實的』這個謂詞並不規定對象，而是說明了：我沒有進行想像，我沒有進行類比的經驗活動、類比的擺明活動和類比的謂詞表述活動，並且談的不是假想物，而是經驗上被給予的對象。」（《經驗與判斷》，北京：生活·讀書·新知三聯書店，1999 年，頁 351）就其將「現實」與人的經驗活動聯繫起來、並使之區別於一般的對象性規定而言，以上理解似乎也從一個方面注意到了「現實性」的內在涵義。當然，對現實性與更廣意義上的人化實在之關聯，胡塞爾則缺乏充分的關注。

育」、參與現實世界的形成過程中確證其本質力量，那麼，本然世界則是通過融入人的知、行過程而呈現其現實的品格，事實上，二者具有內在的一致性和統一性。❷正是以二者的這種統一為前提，馬克思將對象的現實性與人的本質力量的對象化聯繫起來：「隨著對象性的現實在社會中對人來說到處成為人的本質力量的現實，成為人的現實，因而成為人自己的本質力量的現實，一切對象對他說來也就成為他自身的對象化，成為確證和實現他的個性的對象，成為他的對象，而這就是說，對象成了他自身。」❸不難看到，對象獲得現實性品格，與對象取得人化形態（對象成為人自身的對象化）呈現為同一過程的兩個方面；這一過程既通過人的本質力量的對象化而表現了人的獨特存在方式，也改變了對象世界的存在形態：「天之天」（本然之在）在化而為「人之天」（為我之在）之後，同時與人的存在過程形成實質的聯繫，並由此獲得了現實的規定。

　　相應於現實性的向度，存在同時呈現「真」的品格。這裏所說的「真」，既是指認識論意義上對存在的如實把握，也是指本體論意義上的實在性。在本然的形態下，存在固然為「有」，但對人而言，這種「有」尚未經確證，從而雖「有」而若「無」。然而，在知與行的過程中，存在則展示為得到確證的「有」，其真切實在性

---

❷　海德格爾曾認為：「存在（或存在之展現）需要人。」（*Martin Heidegger and National Socialism: Questions and Answers*, Edited by Gunter Neske and Emil Kettering New York: Paragon House, 1990, p.82）更確切地說法也許是：存在取得現實形態離不開人。

❸　馬克思：《1844 年經濟學哲學手稿》（北京：人民出版社，1985 年），頁82。

也由此得到了具體的呈現，這種真切實在性，從本原的層面體現了世界之「真」。以實在性為內容的這種「真」，又進一步構成了達到認識之「真」的本體論前提。

人化世界對存在之「真」的確證，與人對本然對象的變革具有一致性。知、行過程不僅僅敞開了世界，而且以改變世界為指向。歷史地看，從基本的生存過程（生命的維持），到社會、文化層面的發展，人的存在總是面臨多方面的需要。然而，如前所述，世界不會主動地適應人，也不會自發地滿足人的需要，唯有通過以不同的方式作用於世界，本然的對象才能獲得「為我」的性質。事實上，化本然存在為人化存在的實質指向，就在於使本然意義上的世界成為合乎人需要的「為我」之物。「可欲之謂善」，❹從更本原的層面看，這裏的「可欲」可以理解為合乎人的需要；當本然的存在通過人的作用過程而與人的需要一致時，它無疑也呈現了「善」的價值意義。

人化世界除了在人的生存等方面展示其價值意義外，還與人的審美活動相聯繫。作為尚未進入知行過程的存在，本然之物總是同時處於美的領域之外，尚未呈現美的意義。莊子認為「天地有大美而不言」❺，其中的「天地」已非純粹的本然之物，而是與人形成了某種聯繫：所謂「大美」也就是有別於人化形態的自然之美，這種美固然不同於人刻意所為之美，但其審美的意義仍相對於人而言。事實上，天地之美之所以為「大」，乃是因為它合乎莊子的審

---

❹　《孟子·盡心下》。
❺　《莊子·知北遊》。

美標準。正是在審美活動的展開與審美意識的萌生中，美的意義才得到呈現，而這一過程又以本然之物向為我之物的轉換為前提和背景。

可以看到，作為意義世界的外在形態，人化的存在或為我之物首先表現為對存在的本然形態之揚棄，正是在從「天之天」走向「人之天」的過程中，世界由抽象的「有」或「在」（being）呈現具體的現實品格。以現實性品格的形成為前提，本然的實在開始化為人的世界，後者（人的世界）也就是真正對人具有實際意義的存在。存在的這種現實性，並不僅僅表現為空洞的形式，而是自始便與人的多方面需要相聯繫，並以真、善、美等價值意義為其實質的內涵。質言之，化本然之物為為我之物意味著在對象世界之上打上人的印記，而它的深沉涵義，則是賦予本然存在以價值的意義。

存在的現實性品格與價值意義形成於人的知、行過程，從根本上說，正是通過人敞開與變革世界的活動，「天之天」逐漸擺脫本然的性質，取得人化的形式。從對象的人化這一維度看，人的活動最本源的形態是勞動。勞動既是人與自然聯繫的直接仲介，又是人作用於世界的基本方式。從早期的漁獵、採集，到現代高科技領域的生產活動，勞動改變了世界，也改變了人自身。通過「人和自然之間的物質變換」❻，勞動不僅在狹義的經濟學層面創造了價值，而且在更廣的維度、更深的層面賦予世界以價值等意義。以勞動為本源形式的人類活動，同時內在地體現了人的創造性和人的本質力量，事實上，賦予對象以價值意義的過程，同時也是人的創造性和

---

❻　馬克思：《資本論》第 1 卷（北京：人民出版社，2004 年），頁 207-208。

人的本質力量對象化的過程，人的這種創造性和本質力量本身可以視為意義之源。作為凝結了人的創造性和本質力量的現實存在形態，人化世界的深層意義，同時表現為對人的創造性和本質力量的歷史確證。❼

　　作為人化世界的意義之源，人的創造性和人的本質力量首先以人性能力為其表現形式。前文已論及，人性能力與人的知、行活動之間存在互動的關係，人性能力的形成與發展以知、行活動的歷史展開為背景，知、行活動本身又離不開一定歷史階段所達到的人性能力，二者統一於敞開和變革世界的現實過程。作為知、行活動的前提，人性能力同時構成了意義世界所以可能的內在條件。人對世界的認識與變革總是既基於一定的歷史背景，又相應於人性能力的不同發展形態，本然之物的人化程度，也與人性能力的發展程度具有一致性。從類的歷史發展看，當人超越了對外部世界本能性的適應而形成改變世界的最初能力時，真正意義上的屬人的世界便開始誕生。人類的漁獵不同於動物叢林中的弱肉強食之處，首先在於它以人對世界的認識和理解為前提，而後者又基於並具體地融合於人性能力。與人性能力的發展相聯繫，人改變世界的深度和廣度，也不斷地發生變化。

　　從「天之天」走向「人之天」，同時又源於人的不同理想。與

---

❼　波蘭尼在談到意義時，曾認為：任何類型意義的獲得，都應視為對實在本身的概括（epitome）（參見 Michael Polanyi and Harry Prosch: *Meaning*, The University of Chicago Press, 1976, p.182），如本書第一章所論，這種看法似乎多少將意義視為實在本身的規定，而對意義與人的創造活動的聯繫不免有所忽視。

人性能力相近，理想本身形成於敞開和變革世界的過程，它既體現了人的目的和要求，也以現實世界提供的可能為根據；作為尚未達到而希望達到的目標，理想具有「當然」的性質，它在形成之後，總是引導和制約著知與行的過程，從而呈現規範的功能。以世界的變革和價值的創造為指向，化本然之物為為我之物的過程，同時表現為化理想為現實的過程，意義世界則是以上過程的歷史產物。

前文已論及，人性能力的作用往往通過意識過程、心理定勢等等得到體現，就此而言，它與中國哲學所說的「心」有著更切近的關係；理想則既作為目標賦予人的知與行以方向性，又通過化為具體的規劃、藍圖而引導、規範著這一過程，從而近於「當然」意義上的「理」；與以上二者相對，本然世界可以視為廣義的「物」。在知、行過程的歷史展開中，心、物、理交互作用，推動著本然之物向為我之物的轉換。為我之物可以看作是意義世界的現實形態，在這一意義上，心、物、理之間基於實踐的互動，同時也構成了意義世界形成的前提。

作為意義世界的外在形式，為我之物無疑是對本然之物的超越，但二者的區分並不具有絕對的性質。本然之物誠然尚未向人敞開，但尚未敞開並不意味著永遠自我封閉，從本體論上看，本然之物總是包含著向為我之物轉換的可能，它在某種意義上可以視為潛在的為我之物。另一方面，為我之物作為進入知、行領域的存在，固然已揚棄了本然的形態，但對它的敞開與變革，並不意味著改變其實在性。在獲得現實形態與價值意義的同時，為我之物的物理、化學等屬性仍有不依賴於人的意識及其活動的一面，這種不依賴人的規定，顯然包含著某種「自在」性。與之相應，自在之物與為我

之物之間不存在無法逾越的鴻溝，二者之間的界限具有可變動性。在知、行過程的歷史展開中，人化的領域總是不斷向本然的領域擴展。自在之物與為我之物的以上聯繫，同時表現為二者之間的連續性。黑格爾曾認為，自然「預示著精神」。❽在黑格爾那裏，自然既表現為絕對理念的外化，又構成了從絕對理念向精神發展的仲介，這種邏輯的推繹無疑具有抽象性和思辨性，但如果將精神與人的存在及為我之域聯繫起來，則所謂自然預示著精神，似乎也包含天與人、自在與為我之間具有連續性之意。歷史地看，人作為意義主體，其存在本身以本然世界之「在」為本體論的前提，這一事實既決定了人在走出自然的同時難以割斷與自然的聯繫，也規定了為我之域與自在之域無法截然相分。

從哲學史上看，對意義世界所涉及的為我之物與自在之物之間的如上關係，往往存在不同的理解。這裏首先值得注意的是康德的思路。如所周知，康德區分了現象與物自體，前者（現象）與人的感性直觀相聯繫，從而具有「為我」的性質，後者（物自體）則有其複雜性。就其在現象之外而言，物自體表現出自在的性質；但另一方面，它又在認識領域被理解為感性現象之源，在實踐領域被預設為道德實踐的形上根據，就此而言，它無疑又具有「為我」的一面。從以上方面看，康德似乎注意到了自在與為我之間的聯繫。然而，康德同時又強調現象雖以物自體為源，但卻不同於物自體的真實形態，在此意義上，它在實質上被僅僅或主要規定為「為我」之物；物自體雖為現象之源，但它本身卻被規定為人永遠無法達到的

---

❽　黑格爾：《自然哲學》（北京：商務印書館，1980 年），頁 4。

對象，從而在實質上以「自在」性為全部存在品格。現象與物自體之間的如上界限，同時也使存在的「自在」之維與「為我」之維彼此分離。

相對於康德哲學的二重性，另一些哲學家更多地強調了人化世界的「為我」性質。在這方面，王陽明的心學似乎具有某種代表性。前文曾提及，在心物關係上，王陽明提出了一個著名命題，即「意之所在便是物」。❾此處之物不同於本然的存在，本然的存在總是外在於人的意識（未為主體所作用），作為「意之所在」的物，則是已為意識所作用並進入意識之域的存在。「意之所在即為物」，並不是意識在外部時空中構造一個物理世界，而是通過心體的外化（意向活動）賦予存在以某種意義，並由此建構主體的意義世界。王陽明注意到了意義世界的建構總是離不開人的作用，但由此又斷言「無心外之物」❿，顯然對這一世界的自在之維未能給予必要的承諾。

類似的傾向也存在於實用主義之中。實用主義的基本特點之一，在於從價值意義等方面理解存在。這種看法無疑有見於現實的存在不能略去價值規定，從某種意義上說，實用主義學說在本體論上的意義，首先便在於以強化的形式，突出了事物的現實形態難以隔絕於其價值意義。然而，在肯定具體事物包含價值規定的同時，實用主義往往由確認事物與人的聯繫（事物的人化之維）而弱化乃至

---

❾　王陽明：《傳習錄上》，《王陽明全集》（上海：上海古籍出版社，1992年），頁6。

❿　同上。

忽視事物的自在性或獨立性；詹姆士的如下論點，便表明了這一點：「如果說人的思維以外還有任何『獨立』的實在，這種實在是很難找到的。」「這種所謂實在，絕對是啞的，虛幻的，不過是我們想像的極限。」⓫不難看到，在實用主義那裏，意義世界的「為我」之維與事物的自在性似乎呈現互不相容的關係；這種看法顯然難以真正達到存在的現實形態。⓬

在現代哲學中，上述觀念一再以不同的形式出現。海德格爾提出了所謂基礎本體論（fundamental ontology），以此為其他一切存在理論的本源。⓭基礎本體論所指向的，主要是此在（Da-sein）；與始基、大全等不同，此在首先是人自身的存在。在海德格爾看來，存在的敞開，以人自身存在的澄明為前提，作為人的存在形態，此在為自身的存在而存在著，並以對存在的理解為自身的規定。⓮通過對此在之「在」世過程的分析，海德格爾試圖克服傳統形而上學對存在的遺忘。所謂存在的遺忘，既是指忽略人自身存在的歷史過

⓫　詹姆士：《實用主義》（北京：商務印書館，1979 年），頁 127。

⓬　哈貝馬斯曾提出如下問題：「超越實用主義轉向去捍衛一種實在論的立場如何可能？」（《對話倫理與真理問題》，北京：中國人民大學出版社，2005 年，頁 47）相對於傳統的實在論之注重存在的自在性，實用主義強調存在的「為我」之維，似乎也可以視為一種「轉向」，而超越這種轉向以「捍衛實在論」，則意味著既肯定存在的「為我」之維，也確認存在的自在性。儘管哈貝馬斯所關切的主要並不是如何理解存在的問題，但從引申的意義上看，以上觀念似乎也涉及了如何統一存在的「為我」性與自在性的問題。

⓭　Heidegger: *Being and Time*, State University of New York Press, 1996, p.11，參見海德格爾：《存在與時間》（北京：三聯書店，1987 年），頁 17。

⓮　Ibid., p.10.

程，也意味著離開人自身之「在」而對存在作超驗的思辨。海德格爾的以上看法注意到了存在的問題本質上與人自身的存在境域相聯繫，相對於傳統形而上學以始基的還原、終極存在的求索等方式來規定存在，海德格爾的基礎本體論無疑表現了不同的進路。然而，在肯定存在意義的呈現無法離開人自身之「在」的同時，海德格爾似乎不適當地強化了世界的「為我」性質：他試圖將意義世界的整個大廈建立於「此在」之上，而「此在」又主要被理解為與煩、畏等精神感受相聯繫的意識主體，這就或多或少將意義之域限定於個體性的體驗。對意義世界的如上規定，顯然未能使存在的自在性得到具體落實。與之具有類似傾向的是雅斯貝爾斯。作為存在主義者，雅斯貝爾斯同樣賦予存在的問題以優先的地位，然而，在他那裏，存在往往被等同於意識，從其如下斷論中，便不難看到這一點：「分析存在也就是分析意識。」❶儘管這裏所說的存在首先與人之「在」相聯繫，但對雅斯貝爾斯而言，世界的意義乃是由人賦予，與之相應，在存在的意識化之後，同時蘊含著意義世界的意識化。

　　當代的分析哲學儘管在哲學形態上與海德格爾及雅斯貝爾斯的思辨哲學存在種種差異，但其中一些人物對世界的理解卻與之不乏相近之處。與早期實證主義完全拒斥形而上學有所不同，分析哲學在其後來的發展中，也開始逐漸關注存在問題。以古德曼（Goodman）而言，在討論世界的存在等問題時，古德曼提出了「何

---

❶ "To analyze existence is to analyze consciousness", K. Jaspers: *Philosophy*, Vol.I, Translated by E.B. Ashton, The University of Chicago Press, 1969, p.49.

物存在」（what there is）的問題，而這一問題又與「何物為我們所製造」（what we make）聯繫在一起。⓰在他看來，世界是由人製造的，人「通過製作不同的版本（versions）而製造世界」。⓱這種製造並不表現為以實踐的方式變革對象，而是與意識和符號活動相聯繫，用古德曼自己的話來說，也就是：「我們不是用手，而是用心，或更確切地表達，用語言或另一些符號系統來製造世界。」⓲不難看到，這一論域中的製造，無非是通過人的意識或符號活動以構造意義世界，由此形成的世界或存在形態，則相應地僅僅表現為「為我」之在。

與以上趨向相對，樸素的實在論將關注之點更多地指向了世界的自在之維。以中國哲學而言，王充的看法在這方面具有某種代表性。在天人關係上，王充以自然立論，所謂「自然」，在其哲學系統中又與人為相對而隱含自在、本然等義。按王充的理解，天地有其自身的運行法則，人的作用對這一過程並不能產生實質的影響：「天地合氣，物偶自生矣。夫耕耘播種，故為之也，及其成與不熟，偶自然也。」⓳耕耘播種本是人作用和改變自然的方式，其內在的指向則是使本然之物合乎人的需要（為人提供生存所需的資源），後者同時意味著賦予對象以「為我」（人）的性質。然而，在王充看來，作物成熟與否，主要並不取決於「故為之」的耕耘播種，而

⓰　Nelson Goodman: *Of Mind and Other Matters*, Harvard University Press, 1984, p.29.

⓱　Ibid., p.34.

⓲　Ibid., p.42.

⓳　王充：《論衡·物勢》。

是表現為自然的過程，在此意義上，無論其成熟或不成熟，都依然具有本然和自在的性質。相對於人的活動，對象的自在變化總是具有更本源的性質：「夫天道自然，自然無為，二令參偶，遭適逢會，人事始作，天氣已有。」❷⓪在人的作用之前，自然早已按自己的方式在運行。換言之，人的活動，並沒有真正在本然對象之上打上自己的印記；世界即使進入人的知、行之域，也缺乏「為我」的性質。同樣，人自身的存在境域，也主要表現為一個自在的過程：「人生性命，當富貴者，初稟自然之氣，養育長大，富貴之命效矣。」❷①「自然之氣」即本然或自在規定，依此，則人的各種後天境遇，都不外乎自在規定的展開，就此而言，人本身也主要呈現自在的性質。

以上諸種看法，從不同的方面表現了對意義世界的自在之維與為我之維的單向度理解。對以上偏向的揚棄，既以肯定意義世界的雙重性（為我品格與自在規定）為前提，又涉及人對世界的不同態度。在人與世界的關係上，黑格爾曾區分了對待自然的實踐態度與理論態度。「人以實踐態度對待自然，這時自然是作為一種直接和外在的東西。」❷②把自然理解為外在的東西，決定了「對自然的實踐態度」，「是為我們的利益而利用自然，砍伐它，消磨它，一句話，毀滅它。」❷③就自在與為我的關係而言，實踐的態度主要表現為讓對象為「我」（人）所用，亦即揚棄對象的本然性，賦予其「為

---

❷⓪　王充：《論衡·寒溫》。

❷①　王充：《論衡·初稟》。

❷②　黑格爾：《自然哲學》（北京：商務印書館，1980年），頁6。

❷③　同上。

我」的性質。與之相異，對待自然的理論態度，則「首先是我們退出自然事物，讓它們如實存在，並使我們以它們為轉移」❷。一般而言，在以理論的方式把握對象時，固然也有「以人觀之」的一面，但認識過程在從人的視域出發的同時，總是需要不斷克服這種視域所帶來的限定，以如其所是地再現對象。如果說，以人觀之或人的視域表現了理論關係中對象的「為我」之維，那麼，「讓它們如實存在」則隱含著對其自在性的確認。

較之實踐態度對事物本然性的揚棄，理論態度更多地表現為對人所賦予的「為我」之維的揚棄。在引申的意義上，我們似乎可以對實踐關係中的存在形態與理論關係中的存在形態作一區分，儘管二者都涉及自在與為我的關係，但其側重與趨向又確乎有所不同。以自在與為我的統一為指向，意義世界在某種意義上表現為實踐關係中的存在形態與理論關係中的存在形態的統一。❷

---

❷ 同上，頁 9。在《精神哲學》中，黑格爾進一步區分了「理論精神」與「實踐精神」，認為理論精神的特點是「不把客體當作主觀的」，而實踐精神則「從自己的目的和興趣」開始。（參見黑格爾：《精神哲學》，北京：人民出版社，2006 年，頁 245）這一看法與理論態度與實踐態度之分無疑有相通之處。

❷ 塞爾在談到意向活動時，曾從適應方向（direction of fit）的角度，區分了心物關係的不同形式，其中值得注意的是以下二種，即心適應世界（mind-to-world）與世界適應心（world-to-mind）。在具有命題內容的意向或意識中，往往涉及心（意向或意識）對世界的適應問題，如在觀察外部對象時所形成的「天下雨」這一類意識或觀念，其真實與否便取決於它是否適應（合乎）外部世界的實際狀況；而以欲望、欲求為內容的意向或意識，則更直接地涉及世界是否適應心（意向或意識）的問題，如「我想喝水」，這一意向或意識便主要關乎世界能否提供水以滿足相關個體的欲求（參見 J. Searle: *Mind-A*

　　作為現實的存在形態，意義世界在受實踐的態度與理論的態度制約的同時，又關聯多重具體因素和關係。如果借用亞里士多德的四因說，便不難注意到，意義世界的形成過程既涉及形式因與質料因，又關乎目的因與動力因。此所謂形式因，可引申為廣義的概念、理論形態，包括說明世界與變革世界的理論構架、系統以及由此引出的規劃、方案，等等；質料因亦即被作用的物或對象世界；目的因在寬泛意義上表現為多樣形態的理想；動力因則可具體地理解為人的實踐活動。以本然之在的人化為指向，世界的敞開與變革表現為同一過程的二個方面。從觀念的層面看，世界的敞開更多地以說明、理解為形式，後者往往體現於不同的概念、理論系統之中；對世界的這種說明既基於實踐過程，又構成了進一步變革世界的前提。作為自在與為我的統一，意義世界並非「無」中生「有」，它在實質上呈現為被作用、被改造的對象世界，離開了質料因（物或對象世界），意義世界便僅僅是抽象的觀念圖景。同時，化「天之天」為「人之天」又具體展開為化理想為現實的過程，體現人的目的及現實可能的理想，對本然世界的人化過程具有內在的引導作用。如果說，說明世界的概念形態首先以「必然」之理為其內涵，那麼，人的理想則更多地涉及「當然」之理，二者既相互聯繫，又從不同的方面規範著變革世界的過程。就其現實性而言，對世界的作用和變革，總是離不開人的實踐活動：無論是從說明世界

Brief Introduction, Oxford University Press, 2004, pp.117-122）。如果說，這裏的心適應世界（mind-to-world）與理論態度具有某種聯繫，那麼，世界適應心（world-to-mind）則在引申的意義上涉及實踐的態度。

轉換為變革世界，抑或化理想為現實，都以人的實踐活動為現實動力。

這裏值得特別注意的是，就意義世界的生成而言，實踐活動不僅構成了狹義上的動力因，而且在總體上展現了本原的性質和綜合的功能。後者（本原性與綜合性）首先表現在，實踐不僅使對象世界（質料）與廣義的概念系統（形式）的溝通成為可能，而且揚棄了二者聯繫的偶然性。從單純的質料層面看，人化的形式對質料具有某種偶然性，例如，「桌子」這種形式，並不是「木」這一類質料的必然規定；「木」可以被製作為「桌子」，也可以取得其他形式（如被製作為門、窗）或成為其他的形態（如為山火所焚或自然腐爛等等）。然而，通過人的實踐活動，「木」與「桌子」之間則開始建立起內在的聯繫：在以「桌子」這一形式為指向的木材加工過程中，「木」與「桌」之間的關係已不再僅僅是偶然的。同時，人的實踐活動也將人的理想（目的）與人的作用過程（狹義的動力）聯繫起來：正是以實踐過程為仲介，目的超越了觀念領域，融入了變革對象的現實過程。可以看到，人的實踐既構成了意義世界形成的內在動力，又在更深沉的意義上為形式因與質料因、目的因與動力因的統一提供了內在前提。

在哲學史上，以理性或共相為主要關注之點的哲學家，往往傾向於強化概念形式（形式因），忽視或遺忘了現實的對象世界（質料因）。柏拉圖將理念規定為真實的存在，對他而言，理念世界也就是真正有意義的世界。然而，在肯定理念真實性的同時，柏拉圖又將其隔絕於對象世界之外，並視對象世界為理念的摹本。這一視域中的理念世界，顯然僅僅表現為抽象的觀念形式，缺乏現實的品

格。另一些哲學家則賦予自在、本然的存在以終極的意義，從而消解了「人之天」中的「人化」形式；王充對人與自然關係的理解便表現出這一趨向。他將自然與社會領域的存在形態都視為對象自在規定的展開，這種看法多少忽略了人對世界的作用與變革。從現實的形態看，當本然之物進入人的知、行過程時，它總是以不同的方式被打上了某種人的印記，對象的這種「人化」過程同時也是人賦予對象以意義形式（包括說明世界的概念和理論形式）的過程；忽視以上方面，意味著片面突出質料因而無視形式因在變革世界中的具體作用。

在目的因與動力因的關係上，同樣存在不同的偏向。注重人的存在意義的哲學家，往往對目的性規定作了更多地考察。以儒家而言，早期儒家已將人視為天地之心，所謂「人者，天地之心也」❷❻。這一命題的內在涵義在於突出人在宇宙中的價值地位，其中同時蘊含著人是目的之意。然而，在後來的理學中，人的價值規定每每被片面地引向心性之維，他們在強調「人為天地之心」❷❼的同時，又將內聖意義上的成就醇儒提到至上地位，與之相應的是，修己誠意的內在目的浸浸然壓倒了「贊天地之化育」的歷史旨趣，而變革對象的實踐則一再被架空。現代哲學中的存在主義，在某種意義上也表現了類似的傾向。從海德格爾的本真之在到薩特的自為之在，人的存在意義和目的反覆地被突出和強化。但是，無論是由沉淪之在到本真之在（海德格爾），抑或從「自在之在」走向「自為之

---

❷❻　《禮記·禮運》。
❷❼　朱熹：《朱子語類》卷九十五。

在」（薩特），存在意義的實現都隔絕於改變世界的歷史實踐而僅僅或主要被理解為意識、觀念領域的轉換。如果說，傳統的心性之學在注重德性涵養這一價值目標的同時忽視了作用於對象的現實活動，那麼，存在主義則在懸置外在世界變革的前提下，追求本真、自為的存在形態，二者從不同的方面以目的因弱化了動力因（具體的歷史實踐）。

相對於以上進路，近代的科學主義表現出另一走向。以科學技術在近代的凱歌行進為背景，科學主義對科學可以改變世界充滿了樂觀的信念。科學的力量往往具體展開於人征服自然的過程，對科學技術的推崇，也每每伴隨著改變與征服自然的要求，後者與黑格爾所謂對待自然的實踐態度，具有某種一致性，而肯定科技能夠征服自然，也相應地蘊含著對實踐過程的承諾。科技相對於人的存在而言，本來呈現手段的形態，其意義在於為人的自由發展提供更廣闊的前提和可能，然而，在確信科技的力量可以改變世界的同時，科學主義卻常常模糊了這一過程的內在價值目的，並或多或少將科技的發展本身視為目的。從科學與人的關係看，這種趨向往往難以避免科學的異化，近代以來天人關係的失衡、生態危機的漸趨突出，等等，便顯示了這一點；就化「天之天」為「人之天」的過程而言，它則意味著以動力因消解目的因。

要而言之，在人敞開世界與變革世界的過程中，對象的外在性逐漸被揚棄，本然之物開始獲得現實性的品格。與之相聯繫的是從「天之天」（本然之在）到「人之天」（人化之在）的轉換，後者以價值意義的生成為其深沉的內涵。通過賦予「天之天」以現實的品格與價值的形態，人同時也將本然世界化為意義世界。以人的知、行

活動為前提和條件，這一過程既展開為心、物、理的彼此互動，又表現為形式因與質料因、目的因與動力因的相互作用。事實上，以上二者本身具有交錯互融的一面：質料因近於物，形式因與目的因在不同意義上通於理，以知、行活動為內涵的動力因，則不僅關涉物與理，也兼及以人性能力等為內容的「心」。作為化「天之天」為「人之天」這一歷史過程的不同環節，上述方面本身呈現內在的統一性，這種統一既通過賦予存在以現實品格與價值形態而展示並確證了意義世界的「為我」性質，又通過肯定意義世界的自在之維而揚棄了其抽象形式。

二、生活世界的意義內涵

意義世界不僅涉及外在對象，而且與人自身之「在」難以分離。就人自身的存在而言，首先應當關注的是日常的生活世界。與對象世界中的存在相近，生活世界也具有自然或本然的一面。從如下事實中，便不難看到這一點：作為有生命的個體，人必然要經歷新陳代謝的過程，這種過程無疑具有自然或本然的性質。然而，人又不僅僅是自然或本然意義上的生物，在化「天之天」為「人之天」的同時，人總是不斷賦予自身的生命存在以人化或文明的形態，後者使意義世界進一步形成並具體展現於日常生活的層面。

從哲學的視域看，日常生活首先與個體的存在與再生產相聯繫❷❸，其基本形式表現為日常實踐或日用常行。日用常行首先以生命

---

❷❸　參見赫勒：《日常生活》（重慶：重慶出版社，1990 年），頁 3。

的維繫和延續為指向，所謂飲食男女，便從不同的方面體現了這一點。「飲食」泛指滿足肌體需要的日常活動，它是個體生命所以可能的基本條件；「男女」則涉及以兩性關係為基礎的日常活動，它構成了個體生命延續的前提。維繫生命的日常活動當然不限於飲食男女，但它們顯然較為典型地展示了日常生活與個體生命存在的關係。

　　作為生命存在與延續所以可能的條件，飲食、男女等活動或關係無疑具有自然或本然的性質，後者（自然或本然的性質）屬文野之辨中的「野」；在這一層面上，人與動物似乎呈現某種相近或相通之處。然而，在實現自然人化的過程中，人同時也不斷使以上活動或關係由「野」而「文」。以飲食而言，其直接的功能主要表現為果腹或消除饑渴，但這種功能實現的具體方式卻存在實質的差異。在較早的歷史時期，人主要以手、指甲和牙齒啃生肉作為果腹或解除饑餓的手段，這種飲食方式與動物並沒有根本的不同。然而，當人學會使用火，並開始以刀、叉、筷等作為飲食的手段時，人的日常存在方式便相應地發生了重要變化，誠如馬克思所言：「饑餓總是饑餓，但是用刀叉吃熟肉來解除的饑餓不同於用手、指甲和牙齒啃生肉來解除的饑餓。」❷❾這種不同，首先即表現為「文」（文明）「野」（自然或前文明）之別。用手、指甲和牙齒啃生肉來解除饑餓，尚近於動物的本能行為，而刀、叉、筷等飲食手段及熟食等方式則從一個方面體現了文明的演進。

　　以人的生存為指向，飲食同時又融合於廣義的社會生活，其不

---

❷❾　《馬克思恩格斯選集》第 2 卷（北京：人民出版社，1972 年），頁 95。

同形態往往表徵著生活方式文明化的不同程度。儒家很早已注意到
這一點。禮是儒家一再肯定的社會政治倫理體制和規範，而在儒家
看來，禮一開始便關乎飲食：「夫禮之初，始諸飲食。」❸禮涉及
社會的秩序、文明的行為方式，飲食之合乎禮，往往具體地體現了
文明的方式與社會的秩序。正是基於此，儒家對飲食作了多方面規
定：「侍食於長者，主人親饋，則拜而食。」❸「侍飲於長者，酒
進則起，拜受於尊所。」❸「為酒食以召鄉黨僚友，以厚其別
也。」❸「旁治昆弟，合族以食，序以昭繆，別之以禮義。」❸
「食於有喪者之側，未嘗飽。」❸如此等等。在此，飲食活動既涉
及長幼之序、鄉里之誼，也關乎宗族之親及人與人之間情感的溝
通，它已超乎單純的果腹或解除饑渴而被理解為由「野」而「文」
的交往形式。對儒家而言，「文」不同於「野」的主要之點在於前
者（「文」）體現了人道。《禮運》曾回溯了上古的飲食方式，認
為在那個時代，人們還不懂得用火來烹製食物（「未有火化」），往
往「鳥獸之肉，飲其血，茹其毛」，從人道的層面看，這種飲食方
式顯然更多地呈現了負面的意義。與之相對，「今世之食，於人道
為善也。」❸這裏的「人道」相對於「天道」而言，它不同於自然

---

❸　《禮記・禮運》。
❸　《禮記・曲禮上》。
❸　同上。
❸　同上。
❸　《禮記・大傳》。
❸　《禮記・檀弓上》。
❸　鄭玄：《禮記・禮運注》。

或本然的存在形態，而與「序以昭繆，別之以禮義」的人化存在方式相聯繫。「於人道為善」，意味著飲食的方式超越了自然（「野」）的形態而體現了合乎文明（「文」）的形式。

合乎人道的存在形態，在更內在的層面上表現為有尊嚴的生活。飲食本來是維持生命的手段，但如果以人格尊嚴的貶損為獲得食物的條件，則人可以拒絕這種食物。《禮記·檀弓下》曾有如下記載：「齊大饑，黔敖為食於路，以待餓者而食之。有餓者，蒙袂輯屨，貿貿然來。黔敖左奉食，右執飲，曰：『嗟！來食。』揚其目而視之，曰：『予唯不食嗟來之食，以至於斯也。』從而謝焉，終不食而死。」「嗟」表現為居高臨下的憐憫，與之相聯繫的予人以食，帶有施捨、恩賜之意，其中顯然缺乏對人格的充分尊重。拒絕嗟來之食，意味著將飲食與人格尊嚴的維護聯繫起來。在這裏，飲食已不僅僅是維持生命的本能活動，而是與確認人之為人的內在尊嚴聯繫在一起，為了維護自身的尊嚴，人甚至可以選擇「不食而死」。從生命存在與人格尊嚴的關係看，以上立場首先體現了對後者（人格尊嚴）的關注，這一趨向如果不適當地加以強化，似乎可能使生命存在的內在價值無法得到充分確認。然而，就日常生活的定位而言，作為其基本形式之一的飲食在此又以超越自然或本然的形態而獲得了另一種人文意義。

如前所述，在日常生活的層面，生命的維護與生命的延續之間具有相互聯繫的一面，與之相應，飲食與男女也往往彼此相通。兩性之別首先是一種自然的差異，兩性之間的關係一開始也呈現自然或本然的性質。在早期的群婚等形態下，人類男女之間的關係與不同性別動物之間的關係，往往具有相近之處。然而，與飲食活動由

本能走向人道一致，男女之間的關係也經歷了由「野」而「文」的轉化。在自然狀態下，男女之交，往往呈現無序性，所謂無別而亂。通過婚姻制度的確立，二者之間則漸漸達到別而有序，《禮記》對此作了如下闡釋：「昏姻之禮，所以明男女之別也。夫禮，禁亂之所由生，猶坊止水之所自來也。」❸體現文明形式的婚姻之禮向日常生活的滲入，使男女之間的交往由自然形態下的亂而無別走向了社會之序，日常生活本身也由此從一個方面超越自然而獲得了人化（文明）的意義。

以婚姻為形式，男女之間的關係已不限於天道層面的生物學意義，而是同時呈現人道層面的社會性質，傳統儒學對後者予以了較多的關注。在談到婚禮時，《禮記》指出：「昏禮者，將合二姓之好，上以事宗廟，而下以繼後世也，故君子重之。」❸這裏的「二姓」已非自然的性別，而是涉及不同的家族、社會成員，「宗廟」和「後世」則從不同方面表現了前代與後人之間的歷史聯繫。在這裏，男女之間的結合，已被置於社會交往、歷史傳承的社會背景之中，而兩性之間的關係也超越了自然意義上的兩情相悅，獲得了更廣的社會歷史內涵。

作為日常生活中的基本關係之一，男女之間的關係在更深刻的意義上表徵著人自身在何種程度從「天之天」（自然）走向「人之天」（人化）。馬克思曾對此作了具體的論述：「人和人之間的直接的、自然的、必然的關係是男女之間的關係。在這種自然的、類

---

❸　《禮記·經解》。
❸　《禮記·昏義》。

的關係中，人同自然的關係直接就是人和人之間的關係，而人和人之間的關係直接就是人同自然的關係，就是他自己的自然的規定。因此，這種關係通過感性的形式，作為一種顯而易見的事實，表現出人的本質在何種程度上對人說來成了自然界，或者自然界在何種程度上成了人具有的人的本質。」❸當男女之間的關係還基於本能的欲望或衝動時，它事實上便沒有真正超越自然之域。引申而言，當婦女僅僅被作為買賣或占有的對象時，男女關係也相應地停留在與人性相對的物化層面，其形式具有自然的性質，後者也就是馬克思所說的人的本質「對人說來成了自然界」。只有當二者的關係獲得文明的、平等的形式時，這種關係才能超越自然之維，真正體現「人的本質」。

　　與滲入文明形式相應，日常生活同時具有溝通、連接自然與社會（文明形態）的意義。日常生活既與食色等自然的需要及滿足方式相聯繫，又不限於自然而被賦予人化的形式，這種二重性，使之在超越「天之天」的同時，又在某種程度上溝通了天（自然）與人（社會）。從人的存在看，這種溝通和連接，使天性與德性、感性生命與理性本質的統一，獲得了本體論的前提。正是以日常生活中天與人的原始連接為本源，天性包含了向德性發展的根據，德性則在揚棄天性的同時，又避免了因敵視天性而導致人性的異化。同時，日常生活中的人化之維通過習俗、常識、慣例、傳統等等而得到了多方面的體現；從日常的飲食起居，到社會交往，都可以看到習俗、

---

❸　馬克思：《1844 年經濟學哲學手稿》（北京：人民出版社，1985 年），頁76。

常識、慣例、傳統等等的作用。按其實質，習俗、常識等儘管內涵不同，但都從類（超越於個體）的層面凝結了歷史發展過程中人對世界的理解和把握，並在不同的程度上表現為社會文化成果的積澱。在談到禮的起源及功能時，荀子曾指出：「故禮者，養也。君子既得其養，又好其別。曷謂別？貴賤有等，長幼有差，貧富輕重皆有稱者也。」[40] 這裏所說的「養」，是指滿足人的日常需要，亦即所謂「養人之欲，給人之求」[41]，禮本屬體制化、規範化的文化形態，但在荀子看來，它一開始便與人的日常需要的滿足難以分離；其建構社會倫理秩序的功能，亦本於上述聯繫（「好其別」以「既得其養」為前提）。這裏無疑也體現了天與人的聯繫。歷史地看，以傳統、習俗、常識等為調節原理，日常生活在自身延續的同時，也使凝結、沉澱於習俗、常識、慣例、傳統、規範等等之中的社會文化成果得到了傳承；在從一個方面為文化的歷史延續和傳承提供擔保的同時，日常生活本身也既進一步超越了「天之天」，又更具體地溝通了天與人。

以日常生活中存在的自然之維與人化之維的溝通為背景，人與這個世界的疏遠性也得到了某種揚棄。作為世界的作用者，人與對象世界往往呈現相分而相對的趨向，而勞動分工所導致的社會分化，則從另一個方面蘊含了人與人之間相互疏離的可能。對象世界與人的相分與人際的疏離，使這個世界容易給人以一種陌生感和異己感，人與世界的關係也相應地可能呈現某種距離性。相形之下，

---

[40]　《荀子·禮論》。
[41]　《荀子·禮論》。

在日常生活中，人的活動往往既涉及外部對象，又處處打上了人化或社會的印記，二者並不彼此排斥。同樣，就人與人的關係而言，儘管其中也不乏各種形式的緊張或衝突，但從家庭成員的相處，到朋友、鄰里等等的交往，日常生活在總體上更多地呈現了人與人之間的親和性。對象世界與人的互融與人際的相和，往往使人「在」世有如在家。這種家園感在克服和消解世界與人之間的陌生性與距離性的同時，也為個體對這個世界的認同和接受提供了本體論的前提。

　　從形而上的維度看，認同這個世界，不僅意味著接受和融入這個世界，而且蘊含著對這個世界的實在性和真實性的肯定。對個體而言，日常生活領域的對象是最直接、最真切的存在。以消費過程而言，日常的衣、食、住、行所涉及的，都不是虛擬的事物而是實在的對象，人的需要的每一次滿足，都在確證這一點。一個陷入思辨幻覺的哲學家可以在玄學的領域否認世界的實在性，但一旦回到生活世界，人間的煙火便會不斷提醒他人所賴以生存的諸種資源並不僅僅是觀念性的存在。這種生活的確證固然不同於理論的論證，但它卻以經驗或常識的形式給人提供了確認世界實在性的前提。同樣，在日常的交往領域中，交往的主體以及交往過程，也都真切地存在於這個世界；以語言、身體、工具、行為等為仲介，容易被掩蔽的主體間關係，一再地呈現了其實在性；即使網路時代的虛擬聯繫，最終也以真實的主體及主體間關係為其本源和實際的依託。儘管日常生活中個體對存在的把握往往具有自發的、未經反思的性質，然而，日常生活本身卻以其直接性、真切性，從本源的層面，為個體形成關於這個世界的實在感、真切感提供了初始的根據。

　　對世界的以上實在感，也可以視為本體論上的確信，這種確信同時構成了個體「在」世的基本前提。從存在形態看，日常生活首先相對於物質生活資料的生產與再生產過程而言。儘管在歷史的早期，日常生活與勞動過程往往彼此交錯，在以後的發展中，日常生活與非日常生活的區分也有其相對性。然而，以生命的生產與再生產為內容，日常生活無疑包含著不同於生產勞動等領域的特點。生命的生產與再生產直接和生命的維護、延續相聯繫，後者包括體力的恢復、儲備，生活需要的滿足，生命能力的發展，等等，實現這些目標的重要途徑和方式，是休閒、遊戲，等等。作為日常生活的方式，休閒、遊戲以勞動時間的縮短為前提。當勞動過程占據了人存在的大部分或主要時間、日常生活與勞動過程在時間上幾乎相互重合時，休閒和遊戲便難以成為生活的實質部分。隨著勞動時間的縮短，人逐漸擁有了勞動之外的剩餘時間，休閒也就開始進入人的生活過程。相對於勞動，日常生活中的休閒和遊戲首先呈現自由的特點。在相當長的歷史時期中，勞動過程表現出二重性質：就其體現了人作用、變革對象世界的力量而言，它無疑具有自由的一面，但就其迫於生存的要求（受制於生存的必然性）或處於異化的形態而言，則又尚未真正達到自由之域。相形之下，休閒和遊戲以擁有可以按自己意志支配的時間為前提，它既意味著從具有強制性的生存活動中擺脫出來，又在相當程度上超越了直接的功利目的，二者從不同的方面展現了自由的性質。作為與日常存在相聯繫的形式，這種自由不同於社會政治領域的自由，它與人的存在呈現更直接、更原初的關係。在談到人與遊戲的關係時，席勒曾指出：「說到底，只有當人是完全意義上的人，他才遊戲；只有當人遊戲時，他才完

全是人。」❷「完全意義上的人」是否僅僅依賴於遊戲，當然可以進一步討論，但如果將「完全意義上的人」理解為獲得了自由品格的人，則遊戲與人之間確乎呈現某種相關性。同時，休閒與遊戲又不僅僅是單純的消遣，它也為培養多樣的興趣和個性、發展多樣的能力提供了可能。原始人的岩畫便可以在寬泛意義上視為其勞動之餘的休閒之作或遊戲之作，作為萌芽形態的藝術創作，其中同時也蘊含著藝術創作的興趣並展示了這方面的能力。需要指出的是，這裏的遊戲主要是指對時間的自由支配和運用，後者不同於沉溺於某種消遣活動：當人沉溺於某種消遣活動而不能自拔時，他實質上便受制於這種活動（為其所左右），從而未能真正進入具有自由性質的遊戲。按其本然內涵，作為日常生活的形式，休閒和遊戲首先是從存在的自由向度、個體多樣發展的可能等方面，賦予生活世界以內在意義。

可以看到，與本然之物向為我之物的轉換相近，日常生活之取得意義世界的形態，首先也與自然的人化相聯繫：它意味著自然意義上生命的生產與再生產超越自然而獲得了社會化、文明化的形態。超越自然並不蘊含與自然的隔絕，作為兼涉天與人的特定存在形態，日常生活同時溝通、聯結著天道與人道，這種溝通既在價值觀上為天性與德性、感性生命與理性本質的統一提供了根據，也在本體論上構成了融入與接受現實世界的前提。以基於自由時間的休閒、遊戲等為形式，日常生活又從一個方面為人的自由和多方面發

---

❷　席勒：《審美教育書簡》，第十五封信（北京：北京大學出版社，1985年），頁 80。

展提供了空間。如果說，為我之物主要通過被打上人的印記而確證了人的本質力量，那麼，日常生活則更直接地表徵著人自身存在形態的轉換與提升。正是後者，使之成為意義世界的另一重形式。

三、意義世界與社會實在

相對於對象世界，日常生活與社會領域無疑具有更切近的聯繫。事實上，一些哲學家往往將生活世界理解為社會實在的主要形態。❸不過，從更廣的視域看，社會實在並不限於日常的生活世界，它有著更為多樣和豐富的內容。當我們由化「天之天」（本然之物）為「人之天」（為我之物）、揚棄日常生活的自在性進一步考察意義世界的現實形態時，社會實在便成為無法忽視的對象。

作為社會領域的存在形態，社會實在不同於自然對象的特點，首先在於其形成、作用都與人自身之「在」相聯繫。自然對象在進入意義之域以前，以本然性為其自在規定：無論從邏輯角度抑或歷史之維看，在自然之域，對象可以「在」知、行之域以外而不向人呈現其意義；換言之，其存在與其意義可以不彼此重合。社會實在則並不具有以上論域中的本然性：社會領域中的事物或實在本身形成並存在於人的知、行過程，從而，其存在與其意義難以分離。

在寬泛的意義上，社會實在包括日常生活，但從更實質的層面考察，社會實在則以體制、組織、交往共同體以及與之相關的活動

---

❸　參見許茨：《社會實在問題》（北京：華夏出版社，2001 年）。儘管許茨也提到了多重實在，但同時又將日常生活視為主要的形態。

過程和存在形態為其形式。日常生活作為個體生命生產與再生產的條件，既包含自然之維，又具有某種鬆散性；相形之下，以體制（institution）、組織（organization）等為形式的社會實在則更多地展示了社會歷史的內涵，並呈現更為穩定的特點。從其具體形態看，後一意義上的社會實在（體制、組織等形態）涉及經濟、政治、法律、軍事、教育、文化等各個領域。以現代社會而言，在經濟領域，從生產到流通，從貿易到金融，存在著工廠、公司、商場、銀行等各種形式的經濟組織；在政治、法律領域，有國家、政黨、政府、立法機構、司法機關等體制；在軍事領域，有軍隊及民兵等正規或非正規的武裝組織；在教育領域，有大、中、小學，成人學校等各類教育、培訓機構；在文化領域，有出版社、報刊、媒體、劇團、各種文學藝術的協會等組織和機構；在科學研究領域，有研究所或研究院、學術刊物、各類學會等組織形式，如此等等。

　　以體制、社會組織等為形式，社會實在與人的理想、觀念、實踐活動無疑息息相關。從宏觀的社會歷史層面看，儘管對個體、群體或理想觀念、物質力量的定位存在不同的理解，但無論是強調個體的作用，抑或突出群體的功能；無論是側重於理想、觀念，抑或關注經濟、政治等活動，都在不同意義上意味著確認人在社會實在形成、變遷過程中的作用。社會實在與人的這種聯繫，使之呈現某種建構性，後者在不同的社會理論中也得到了體現。這裏可以一提的是社會契約論。作為一種社會政治理論，契約論首先旨在解釋國家的起源。以盧梭的契約論而言，基於天賦人權等預設，國家的起源被理解為個體權利讓渡的結果：個人將自身的權利轉讓給代表公意的政治機構，國家則由此而形成。不難看到，作為社會實在的國

家，在此主要被視為人與人之間彼此相商、妥協（讓渡本身包含妥協）的產物，這一過程同時呈現出建構的意義。

對社會實在建構性的分析，在當代哲學家塞爾那裏得到了更具體的體現。塞爾區分了二種事實，即獨立於人的事實與依賴於人的事實，社會實在屬後者。作為依賴於人的事實，社會實在的形成首先與人的功能賦予或功能指定（the assignment of function）活動相聯繫。所謂功能賦予，也就是將某種功能加於對象之上，使之獲得相應的身分功能或地位功能（status function）。例如，賦予某種特定的「紙」以一般等價物的功能，使之成為貨幣或錢，而貨幣或錢便是一種社會實在。與功能賦予相關的是集體意向（collective intentionality），它具體表現為共同體中的彼此同意或接受。以貨幣或錢而言，如果某種「紙」被賦予貨幣或錢的功能，而這種功能又得到了集體的接受和認同，它便實際地成為貨幣或錢。塞爾將以上過程視為社會實在或體制性事實形成的過程，並著重強調了其建構性。㊹

相對於社會契約論之首先指向宏觀的社會領域（國家），塞爾的功能賦予論同時兼及多樣的體制事實，不過，儘管有不同的側重，但二者在將社會實在理解為人的建構這一點上，無疑有相通之處。以建構或構造為形式，突出的主要是社會實在形成過程中的自覺之維及意識的作用。無論是個人權利的讓渡，抑或功能的賦予，都表現為自覺的、有意而為之的活動，而行為的這種自覺性質，又

㊹ 參見 John R. Searle: *The Construction of Social Reality*, The Free Press, 1995, pp.31-58。

首先與意識過程相聯繫：契約的達成，以自願的同意為前提；而功能賦予則更直接地涉及集體意向。

作為知、行領域中的對象，社會實在的形成無疑難以離開人的自覺活動。與廣義的人化之物一樣，社會實在也體現了人的不同理想，其形成過程既處處滲入了人的目的、意向，也包含著理性的思慮、規劃，等等。從國家等政治機構，到貨幣等具體對象，它們的產生、運作都涉及以上方面。人的活動與社會實在的這種聯繫，使後者（社會實在）不僅具有一般意義上的「為我」形式，而且被賦予自覺的形態。就此而言，社會契約論、功能賦予論對社會實在、體制事實的理解，並非一無所見。

然而，將社會實在僅僅視為人的有意建構或自覺構造的產物，則顯然未能完全把握問題的實質。人固然在社會歷史領域進行自覺的活動和創造，但這種活動本身並未完全與自在或自然之域相分離。以勞動這一實踐活動的基本形式而言，其前提是「人自身作為一種自然力與自然物質相對立」❹，作為人和自然之間的以上互動，勞動過程顯然也滲入了自然及自在之維。同時，人的創造又是基於一定的條件和背景，後者（創造的條件與背景）並非出於人的任意選擇。馬克思已指出了這一點：「人們自己創造自己的歷史，但是他們並不是隨心所欲地創造，並不是在他們自己選定的條件下創造，而是在直接碰到的、既定的、從過去繼承下來的條件下創

---

❹　馬克思：《資本論》第 1 卷（北京：人民出版社，2004 年），頁 207-208。

造。」❹人的創造條件的這種既定性、不可選擇性，不僅僅在消極的層面構成了創造活動的限制，而且在更深沉的意義上展示了與自覺建構相對的另一面：它表明，社會實在總是具有自在的性質。正是後者（自在性），使社會實在同時表現為「一種自然歷史過程」。❹

　　歷史地看，社會實在固然體現人的理想、目的，但它同時又總是折射了社會演化的客觀需要。以國家而言，其形成既非基於個體或群體的意志，也非僅僅出於少數人的理性設計，而是在更本原的層面與經濟的發展、所有制的變遷（首先是私有制的出現）、社會的分化（包括階級的形成）等等相聯繫，與之伴隨的社會差異、衝突，則進一步孕育了產生國家的歷史需要。同樣，貨幣這一類體制事實的出現，也源於商品交換關係發展的客觀需要。最初的貨幣或錢並非以賦予某種「紙」以貨幣的功能這種形式存在，事實上，相對於自覺的功能賦予，一開始其出現更多地具有自發的形態：當物物交易已不適應交換關係發展的需要時，人們便自發地以某種或某幾種物為一般等價物，貨幣便是以此為基礎而發展起來的。歷史發展過程中的這種自發性，從另一方面表現了社會實在的自在之維。

　　前文已提及，突出社會實在的自覺向度一開始便關聯著強調意識或意向性的功能。從社會成員間的同意（社會契約論），到集體意向的接受（功能賦予論），意識或意向活動在社會實在中都被賦予重

---

❹　馬克思：《路易・波拿巴的霧月十八日》，《馬克思恩格斯選集》第 1 卷（北京：人民出版社，1972 年），頁 603。

❹　《馬克思恩格斯選集》第 2 卷（北京：人民出版社，1972 年），頁 208。

要作用，這種作用在某種意義上表現為意向的認同。就其外在形式而言，意向認同更多地與視作或看作（see as）相聯繫，在盧梭的社會契約論中，國家便通過意向認同而被「視作」所謂公意或總體意志的代表，在塞爾的功能賦予論中，某種對象（如特定的「紙」）則通過意向認同而被「視作」貨幣或錢，如此等等。基於意向認同的這種「視作」，涉及的是觀念層面的活動；而以此為側重，則意味著賦予這種觀念活動以優先性。

與意向認同相對的是實踐認同。意向認同以「視作」為外在形式，實踐認同則首先指向實踐中的接受和實際的「用」（use as）。社會實在的形成、運作固然涉及觀念層面的同意，但同樣離不開實踐中的「用」。如前所述，從歷史的角度看，社會實在往往便源於自發的「用」，而它的現實形態，則更難以與實際的「用」相分離。體制以及體制性的事實本身並不具有生命力，只有在實際的「用」之中，它才獲得內在的生命力和現實性的品格。在社會實在的形成與運作過程中，意向認同與實踐認同無法截然相分。

可以看到，作為知、行領域的存在，社會實在一方面具有建構的性質，另一方面又表現為自然的歷史產物，從而包含自在之維；其形成與運作的過程，同時交錯著意向認同與實踐認同。就其難以離開人的存在而言，社會實在不同於對象世界；就其通過實踐認同而確證自身而言，它又不同於觀念世界。在其現實性上，它既形成於人的知、行過程，又構成了人的知、行活動所以可能的條件。

相應於現實性的品格，社會實在同時有其形之於外的方面，後者往往取得物或物理的形態。政府，有辦公大樓、各種保障政令落實的物質設施和手段；工廠企業，有廠房、機器、產品；軍隊，有

武器、裝備；學校，有教室、校園，如此等等。這種大樓、機器、裝備等等，無疑具有物理的性質，它們既將社會實在與觀念世界區分開來，又從一個側面進一步賦予前者（社會實在）以自在性。然而，社會實在之為社會實在，並不僅僅在於包含物理的形式，在更實質的層面，社會實在乃是通過人的存在及人的知、行過程而展示其內在規定。物理形態本身是無生命的，它的活力只有通過人的活動才能獲得。當我們與不同形式的社會實在發生聯繫時，我們與之打交道的，並不僅僅是無人格的物，而且同時是給予體制以生命的人。在社會實在實際的運作過程中，總是處處包含著人的參與；其具體作用的實現也以人的活動為條件。如果說，離開了物理的形式，社會實在便難以展現其外在的現實形態，那麼，剔除其人化的內涵，社會實在則將失去內在的生命。就其實質而言，社會實在的意義，源於人的存在及其活動；在此意義上，也可以說，它的核心是人。當塞爾將社會實在與功能賦予聯繫起來時，無疑也有見於此。

以物理形態與人化內涵的統一為形式，社會實在與為我之物呈現了某種相通性。不過，為我之物以本然世界的人化為前提，主要表現為被改造或被變革的對象；作為對象性的存在，它更多地以「器」為存在形態。社會實在則不同於對象世界，它內在於人與人的聯繫與互動之中，並且始終以人為其核心。儒家曾提出「君子不器」之說，❹這一觀念涉及多重向度，其內在涵義在於超越「器」之域。對「器」的超越首先表明不能停留於物或對象世界，而從社

---

❹　參見《論語·為政》。

會實在的視域看，則意味著揚棄以「器」等形態呈現的外在形態，關注和把握其人化的內在實質。

在談到禮的作用方式時，《論語》曾提出一個著名的論點：「禮之用，和為貴。」❹如前文論及的，儒家所說的「禮」，既指普遍的規範體系，又包括社會政治體制，後者即屬社會實在；「和」則表現為一種倫理原則，它體現於人與人之間的交往過程：從消極的方面看，「和」要求通過人與人之間的相互理解、溝通，以化解緊張、抑制衝突；從積極的方面看，它則意味著人與人之間同心同德、協力合作。禮本來首先涉及制度層面的運作（包括一般儀式的舉行、等級結構的規定、政令的頒佈執行、君臣上下之間的相處等等），但儒家卻將這種制度的運作與「和」這樣的倫理原則聯繫起來，強調禮的作用過程，貴在遵循、體現「和」的原則，這裏已有見於體制組織這一類社會實在的背後，是人與人之間的關係，其中同時包含著揚棄器物層面的外在形式、把握「禮」的人道實質之意。在「禮云禮云，玉帛云乎哉」❺等表述中，這一點得到了更明確的說明：玉帛作為外在形式，更多地屬「器」之域；禮不限於玉帛，意味著從「器」走向「人」。這種理解，已從一個方面注意到「禮」作為社會實在以「人」為其核心。

正是以人為核心，蘊含了社會實在的意義之維。對象層面的「為我」之物固然也與人相聯繫，但作為被改造、被變革的對象，其作用、功能首先基於其物理的形態。相形之下，以人的存在及其

---

❹　《論語·學而》。

❺　《論語·陽貨》。

活動為實質內容的社會實在，則更直接的展現為人的世界。如果說，「為我」之物作為意義世界，以人的知、行活動為仲介，那麼，社會實在之為意義世界，則內在並體現於知、行活動本身之中。同時，「為我」之物的價值首先體現於滿足人的合理需要，其中內含某種手段的意義。與之有所不同，目的之維與手段之維在社會實在中往往彼此交融。不難看到，作為意義世界，社會實在首先體現了世界之為人的世界這一品格。

　　人的世界當然並不僅僅表現為打上了人的印記或體現了人的作用，在更內在的層面，它以合乎人性為其深沉內涵。寬泛而言，所謂合乎人性，意味著體現人不同於其他存在的普遍本質，而社會實在則構成了是否合乎人性或在何種程度上合乎人性的具體尺度或表徵。儒家已注意到這一點，在談到「禮」與人的關係時，《禮記》指出：「人而無禮，雖能言，不亦禽獸之心乎？」❺❶「凡人之所以為人者，禮義也。」❺❷在這裏，作為社會實在的「禮」即被視為人區別於動物（禽獸）的內在規定。換言之，是否合乎禮，成為衡量是否合乎人性（人不同於動物的本質規定）的尺度。

　　道家從另一個角度涉及了以上問題。這裏首先可以一提的是莊子的看法。以天人之辯為形式，莊子將人的存在處境提到了中心的地位。由此出發，莊子反對將人等同於物或「喪己於物」：「喪己於物、失性於俗者，謂之倒置之民。」❺❸「己」即以自我的形式表

---

❺❶　《禮記·曲禮上》。

❺❷　《禮記·冠義》。

❺❸　《莊子·繕性》。

現出來或作為個體的人，「性」則是人之為人的內在規定或本質，在莊子看來，作為人的個體形態，自我具有對於物的優先性；同樣，作為人的內在規定，人之性也高於名利等世俗的價值，一旦將自我消解在物之中或使人的內在規定失落於名利的追求，便意味著顛倒人與物、性與俗的關係。基於同樣的前提，莊子一再強調「不以物害己」❹、「不以物易己」❺。

對莊子而言，具有人化形式的社會實在，並不一定是合乎人性的存在。以禮樂仁義而言，其形式固然帶有人化的性質，但它的衍化過程與人性化的存在形態往往並不一致：「屈折禮樂，呴俞仁義，以慰天下之心者，此失其常然也。天下有常然，常然者：曲者不以鉤，直者不以繩，圓者不以規，方者不以矩，附離不以膠漆，約束不以纆索……故嘗試論之，自三代以下者，天下莫不以物易其性矣。小人則以身殉利，士則以身殉名，大夫則以身殉家，聖人則以身殉天下。」❻「常然」即未經加工、改造的本然形態，如非借助規、矩而形成的圓、方之類；人之「常然」，便是合乎人性的本然形態。按莊子之見，禮樂、仁義是外在的準則，將人置於這些規範之下，往往導致以外在準則取代人的本然之性，從而使人失去人性化的「常然」。莊子將本然形態視為人性化的形態，顯然未能真正把握人性化的實質內涵，不過，他對禮樂的批評，則又以否定的方式，把社會實在與人性化的存在聯繫起來：根據禮樂必然導向非

---

❹　《莊子·秋水》。

❺　《莊子·徐無鬼》。

❻　《莊子·駢拇》。

人性化而對其加以拒斥，這一推論的邏輯前提便是社會實在應當合乎人性。如果說，儒家以明確的形式從正面將合乎人性視為社會實在的內在規定，那麼，道家則以隱含的形式從反面表達了相近的觀點；當然，關於何為真正意義上的合乎人性，二者的看法又存在重要差異。❺

就人的存在而言，社會實在的意義與是否合乎人性無疑難以分離。如果說，以人為核心構成了社會實在不同於對象世界的特點，那麼，合乎人性則在更內在的層面賦予它以存在的意義。作為意義世界的內在規定，合乎人性可以從不同的層面加以理解。寬泛地看，人性與社會性具有相通之處，合乎人性相應地意味著獲得社會的品格或規定。人性的更實質、更內在的體現，涉及人的自由、人的潛能的多方面發展。如黑格爾所說，自然僅僅與必然性和偶然性相關，「沒有表現出任何自由」，❺唯有人才具有自由的要求與能力，人性的發展與自由的實現在實質上表現為同一過程的二個方面。歷史地看，正是在走向自由的過程中，人逐漸將自身與對象世界區分開來，也正是在這一過程中，人逐漸獲得了不同於物或自然對象的本質規定。與人性的以上內涵相應，合乎人性同時蘊含著走向自由的要求：社會實在是否以及在何種程度上合乎人性，與它是否以及在何種程度上體現走向自由的歷史進程具有一致性。

進而言之，作為意義世界的具體形態，社會實在不僅構成了人

<hr>

❺　道家在天人之辯上突出自然原則，但這並不意味著否定一切與社會相關的存在形態，在實質的層面，它所強調的乃是這種社會存在形態應當合乎自然的原則。

❺　參見黑格爾：《自然哲學》（北京：商務印書館，1980年），頁24。

性化的一種表徵，而且為走向合乎人性的存在提供了某種擔保。在談到禮的作用時，《禮記》指出：「講信修睦，尚辭讓，去爭奪，舍禮何以治之？」⑲「講信修睦，尚辭讓」主要從正面體現了人與人之間的和諧關係，「去爭奪」則以消解衝突為指向，二者從不同的方面表現了社會的有序性，而作為社會實在的禮則被視為以上存在形態所以可能的條件。具體而言，禮如何體現這種作用？《禮記》對此作了進一步的闡釋：「故朝覲之禮，所以明君臣之義也；聘問之禮，所以使諸侯相尊敬也；喪祭之禮，所以明臣子之恩也；鄉飲酒之禮，所以明長幼之序也；昏姻之禮，所以明男女之別也。夫禮，禁亂之所由生。」⑳這裏涉及君臣之間、諸侯之間、鄰里之間、夫婦之間等不同社會關係，在這些關係之後，則是政治、外交、家庭等社會領域。按儒家之見，社會領域中的種種關係，都需要由一定的禮加以調節，正是禮的這種規範、調節作用，使社會避免了無序化（亂）。一般來說，衝突、對抗與無序對人的存在往往呈現負面的意義，和諧有序則更合乎人性發展的需要；通過消極意義上的化解衝突和對抗、積極意義上的維護秩序，「禮」同時從一個方面為達到合乎人性的存在提供了條件。

當然，與走向人性化的存在展開為一個歷史過程相應，社會實在的意義也呈現歷史的品格並有其複雜的一面。就其現實形態而言，社會實在本身可以體現歷史的趨向和人性發展的要求，也可以與之相悖或衝突，從道家對以物易性的批評到後現代主義對現代性

---

⑲　《禮記·禮運》。
⑳　《禮記·經解》。

的批判，都已在不同意義上有見於後者。**❻**在實質的層面，唯有與歷史演化趨向和人性發展要求一致的社會實在，才可能為達到合乎人性的存在提供擔保。這裏似乎蘊含著某種迴圈：社會實在唯有合乎人性的發展，才具有歷史的合理性；達到合乎人性的存在，又以上述論域中的社會實在為其條件。不過，這種迴圈並不僅僅是邏輯意義上的互為前提，它在更實質的層面表現為歷史過程中的互動。

　　以知、行過程的歷史演進為前提，作為具體存在形態的意義世界形成並展開於不同的維度。通過化「天之天」（本然存在）為「人之天」（為我之物），對象世界揚棄了本然性而獲得了現實的形態，後者既展現為自在與為我的統一，又以合乎人的需要為其內在規定，它在確證人的創造力量的同時，也展現了多方面的意義；在日常生活的層面，通過超越個體生命存在與生命再生產過程的自然形式而賦予其社會文明的形態，意義之域進一步滲入生活世界；就社會領域而言，以達到合乎人性的存在為指向，廣義的社會實在既構成了人性化的表徵，又為走向人性化的存在提供了某種擔保，二者從不同方面展示了其深層的價值意義。在意義世界的以上形態中，對象的現實品格、人的本質力量、存在的價值內涵呈現了內在的統一。

---

❻　當然，這種批評本身又有其歷史的限度。

第六章　意義的個體之維

　　基於成己與成物的歷史過程，意義世界形成為不同的形態。無論是以觀念的形式表現於內，抑或展開為外在的人化實在，意義世界都與人的存在難以分離。就意義世界與人之「在」的關係而言，個體或個人無疑是一個無法忽略的方面：所謂意義，首先敞開和呈現於具體的個體或個人。從更廣的層面看，個體存在具有某種本體論上的優先性，社會領域的成就自己，同樣以特定的個體為指向。作為一個歷史過程，成物與成己以及意義世界的生成在形上之維與社會之域都涉及個體之在。對意義世界更具體的考察，顯然難以迴避個體的問題。

一、形上之域的個體

　　個體首先呈現個別的形態，「個」所體現的，便是此種形態，而代詞「這」（this）則常常用於表示上述個別性。與「這」相聯繫的個別性具有界限的意義：此個體非彼個體，它使個體之間彼此區分。個體既是「個」或「這」，又有其「體」，「體」不僅賦予個體以實在性，而且使之成為不同屬性或規定的承擔者。作為多樣屬性或規定的承擔者，個體同時表現為具體的統一體：特定個體內含

的多樣規定或屬性總是統一於此「體」，並在其中彼此相關。從後一方面看，個體既具有個別性，又展現為特定的統一體，當 16-17 世紀的哲學家蘇雷茲（Francisc Suárez）將個體稱之為「單個的統一體」（individual unity）時，似乎已注意到「個」與「體」的以上關聯。❶當然，他對個體的這種理解，又與其唯名論趨向相聯繫。

作為統一體，個體包含著自身的系統與結構，一旦個體原有的結構發生根本變化，則該個體便不復存在。一支粉筆如果被碾碎，化為粉狀，便不成其為原有個體（即不再是原來意義上作為特定個體的粉筆），因為其原先的聯結方式、結構已完全改變。這裏同時也體現了個體不可還原的性質：個體所內含統一體，是個體存在的基本形態，如果某一個體被分解或還原為某一更原始的部分或構成，則該個體也就隨之消逝。木製的家具由木材製成，但某一特定的家具（如一個書架）如果被全部拆解，便僅僅成為木材，而不再是作為個體的家具；動物包含骨架、肌肉、血液，等等，但某一動物（如一頭牛）如果被分解為骨、肉、血，並還原到骨架、肌肉、血液的層

---

❶　參見 *Suárez On Individuation, Metaphysical Disputation V: Individual Unity and Its Principle*, Translated by J.J.E. Gracia, Marquette University Press, Wisconsin, 1982, p.31. 蘇雷茲（Francisc Suárez，1548-1617）係西班牙哲學家，在哲學史上曾有重要影響，如沃爾夫（Christian Wolff）便對其甚為推崇，認為他對形而上學問題的沉思已相當深入，海德格爾也認為，就其提出問題的智慧及深入性、獨立性而言，其地位在阿奎那之上（參見 Heidegger: *The Fundamental Concept of Metaphysics*, Indiana University Press, 1995, p.51）。在《存在與時間》一書中，海德格爾進一步將蘇雷茲的形而上學論視為古希臘本體論與近代形而上學及先驗哲學的仲介（參見 M. Heidegger: *Being and Time*, State University of New York Press, 1996, p.19）。

面，同樣也不復為原來的個體。這種不可還原性，使個體在某種意義上表現為原初的統一體或存在的基本單位。❷

　　作為原初的統一體或存在的基本單位，個體雖屬於一定的類，但它本身卻無法再個例化。以人而言，人作為類包含蘇格拉底、孔子等等不同的個體，但蘇格拉底、孔子之下卻無法再劃分出其他的人類個體。與這一事實相聯繫，個體的根本特點有時被理解為「非個例性」或「不可實例化」（noninstantiability）。❸從名與對象的關係上說，「非個例性」或「不可實例化」首先與專名（如「孔子」）或限定之名（如「北京大學的現任校長」）相聯繫。個體的這種不可個例化以及它與專名或限定之名的關聯，從不同的方面展示了個體的獨特性或唯一性。獨特性意味著每一個體都包含其他個體不具有的規定，唯一性則表明不存在二個完全相同的個體。

　　對個體本身來說，在其存在過程中，總是不斷面臨特殊化的問題。個體與殊相往往被視為同一類現象，在這種理解中，個體與殊

---

❷　斯特勞森將個人（person）視為個體的基本形態之一，在從個體的意義談個人時，斯特勞森認為，個人的概念是原初的實體概念，可以運用於個體性的實體（individual entity），其原初性就在於「它無法再以某種或某些方式加以分析」（參見 P.E. Strawson: *Individuals – An Essay in Descriptive Metaphysics*, Methuen & Co. LTD, 1959, p.104）。不可分析性主要表現為邏輯的特性，對個人的如上理解之後，蘊含著更廣意義上對個體的規定。如上所述，從現實的存在形態看，個體（包括個人）的特點，首先在於它是原始的統一體，這一存在的品格較之邏輯意義上的不可分析性，無疑具有更本源的意義。以分析的形而上學為進路，斯特勞森對個體的理解似乎未能超出邏輯的視域。

❸　參見 J.E. Gracia: *Individuality – An Essay on Foundations of Metaphysics*, State University of New York, 1988, p.234。

相似乎並無實質的區分。❹事實上，二者不能簡單地等而同之。如前所述，從形而上的層面看，個體首先表現為特定的統一體，殊相則與不同的時間與空間位置相關：所謂殊相，具體即表現為個體在時空位置上的差異。金岳霖曾考察了個體的特殊化問題，認為：「個體底特殊化就是個體底時－空位置化。」❺個體的存在不可避免地涉及不同的時空關係，以人而言，個體在成長過程中往往經歷生命的不同階段，這種不同，在本體論上通常是通過相互區別的時空關係（從年輕到年長分別占有不同的時間與空間位置）表現出來。同一個體，在不同的時間與空間位置上，總是取得特定的存在形態。個體在時空關係中的這種特殊化，使個體的獨特性既獲得了現實的品格，又進一步具體化。

與個體在時空中特殊化相關的，是個體的變與不變的問題。個體經歷不同的時空位置，意味著個體總是處於變動之中，由此自然發生如下問題：在什麼意義上，變化中的個體仍為同一個體？這裏便涉及個體與普遍、殊相與共相的關係。個體在時空中的變動，使之不斷形成特定的殊相，個體的特殊化即通過殊相而呈現出來，所謂變化，首先便表現為殊相的變遷。然而，個體同時又是一定類中的個體，具有類的可歸屬性（可以歸屬於相應的類），這種類的可歸屬

---

❹　斯特勞森在討論個體（individuals）時，便沒有將其與殊相（particulars）加以區分，在 *individuals* 這一書名之下，他直接討論的便是殊相，但同時，他又將物體（material body）理解為基本的殊相（basic particulars）（參見 P.E. Strawson: *individuals – An Essay in Descriptive Metaphysics*, Methuen & Co. LTD, 1959, p.39），這種看法至少在邏輯上易引起理論的歧義。

❺　金岳霖：《論道》（北京：商務印書館，1987 年），頁 128。

性，以個體包含類的普遍共相為其前提。孔子之被歸入人這一
「類」，便在於他具有人之為人的普遍規定，後者包括理性、社會
性，等等。然而，共相或普遍的規定內在於個體之中時，又總是與
個體的特定存在相融合而取得具體的形態，後者可以視為共相（普
遍）的具體化或具體的共相（普遍）。具體的共相一方面表現為類的
普遍規定，另一方面又與個體相結合而呈現為具體的存在形態。與
以上事實相應，這裏可以對共相、具體的共相、殊相加以區分。以
人而言，「人」這一普遍共相將孔子、蘇格拉底等個體與人之外的
其他存在（包括無生命之物與有生命之物）區分開來。具體的共相進一
步將人之中的不同個體區分開來：同為人之為人的共相，孔子的社
會關係與社會活動所體現的社會性與蘇格拉底的社會交往所體現的
社會性，便具有不同的表現形態，在此，共相（社會性）的具體形
態，便構成了同一類（人）之中的個體相互區別的重要方面。進而
言之，每一個體在其存在過程中又經歷了各種殊相的變化，在魯國
出仕時期的孔子不同於周遊列國時期的孔子，少年蘇格拉底也不同
於老年的蘇格拉底，但孔子與蘇格拉底在不同時空中的殊相不管如
何變，仍為孔子與蘇格拉底。如何理解這種現象？這裏需要再次關
注具體的共相：個體的殊相雖變而仍為同一個體，其緣由即在於個
體所內含的具體共相未變。孔子雖有在魯國與遊列國的空間位置之
移，蘇格拉底雖有少長之變，但作為普遍規定與個體存在統一的具
體共相在他們的前後變化中並沒有發生根本的改變，後者決定了他
們依然為同一個體。在此，具體的共相似乎呈現雙重意義：

　　一方面，它使同一類之中的不同個體相互區別，另一方面，它
又為個體在殊相的變化中保持自我同一提供了內在根據。

　　可以看到，個體的變與不變之後，是殊相與共相、個體性與普遍性的關係。在哲學史上，萊布尼茨以注重個體著稱，然而，在關注個體、否定「二個實體完全相似而僅僅在數量上不同」的同時，萊布尼茨又強調：「每一個別實體（individual substance）都以自己的方式表現了整個宇宙。」更具體地說，「每一實體都如同整個世界和上帝之鏡（a mirror of God）」❻。這裏所說的「表現了整個宇宙」或「如同整個世界」，既是指個體之間的相互聯繫，也意味著個體之中蘊含普遍之維，所謂「上帝之鏡」便以形象的方式表明了這一點：上帝在萊布尼茨看來即是最具有普遍性的存在。萊布尼茨的以上看法，無疑已注意到個體與普遍性的關聯。

　　鮑桑奎（B. Bosanquet）對此似乎有更明確的意識，在他看來，個體無法與普遍相分離，正是由此出發，他將個體界定為「具體的普遍」（the concrete universal）。❼儘管作為新黑格爾主義者，鮑桑奎同時強調，在終極的意義上，只存在一個個體，這一個體即絕對（the absolute），❽但他所說的具體的普遍與前文所提及的「具體共相」無疑又有相通之處，其中包含鄧·司格脫（Duns. Scotus）所謂「這一」（thisness）與「共同本質」（common nature）的統一❾。個體與普

---

❻　參見 Leibniz: *Discourse on Metaphysics*, *Leibniz Selections*, Charies Scribner's Sons, New York, 1951, pp.300-301。

❼　參見 B. Bosanquet: *The Principle of Individuality and Value*, Macmilian and Co., London, 1912, p.40。

❽　Ibid., pp.68-72.

❾　參見 J.E. Gracia: *Individuality – An Essay on the Foundation of Metaphysics*, State University of New York Press, 1988, p.139。

遍或殊相與共相以上聯繫，使個體的變動與個體的綿延同一並行而不悖。

　　當然，個體與共相的如上關聯，並不意味著個體僅僅內在於整體或大全之中。這裏可以對個體存在與內在關係作一區分。內在關係論的代表人物是布拉德雷，按照內在關係論，每一事物都與其他所有事物相聯繫，在內在關係中，關係中的一項若離開了與關係中另一項的聯繫，便將失去自己的同一性（identity），從而不再是原來的事物。帕普（A. Pap）曾從邏輯的層面，對內在關係的特點作了如下概括：「內在關係是這樣的關係：它構成了描述某一特定之物的部分，以致該特定之物如果不再處於與其他特定事物的關係之中，則似乎便會失去自己的同一性。」❿在本體論上，內在關係體現的是個體與整體之間的聯繫，然而，僅僅從內在關係來規定個體，則容易使個體消解於整體之中。事實上，個體的特性無法簡單地還原於關係，個體固然處於普遍聯繫之中，但個體本身總是包含著不能為關係所同化或消融的方面，其個體性規定、獨特品格非關係所能完全限定。個體之間總是存在某種界限：「此」非「彼」，「彼」亦非「此」。這種界限不僅表現在時空關係中，而且也體現於個體性規定的差異上。以上的差異和區分從不同的方面表明，個體與其他事物的關係，同時具有外在性。

　　事物之間的外在關係既以個體存在為本體論前提，又通過個體性規定對關係的超越，具體地表現了個體的相對獨立性及存在的多

---

❿　Arthup Pap: *Elements of Analytic Philosophy*, The Macmillan Co. New York, 1949, p.208.

樣性。就其現實形態而言，個體之間的關係既有內在性的一面，也有外在性之維。關係的內在性表明個體非孤立的、抽象的存在；關係的外在性則表明個體具有非關係所能消解的自在性。如果說，布拉德雷在突出內在關係之時，對個體的自在性或相對獨立性未能予以必要的關注，並多少表現出以整體消解個體的趨向，那麼，後來羅素、摩爾在反叛布拉德雷的絕對唯心論時，則似乎走向了另一極端：由肯定事物間關係的外在性、強調存在的多元性，羅素與摩爾對個體與整體的聯繫以及存在的統一性，往往未能給予充分的關注。不難看到，布拉德雷與羅素、摩爾對個體的理解，都呈現某種片面性。唯有對內在關係論與外在關係論作雙重揚棄，才能真正把握個體的具體品格。

從關係的內在性看，個體並不是孤立的存在，而是處於一定的系統或整體之中，並歸屬於一定的類，如孔子和蘇格拉底作為個體，便屬於「人」這一類。個體與類的這種關係，為同一類之中個體間的聯繫提供了內在的前提：個體對類的共同歸屬，同時也使它們彼此相聯。但另一方面，個體之歸屬於類，又並非融於混沌；作為具體的存在，特定個體與系統之中的其他個體自始存在差異與界限，這種差異與界限既表現為個體的自我同一及獨特性，又使個體之間彼此區別。個體與類以及個體之間的以上「合」與「分」，從不同方面體現了個體所處關係的多樣性與複雜性。

在關係的外在性這一層面，個體的存在與變動，總是涉及偶然性問題。特定個體的發生，仍是基於各種條件，這些條件是否形成、如何形成，往往受到各種因素的制約，其間包含著各種偶然性，後者同時也規定了無法將個體的發生與變動完全納入必然的過

程。以人而言，任何一個特定的個人，都不是人類衍化過程中必然
的環節，相反，他之來到這個世界，具有偶然的性質。同樣，特定
的個人作為有限的存在，都難以避免死的歸宿，但他在何時走向死
亡、以何種方式走向死亡，卻無法以必然的方式加以規定。要而言
之，從事物之間的普遍聯繫及個體間關係的內在性來看，理有必
然；從特定個體變動的不確定性及個體間關係的外在性來說，則勢
無必至。⓫

二、個體與個人

　　從形而上的層面看，個體首先呈現為物。然而，在哲學的視域
中，物的追問往往難以離開對人的沉思。海德格爾在《何為物》一
書中曾指出：「『何為物』（what is a thing）的問題，也就是『何為
人』（what is man）的問題。」⓬物與人的關聯既在於物的意義總是
對人敞開，也表現在物的考察總是引向人的存在。與個體相涉的人
之存在形態，則首先是個人。

　　在個體之維上，個人首先以「身」為表徵。「身」既具有物理
的屬性，也包含生物學意義上的規定，它從不同的方面賦予個人以
實在的品格，使之不同於抽象的觀念而呈現為有血有肉的具體存

⓫　金岳霖在考察個體的變動時，已注意到這一點。參見《論道》（北京：商務
　　印書館，1987 年），頁 201-203；〈勢至原則〉，載《金岳霖學術論文選》
　　（北京：中國社會科學出版社，1990 年），頁 335-350。

⓬　M. Heidegger: *What is a Thing?* Translated by W.B. Barton. Jr and Vera Deutsch,
　　Regnery/Gate Way. INC, South Bend, Indiana, 1967, p.244.

在。作為感性之「體」（「身」－「體」），「身」同時具有界限的意義：此「身」非彼「身」，正是「身」，將不同的個人在「體」的層面相互區分開來，使之呈現為獨特的個體。感性之「身」同時涉及不同的方面，從寬泛意義上的軀體，到具有不同功能的感官，都屬個體之「身」，而在「身」的形態下，這些不同的部分、方面都呈現內在的統一性。不妨說，「身」所體現的這種統一性，構成了個人成為現實個體的本體論前提。

作為個人的本體論表徵，「身」構成了個人與世界聯繫的直接仲介。從人與世界最基本的空間關係來看，外部對象之為上或下、前或後、東或西、南或北，等等，都以「身」為直接的參照。同樣，以人的視域直觀世界（所謂「以人觀之」），也總是從「身」出發。「身」規定了個人考察對象的角度，制約著對象的呈現方式。在社會的層面，個體之間的相互交往、彼此聯繫也首先基於「身」，從最基本的家庭關係，到涉及經濟、政治等利益的社會關聯，都以「身」為本。對個人而言，「身」同時構成了一種社會的符號，並呈現為語言之外的表達形式。從另一方面看，身又表現為社會身分、社會角色的最終承擔者：離開了「身」，一切社會身分、社會角色便無實際的意義。

社會生活本質上具有實踐的性質，人存在於世，也總是參與各種形式的社會活動和社會實踐，並相應地表現為實踐的主體。就其基本的形態而言，行動和實踐包含感性之維，後者決定了它難以與「身」相分離。德勒茲（G. Deleuze）曾認為：「事件（event）來自身

體，來自身體的組合，來自身體的行動。」⓭這裏的「事件」是指
人的活動所導致的結果，它基於人的作用，經歷一定的時間，並具
有相對獨立的意義。肯定「事」與「身」的聯繫，其實質的涵義在
於確認「身」與實踐活動的關聯，當德勒茲將「事件」與「身體的
行動」聯繫起來時，無疑也注意到了這一點。

從歷史的維度看，蘊含社會內涵（包括實踐品格）的「身」或感
性存在，本身形成於歷史過程並凝結著歷史發展的成果，馬克思曾
言簡意賅地指出了這一點：「五官感覺的形成是以往全部世界歷史
的產物。」⓮「身」與實踐活動的聯繫，也應當從這一歷史之維加
以理解。實踐作為感性的活動固然離不開身，但「身」同時又是在
實踐活動的歷史展開中獲得社會的品格。馬克思曾對此作了具體的
分析：「一方面為了使人的感覺成為人的，另一方面為了創造同人
的本質和自然界的本質的全部豐富性相適應的人的感覺，無論從理
論方面還是從實踐方面來說，人的本質的對象化都是必要的。」⓯
所謂「人的本質的對象化」，也就是通過人的歷史實踐作用於對
象，使之體現人的本質力量並成為人化的存在，正是在這一過程
中，自然意義上感官以及與之相聯繫的感覺逐漸被賦予人化的性
質。

與「身」相關的是「心」。作為精神性或觀念性的存在，

⓭　G. Deleuze: *The Logic of Sense*, Translated by M. Lester with C. Stivale, Columbia University Press, 1990, p.182.
⓮　馬克思：《1844 年經濟學哲學手稿》（北京：人民出版社，1985 年），頁 83。
⓯　同上。

「心」包含不同的方面，從理性、情感、意志，到直覺、想像、體悟，精神的不同形態和能力體現了「心」的不同存在方式。就動態的層面看，「心」又展開為各種樣式的活動，包括直觀、推論、分析、綜合、判斷、選擇、權衡，等等。然而，不管個體的精神形態和能力如何多樣，也無論其意識活動怎樣在時間中展開，它們都統一於作為整體的個人，是同一個體的精神世界和精神活動的不同表現形式。即使個體在觀念的層面發生內在的張力，如道德選擇中情與理的悖反，不同理想的衝突，等等，這些相互對峙的方面，仍是同一精神世界的相關形態。精神世界與精神活動的以上統一，從不同的方面體現了個體的統一性。

感性之「身」與觀念之「心」不僅各自包含內在的統一，而且彼此相涉。作為個體的相關方面，身與心難以分離。從存在形態看，個體既有肉體的、感性的方面，又有意識、精神之維；無前者（「身」），則個體便如同虛幻的幽靈；無後者（「心」），則個體僅為行屍走肉，在以上二種情形中，均無法達到真實的個體。中國古典哲學強調形神相即，無疑也注意到了個體的具體形態在於身與心的統一。相形之下，二元論將身心視為相互平行的二個方面，則意味著承諾無「身」之「心」或無「心」之「身」，從而在本體論上消解了真實的個體。

個體同時表現為實踐的主體，身與心在個體之中的統一，也相應地展開於實踐、行動過程。前文曾提及，德勒茲認為，事件來自「身」。事實上，更確切地說，與人的活動相關的事件既來自「身」，也源於心。從日常的飲食起居，到經濟、政治、文化領域的實踐活動，身與心都以不同的方式互動互融。即使在無意識或下

意識的行動中，也可以看到身與心的交互作用：作為行動，它不僅
展開為軀體的活動，而且內含意識過程：儘管在下意識或無意識的
情況下行動似乎沒有意識的自覺參與，但它卻滲入了以默會或隱默
的形式展開的意識活動。不難看到，在行動、實踐中，身與心彼此
互動，賦予個人（個體）的統一以動態的形式。

　　個人的統一不僅僅涉及身心等關係，在更廣的意義上，它同時
關乎所謂個人的同一性問題（personal identity）。從成己（成就人自身）
的維度看，個人的自我同一顯然是一個需要認真關注的問題。以個
體存在為視域，成就人自身的基本前提是個體在時間中的綿延同
一：如果昨日之「我」非今日之「我」，明日之「我」也不同於昨
日與今日之「我」，則自我的成就便失去了根據。就本體論而言，
當個體層面的人被分解為不同時空中互不相關的存在形態時，人自
身成就的統一主體也就不復存在。由價值觀而考察，在個體的層
面，成己不同於外在的義務，而是人對自身所承擔的責任，然而，
只有在主體前後同一的條件下，對自身的這種責任關係才具有意
義：當昨日之「我」、今日之「我」與明日之「我」分別屬於不同
個體時，不僅「誰」之責任無法確認，而且為「誰」負責也難以澄
明。進而言之，人自身的成就本質上展開為一個過程，這種過程性
同時又總是基於個體的綿延同一。然而，當個體被分解為不同片斷
時，便只有剎那的生滅，而不再存在成就人自身（走向理想的存在形
態）的持續過程。

　　與前文論及的「變化中的個體是否仍為同一個體」這一問題相
聯繫，個人的同一性問題首先牽涉個人的變遷與同一。如何確認在
時間與空間中經歷各種變化的個人仍為同一個人？塞爾曾概括了以

下標準：首先是身體的時空連續性（Spatio-temporal continuity of body），儘管在分子層面，身體的有關部分不斷被更替，但個人的身體自幼至老仍有其連續性。其次是結構在時間中的相對連續（relative temporal continuity of structure）。雖然個人的身體在時間中發生各種變化，如器官變得成熟，個子變得高大，等等，但其基本結構往往相對穩定：以形體而言，在通常情況下，人的身軀不會變得像非洲象那麼大，也不會如長頸鹿那般高。其三是記憶（memory），前兩條標準側重於第三人稱，這一標準則以第一人稱為主，它所涉及的是意識狀態之間的前後秩序。其四是人格的連續性（continuity of personality），它所關涉的是個人在性格、性情等方面的連續性。❻以上四項中的前二項，屬「形」（生理及物理）的層面，第三項（記憶）則可歸入心理或意識之域，事實上，較早從記憶的角度確認個人同一性的洛克，便直接將其表述為「意識」。❼第四項情況似乎更為複雜，它與心理、意識相聯繫，但又與記憶等意識活動與現象有所不同。不過，塞爾沒有對此作更深入的分析、說明。

在「形」（物理及生理）的層面，個人的同一與形上之域中個體的同一並沒有根本的區別，二者都涉及物理形態的事物在時間中的延續性問題。基於記憶的個人同一，則主要指向意識之域；作為個人同一的根據，其側重之點在於意識的連續性。個人的精神世界在其存在過程中總是經歷了各種變化，但這並不意味著其前後的精神

❻　參見 J. Searle: *Mind: A Brief Introduction*, Oxford University press, 2004, pp.196-198。

❼　參見 John Lock: *An Essay Concerning Human Understanding*, vol. I, Dover Publications, INC. 1959, pp.448-451。

形態完全彼此隔絕，相反，作為同一個體的意識活動，它包含內在的延續性或連續性，而個體的記憶則是這種延續性或連續性所以可能的前提。儘管僅憑意識的這種連續性尚不足以擔保個人的同一，大腦移植的思想實驗，已從一個方面表明了這一點；然而，從消極或否定的意義上說，如果沒有意識的這種延續性，則個人的同一同樣難以想像。以身與心的統一為出發點，個人的同一顯然無法離開意識的連續性和延續性。

意識的連續和延續涉及時間性，事實上，個人的同一自始便關乎時間問題。在社會的領域，時間的意義首先體現於歷史性，正是社會過程的歷史展開，使時間不同於抽象、空洞的先後流逝。對個人而言，時間的意義同樣通過其現實的生活、實踐過程得到展示。按其實質，時間意義上的前後相繼，乃是以人的生活、實踐過程的連續性為其現實內容；生活、實踐過程的這種連續性既使個人自我認同及理解自己的統一性成為可能，也為他人把握其前後同一提供了前提。意識的延續固然也涉及時間，但這種時間同時在更本源的意義上體現於人的生活、實踐過程，離開了後者，意識的主體便僅僅是普特南所假設的「缸中之腦」，在此假設情景中，意識本身的延續與其說是時間性的，不如說是邏輯性的。

個人的同一當然並不限於「形」（物理、生理）和「神」（心理、意識）以及它們在時間中的連續，它同時包含價值的內涵，後者首先體現於品格、德性等方面。塞爾所提及的人格的連續性，在某種意義上已觸及了以上方面，但他的分析似乎仍主要偏重於性格、性情等心理的維度。事實上，從日常的為人，到更廣的社會領域的行為取向，都可以看到個人存在過程相對穩定的方面，而這種穩定性

往往又基於個人在品格、德性上的穩定性。較之特定境遇、行為的多樣性、多變性，個人的品格、德性具有相對恆定或穩定的特點，儘管品格與德性本身也具有某種可變性，而並非絕對不變，但作為同一個人的存在規定，它們的變化、發展也具有內在的相關性，後者不同於僅僅通過記憶而達到意識的連續性，在更深層的意義上，它們以價值觀念、取向的前後綿延為內容。相對於「形」（物理、生理）與「神」（心理、意識），德性與品格所體現的延續、同一，無疑具有更為內在的特點。

就更廣的意義而言，個人的自我同一難以僅僅限定於個體。作為現實的存在，個體總是生活在社會之中，考察個體的自我認同，同樣無法離開這一本體論的境域。每一個體在其存在的過程中，都與他人、社會以及其他背景形成了獨特的關係，這種關係既構成了個體存在不可忽略的方面，又制約著個體的存在品格以及生活實踐過程。從本原的方面看，個體從來到世界之時起，便與給予他生命的父母形成了難以分離的聯繫，這種關係既是自然的（以血緣為紐帶），又是社會的。不管個體在以後如何變化，他與父母之間的如上關係，總是無法改變：個體可以有昨日之「我」與今日之「我」的不同，但無論是昨日之「我」抑或今日之「我」，其生命都由他的同一父母所給予。廣而言之，個體在社會生活中形成的政治、經濟、文化等各個方面的關係，都不僅有變遷的一面，而且也具有延續性，非稍縱即逝、方生方滅。社會關係的這種延續性既基於社會生活的延續性，也為社會生活本身的延續提供了擔保。從個體的形態和存在方式看，社會生活與社會關係的以上連續性，同時又從本原的方面規定和展示了個體的綿延同一。

　　從成己與成物的視域看，個體自我同一的意義，首先在於從本體論和價值論的層面，為人自身在個體之域的成就提供了前提。當個體雖經歷時間上的變遷，但在形、神、社會關係、生活實踐等方面仍保持綿延同一、表現為同一個「我」時，不僅個體之域的統一主體得到了確認，而且這一領域中「誰」之責任、為「誰」負責等問題也獲得了解決的根據。以具有綿延同一品格的現實存在為主體，人自身成就的過程性、延續性同樣得到了內在的擔保。

　　在觀念的層面，個人的同一性同時涉及個人的自我確認，後者具有某種反身的性質。反身意味著以個人自身為對象，它與個體的自我意識及反思意識難以分離。泰勒在考察個人的內在特點時，曾對人與動物作了比較，認為人不同於動物之處就在於他不僅具有欲望，而且能夠將自身所具有的欲望作為對象加以評價，後者同時構成了個人（person）或自我（self）的特徵。⓲泰勒所分析的這種評價過程，從另一個方面表現了個人的反思性和自身指向性（反身性）。就其外在的形式而言，以自身指向為特點的對象化與個體的自我認同似乎具有不相容的關係，因為對象化往往趨向於消解主體性。納托爾普（Natorp）在批評現象學時，便以此為主要根據。在他看來，現象學所引入的反思方法涉及對象化過程，而在意識的對象化中，如何又能達到主體性？⓳關於現象學的評價，此處暫且不

⓲　參見 Charles Taylor: "What is Human Agency? In *The Self: Psychological and Philosophical Issues*, Edited by Theodore Mischel, Basil Blackwell, Oxford, 1977, pp.103-135.

⓳　參見丹·紮哈維：《主體性與自身性》（上海：上海譯文出版社，2008年），頁94-95。

論，在理論的層面，這裏需要指出的是：納托爾普的以上論點似乎忽視了，在以自身為指向的反思意識或自我意識中，個體事實上具有雙重品格：他既是對象，又是主體。正是這種雙重性，使個人的反身意識與反思意識同時成為其個體性的表徵。

與個人的自我確認相聯繫的，是作為個體的自我與他人的區分，這種區分在邏輯上又以確認個體自身的獨一無二性為前提。如前所述，在形而上的層面，個體的獨一無二性首先體現於「非個例性」或「不可實例化」（noninstantiability），對個人而言，這種獨一無二性不僅僅表現為存在形態上沒有相同的個體或個體的不可重複性、不可還原性，而且進一步體現在價值意義上個體的不可替代性。作為個體，人既在本體論上表現為一次性（無法重複）的存在，也在價值論上具有不可替代性或唯一性。個人的具體社會功能、作用，也許可以由其他人取代，但其具體的存在，則無法由他人替代。可以說，正是在個人之中，個體的獨一無二性得到了更深刻的體現。

個人的獨特品格當然並不僅僅限於本體論上的不可重複性以及價值論上的不可替代性。從更為內在的層面看，個人與個性難以分離。如前所述，在形而上的維度，個體主要通過特定的時空關係而展示其各自的殊相（在不同的時空位置中，個體呈現不同的形態），對個人而言，其具體性則體現於多樣的個性。個性是具有綜合性的存在形態，它既包括個人的氣質、心理定勢，也兼涉知、情、意；既關乎人的內在能力，也融入了人的品格、德性，從而在總體上表現為氣質與定勢、知與情意、能力與品格的綜合統一。這種統一的精神形態內在於每一特定的個人，展現為使個體彼此區別的精神品質和特

性。作為綜合性的精神規定，個性不僅僅表現為一種心理傾向，而是以整體的方式體現了人的個體性特徵。相對於特定時空位置中殊相的多變性，個性既具有統一性的特點，又呈現穩定的品格。它使個體性超越了單純的時空關係，獲得了更內在的呈現形態。

作為人的個體性品格的獨特展現，個性同時也具體地突顯了個體性與人之「在」的內在關聯，在個體性與目的性的關係上，這一關聯得到了更深刻的體現。在談到個體性與目的性的關係時，鮑桑奎曾指出：「個體性（individuality）先於目的（purpose）。」❷作為新黑格爾主義者，鮑桑奎所說的個體與絕對相關，不過，在引申的意義上，我們可以對此作更廣的理解。目的具有價值的意蘊，個體先於目的所強調的是個體在本體論上的優先性，它意味著目的本於個體；較之個體即目的，目的本於個體無疑在更本源的意義上突出了個體的存在價值。

在目的這一層面，個人不同於物。海德格爾曾對科學視域中的物作了考察，在他看來，科學所關注的是普遍性，特殊之物僅僅被理解為個例（example）。❷引申而言，作為物的個體，僅僅呈現為類之中的個例，然而，作為人的個體（個人），則無法簡單地將其歸結為個例。類中之例僅僅是偶然的存在，從價值觀的角度看，它們可以彼此替代，無獨特的內在價值。個人則如上述，構成了目的之源，其存在意義具有不可替代性。在物理結構、性質等方面，同

❷　參見 B. Bosanquet: *The Principle of Individuality and Value*, Macmilian and Co., London, 1912, p.70。

❷　M. Heidegger: *What is a Thing?* Translated by W.B. Barton. Jr and Vera Deutsch, Regnery/Gate Way. INC, South Bend, Indiana, 1967, p.15.

一類中的不同個例往往並無根本不同，但個人則不單純是物理層面的存在，他既與其他個體存在個性的差異，又包含不可相互取代的存在目的和價值。以物觀之，類中之例的變化、生滅對類本身的存在並無實質的影響；以人觀之，則每一個人都具有不可消逝性，都不應加以忽視。

當然，個人包含個體性品格，並不意味著他僅僅表現為孤立的個體。從形而上的層面看，個體既呈現為原初的統一體，又內在於不同形式的系統之中，並涉及多樣的關係。同樣，個人也是關係中的存在，這種關係不僅僅體現於物理之維，而且在更實質的意義上展開於社會領域。當人來到這個世界時，他首先便被置於親緣層面的家庭倫常關係。黃宗羲已指出：「人生墜地，只有父母兄弟，此一段不可解之情，與生俱來，此之謂實，於是而始有仁義之名。」❷親子、兄弟之間固然具有以血緣為紐帶的自然之維，但作為社會人倫之本，它更是一種社會關係。從家庭所涉及的日常生活走向更廣的社會空間，則進一步涉及經濟、政治、文化的活動，而個人則相應地處於各種形式的社會關係之中。從外在的層面看，他人對個人而言似乎具有超越性：個體之外的他人在此意義上首先作為他者而與個人相對。然而，如前所述，在本體論上，個體之間及個體與系統、整體的關係又具有內在性，這種內在性同樣存在於個人之間。就形而上的論域而言，正是這種具有內在性的關係，使他人對於個體的超越性得到了揚棄。

同時，作為社會關係中的存在，個人都既擁有一定的權利，又

---

❷　黃宗羲：《孟子師說》卷四。

需要履行相關的義務，與個人在社會系統中所處的具體地位相應，這種權利與義務都具有特定的內涵。以前面提到的家庭關係而言，為人之父或為人之母，便既有在子女未成年時加以撫育的義務，也有在年老之時要求子女照料的權利；同樣，為人之子或為人之女，也既有在未能自立時要求父母撫養的權利，也有在父母需要時加以關心、照料的義務，這裏的子女、父母，都是具體的存在，與之相關的義務與權利也具有獨特的性質：我對自己父母的責任與義務，不同於他人對其父母的責任與義務；同樣，每一特定子女與其父母之間的權利和義務關係，也非他人可以替代。在此意義上，可以將個人視為特定權利與義務的承擔者。個人所承擔的權利與義務在不同的歷史時代與不同的社會背景中當然有不同的內涵，每一時代不同的個體所涉及的權利與義務也具有各自的差異，但作為人，個體總是擁有最基本的權利（包括自身的生存權利）及與之相應的基本義務（包括「承認、尊重他人所擁有的相同權利」這一義務）。儘管這種權利與義務在特定的歷史條件下可能受到種種限制從而無法真正實現，但它們是人這種社會存在的題中之義，這一點卻無法改變。這種最基本的生存權利與承認、尊重他人相同權利的基本義務，與個體存在的不可替代性具有本體論上的內在聯繫，正如個人的存在是獨一無二的，以上的權利與義務也具有獨一無二性。個人所具有的獨特權利與義務一方面從社會的層面進一步賦予他以個體性的存在規定，另一方面也展現了個人的社會品格。

　　馬克思曾更具體地從利益的層面，分析了個人與社會之間的聯繫：「每個人追求自己的私人利益，而且僅僅是自己的私人利益；這樣，也就不知不覺地為一切人的私人利益服務，為普遍利益服

務。……私人利益本身已經是社會所決定的利益,而且只有在社會所設定的條件下並使用社會所提供的手段,才能達到;也就是說,私人利益是與這些條件和手段的再生產相聯繫的。這是私人利益;但它的內容以及實現的形式和手段則是由不以任何人為轉移的社會條件決定的。」㉓私人利益與個人緊密相關,它從一個現實的層面,彰顯了個人的個體性品格。然而,即使在這一具有明顯個體化性質的方面,依然可以看到其中包含的社會內涵。一個特定的生產者生產某種產品的最初動機,也許是謀自身之利,但他的產品價值要真正實現,便必須滿足他人的需要,而在這種需要的滿足過程中,社會的或普遍的利益也同時得到了實現。要而言之,從私人利益的具體內容,到其實現的方式與手段;從個體利益追求的目標,到這種利益追求的客觀結果,個體與他人、個體與社會始終聯繫在一起。在進入近代以後,隨著經濟交往活動的發展,個人與他人的聯繫也更趨緊密:「在世界市場上,單個人與一切人發生聯繫,但同時這種聯繫又不以單個人為轉移。」㉔

個人的上述社會品格,是否將導致個性的消解?社會性與個體性是否彼此對峙、無法相容?從更廣的視域看,這裏涉及個性、社會性與天性之間的關係。天性也就是自然之性,它更多地關乎人在生物學意義上的規定,並具體地體現於飲食男女等活動之中。就人而言,不同個體的自然之性,往往並沒有根本的差異:饑而欲食、

㉓　馬克思:《1857-1858 經濟學手稿》,《馬克思恩格斯全集》,第 30 卷(北京:人民出版社,1995 年),頁 106。

㉔　同上,頁 111。

渴而欲飲、寒而欲衣，在這些基於天性的行為意向上，個體之間往往「同」多於「異」。僅僅從這些行為與意向中，也無法發現獨特的個性。然而，從自然的層面走向社會之域，情況便發生了變化。當自然意義上的充饑、解渴轉換為社會意義上飲食文化時，飲食便有了個性的差異（美食層面上的口味分化）。同樣，當自然層面的禦寒之物成為象徵身分、地位、品味的服飾時，個體之間在穿著（服飾文化）上的種種個性化區分便立刻形成。從本質的方面看，個性本身是一種社會的品格，也唯有在社會的背景中，個性才能獲得真正的發展並得到深沉的體現。以思維方式為例，它所涉及的是人理解與變革世界的能力，較之與自然之性具有多方面聯繫的飲食、服飾層面的審美趣味，它在更內在的意義上體現了人的社會屬性，而這一方面的個性差異，也以人的社會屬性的充分發展為前提。經驗論者休謨與思辨哲學家黑格爾在思維方式上的差異，便比一個英國人與一個德國人在飲食口味上的不同，更深刻地體現了人的個性差異。這一事實從一個方面展示了個性的多樣化與人的社會性規定之間的相關性。

作為個體品格的內在體現，人的個性並非預成或既定，而是具有生成的性質，個性的這種生成過程固然與天性無法完全分離，但它更需要社會的引導、教育。從形式或外在的方面看，這裏似乎存在某種悖反的現象：個性通常與獨特性、多樣性、差異性相聯繫，社會的引導、教育則旨在實現個體的社會化，而所謂個體的社會化，又意味著將個體的觀念、行為納入社會的普遍軌轍，使之按社會所要求、允許的方式存在於世。後者無疑蘊含著一致性、統一性等指向。不過，就更實質的意義而言，社會的引導、影響，與個性

的形成並非彼此排斥。事實上，引導與教育既涉及普遍的規範，也以個體的差異為本，所謂因材施教、個性化教育，等等，都從不同方面表明了這一點。在前社會（自然）的層面，個體之間的差異總是顯得相對有限；個性的培養、形成與個體的社會化，往往表現為同一過程的兩個方面，在這一過程中，面向個體的教育、引導，無疑不可或缺。按其現實形態，社會的引導、影響並不是對個體的單向灌輸，它與個體自身的理解、接受之間，存在著互動的關係，正是這種互動，從一個方面決定了個體的社會化與個性的多樣化並行而不悖。

概而言之，在人的存在之域，個體以個人為具體的形態。個人既表現為身與心的統一，又展開為時間中的綿延同一，後者不僅涉及「形」（物理與生理）「神」（心理與意識），而且以德性與人格的延續性、連續性為內容。個人的以上綿延同一為成己過程提供了本體論的前提。作為具體的存在，個人具有獨特的品格，這種獨特性一方面呈現為本體論上的一次性、不可重複性，另一方面表現為價值論上的不可替代性。作為「物」，個體常常被理解為「類」的殊相或個例，作為「人」，個體（個人）則以目的性為其內在規定，並內含著獨特的個性。個性既在本體論上展示了個人的獨特品格，也在價值論上與目的性規定相融合而體現了個人的存在取向。個性的生成與發展過程，同時以個體（個人）與社會的互動為其歷史內容。綜合起來，個人的以上內涵具體地表現為個體性與總體性的統一，馬克思曾對此作了具體的闡釋：「人是一個特殊的個體，並且正是他的特殊性使他成為一個個體，成為一個現實的、單個的社會存在物，同樣地他也是總體，觀念的總體，被思考和被感知的社會

的自為的主體，正如他在現實中既作為對社會存在的直觀和現實享
受而存在，又作為人的生命表現的總體而存在一樣。」㉕與「特殊
的個體」相聯繫的是個人的不可還原、不可重複、不可替代等品
格，「總體」則表現了其內在規定、所涉及關係的多重性以及這些
規定、關係的統一；二者構成了現實個人的相關方面。㉖

三、成就自我與個性發展

從更廣的歷史視域看，個人與社會的互動不僅僅表現為社會對
個體的引導、影響惟有通過個體的理解、接受才能實現，而且在於
社會本身的衍化與個體存在形態變化之間的內在關聯。馬克思在談
到社會的變遷時，曾指出：「人的依賴關係（起初完全是自然發生
的），是最初的社會形式，在這種形式下，人的生產能力只是在狹
小的範圍內和孤立的地點上發展著。以物的依賴性為基礎的人的獨
立性，是第二大形式，在這種形式下，才形成普遍的社會物質變
換、全面的關係、多方面的需要以及全面的能力的體系。建立在個

㉕　馬克思：《1844 年經濟學哲學手稿》（北京：人民出版社，1985 年），頁
　　80。
㉖　順便指出，如前文所提及的，斯特勞森雖然在《個體》一書中討論了個人，
　　但所關注的主要是身、心（意識）這一類問題（參見 P.E. Strawson:
　　Individuals – An Essay in Descriptive Metaphysics, Methuen & Co. LTD, 1959,
　　pp.87-116），從而仍限於物理、生理、心理的層面，對德性、人格、目的
　　性、義務與權利等所涉及的社會、價值規定，斯特勞森似乎未能作必要的論
　　述，這種考察進路從一個方面表現了分析的形而上學對個體、個人理解的抽
　　象性。

人全面發展和他們共同的、社會的生成能力成為從屬於他們的社會
財富這一基礎上的自由個性,是第三個階段。第二個階段為第三個
階段創造條件。」❷這裏所分析的是社會的歷史衍化,按馬克思的
看法,社會形態的變遷與個體存在形態的變化之間,呈現出對應的
關係:社會的最初形態相應於個人對他人的依賴性,社會的第二大
形式,以個人對物的依賴性為特點,社會發展的第三階段,則基於
個人的全面發展及自由的個性之上。在社會歷史的以上衍化中,個
人的存在意義無疑得到了突顯:它的存在形態構成了區分不同歷史
階段的重要依據。

　　個人在社會衍化中的以上歷史作用,同時也使個人自身發展的
意義變得突出了。歷史地看,個人的發展、自我的成就,很早已為
哲學家所關注,具有不同哲學立場的哲學家、哲學流派,往往對個
人的發展、成就形成不同的理解。以中國哲學而言,儒家從先秦開
始便將成人或成己提到了突出地位。孔子已區分「為己」與「為
人」,前者(「為己」)以自我的實現與完成為指向,後者(「為
人」)則僅僅表現為對他人的迎合,孔子的基本取向是以「為己」
否定「為人」。與注重「為己之學」相應,所謂「成人」,也就是
成就自我或成就理想人格,在這一意義上,「成人」與「成己」的
涵義並無實質的不同。儒家之外的道家儘管在哲學立場上與儒家存
在種種差異,但在注重個人這一點上又與之存在相通之處。莊子肯

---

❷　馬克思:《1857-1858 經濟學手稿》,《馬克思恩格斯全集》,第 30 卷(北
　　京:人民出版社,1995 年),頁 107-108。

定「獨有之人，是謂至貴」❷❽，主張「不以物易己」❷❾、「順人而不失己」❸⓿，都體現了對個人（「己」）價值的確認。

然而，肯定個人（個體）的存在價值，並不意味著真正把握了個體的存在意義或應然形態。儒家提出成人與成己，把自我的成就或自我的實現放在十分突出的地位，然而，在如何理解自我與個體的問題上，儒家又表現出自身的某種偏向。對儒家而言，成人或成己首先以成聖為指向，在張載的如下看法中，這一點得到了簡要的概述：「君子之道，成身成性以為功者也，未至於聖，皆行而未成之地爾。」❸❶成聖則意味著以聖人為普遍的理想人格範型，並以此為準則塑造自我。不難看到，上述意義上的成人或成己雖然將自我或個人放在突出的地位，但從內容上看，這裏的「己」或個人同時又以普遍的價值目標為導向，成己則旨在達到同一人格形態（聖人）。在這種普遍的、統一的人格取向中，人的多樣性及個體性品格多少被遮掩了。同樣，道家反對「以物易己」，固然體現了對個體的注重，但「己」或個體的理想形態，又主要被理解為「真人」或「天人」❸❷，與天人之辯上將自然狀態（天）理想化相應，此所謂「真」和「天」，也就是合於自然或與自然為一。在道家那裏，

---

❷❽　《莊子·在宥》。

❷❾　《莊子·徐無鬼》。

❸⓿　《莊子·外物》。

❸❶　《張載集》（北京：中華書局，1978 年），頁 27。

❸❷　參見莊子：「不離於宗，謂之天人。」（《莊子·天下》）「古之真人，以天待人，不以人入天。」（《莊子·徐無鬼》）這裏「天人」之中的「天」為限定詞，表示與人化相對的自然，所謂「天人」，也就是合乎自然或與自然為一之人。

對自然（天）的禮贊，同時又與揚棄目的性規定相聯繫，所謂「無為為之之謂天」❸，便表明了這一點：這裏的「無為為之」，首先相對於目的性的追求而言，其特點在於非有意而為；以「無為為之」為「天」的內涵，相應地包含著對目的性的疏離。「天」與「目的性」的這種相斥，同時也使「天人」與目的性規定形成了某種距離。如果說，儒家的成人理論蘊含著普遍的人格取向對個體性規定的弱化，那麼，道家的「真人」與「天人」之說，則在邏輯上將導向目的性規定的消解。

儒家與道家對個體或「己」的如上理解，從不同的方面折射了自然經濟條件下人的生存狀況。前文已提及，按馬克思的理解，當「生產能力只是在狹小的範圍內和孤立的地點上發展著」時，人所處的是「最初的社會形式」，與之相聯繫的則是「人的依賴關係」，這種依賴性既體現於某一個體（處於較低社會等級的特定個體）對另一個體（處於較高社會等級的特定個體）的依賴，也展開於個體對群體以及社會等級系統本身的依賴性。在「生產能力只是在狹小的範圍內和孤立的地點上發展著」的條件下，人的存在無法離開群體，儒家肯定「人生不能無群」❸、人「離居不相待則窮」❸，已多少意識到人的這種生存處境。儒家對人格的普遍規定與社會內涵的注重，似乎也從一個方面反映了個體與群體、社會的以上關係。相對於此，道家之推崇、嚮往前文明形態的自然（天），則表現了

---

❸　《莊子·天地》。

❸　《荀子·王制》。

❸　《荀子·富國》。

另一趨向。對道家而言,社會的體制、規範系統,都呈現為對人的束縛、限定,這種束縛、限定,在某種意義上折射了人的依賴關係,與之相聯繫,回歸自然(天)既意味著超越以上的種種限定,也似乎以獨特的方式表達了對人的依賴關係的某種不滿。

從「最初的社會形式」走向近代,「人的獨立性」逐漸取代了「人的依賴性」。較之各種形式的「人的依賴性」(包括個體之歸屬於類、群體、社會系統),「人的獨立性」無疑為個人的多方面發展提供了更多的可能。然而,另一方面,隨著物質交換關係的普遍展開,個性的發展逐漸受到另一重意義上的限定。近代以來,與資本主義生產方式相聯繫的市場經濟將「普遍的社會物質變換」提到了突出的地位。從經濟的層面看,社會物質變換以商品交換為核心,後者的基本原則是等價交換。按其本來形態,等價交換以消解商品在物理特性、使用價值等方面的差異為前提。進而言之,對於參與交換活動的個人來說,他們之間的區別往往顯得無足輕重,事實上,在同一等價交換原則下,個體的特殊性並不進入交換過程,相反,這些特性常常被抹平:「不管活動採取怎樣的個人表現形式,也不管活動的產品具有怎樣的特性,活動和活動的產品都是交換價值,即一切個性,一切特性都已被否定和消滅的一種一般的東西。」❸❻「主體只有通過等價物才在交換中相互表現為價值相等的人,而且他們通過彼此藉以為對方而存在的那種對象性的交替才證明自己是價值相等的人。因為他們只是彼此作為等價的主體而存在,所以他們是價值相等的人,同時是彼此漠不關心的人。他們的

---

❸❻ 《馬克思恩格斯全集》,第 30 卷(北京:人民出版社,1995,頁 106-107。

其他差別與他們無關。他們的個人的特殊性並不進入過程。」❸要
而言之，商品交換所確認的，不是個體的獨特性、差異性，而是個
體之間的相等、相同；以等價交換為普遍原則，人的個性每每難以
得到真正的彰顯。隨著勞動力的商品化，人本身也開始進入了交換
市場，而在同一等價交換原則下，人的個性特點進一步被掩蔽於一
般等價物之下。

商品交換過程對個體性的消解，本身又以勞動的抽象形態為其
前提。商品的使用價值形成於具體勞動，商品的交換價值則源於抽
象勞動。使用價值的差異性相應於具體勞動的多樣性，交換價值則
與抽象勞動相聯繫。為了使商品的交換價值可以在量上相互比較，
就需要揚棄勞動的特殊形式而將其還原為抽象的一般的勞動：「生
產交換價值的勞動，同使用價值的特殊物質無關，因此也同勞動本
身的特殊形式無關。其次，不同的使用價值是不同個人的活動的產
物，也就是個性不同的勞動的結果。但是，作為交換價值，它們代
表相同的、無差別的勞動，也就是沒有勞動者個性的勞動。因此，
生產交換價值的勞動是抽象一般的勞動。」❸在抽象勞動的層面，
不僅勞動對象的差異被忽略，而且勞動者及其操作活動的具體特點
也隱而不顯。勞動在質上的這種同一，使勞動者的個性差異變得似
乎沒有實質的意義。

抽象勞動及與之相關的交換關係對個性的掩蔽，使個體的內在
價值也面臨被消解之虞。如前所述，與形上領域個體的不可重複性

❸　《馬克思恩格斯全集》，第 31 卷（北京：人民出版社，1998 年），頁 359。
❸　同上，頁 421。

相聯繫的，是價值層面個體的不可替代性。然而，基於抽象勞動的
交換和流通過程不僅使個體之間彼此同一、相等，而且也使個體可
以相互替換：「流通在一定的環節上不僅使每個人同另一個人相
等，而且使他們成為同樣的人，並且流通的運動就在於，從社會職
能來看，每個人都交替地同另一個人換位。」❸當個體主要被視為
可替換的對象時，其存在的內在價值便開始消隱。

個體價值的這種弱化，在更內在的層面表現為人的物化或工具
化趨向。當抽象勞動將勞動者的個性特點完全抹平之時，個體與其
他存在之間便不再有實質的差異，而勞動力的商品化，則進一步將
人（勞動者）化為可以用同一尺度加以衡量的物。在普遍的社會物
質變換關係中，人與人之間的關係往往蘊含於物與物的關係之中，
人自身的價值也每每通過還原為某種等價物而得到體現，與之相聯
繫的是人對物的依賴性。

人的商品化與物化過程的進一步發展，則表現為外在之物對內
在之我的支配。在現代社會中，這一點表現得愈益明顯。無所不在
的體制約束以及與之相聯繫的程式化過程，使個體的創造性愈益變
得多餘：他的作用不外是履行制度的功能或完成某種體制中的程
式，而大眾文化的膨脹，又使個體從審美趣味到行為方式都趨向於
劃一化並逐漸失去批判的能力。與技術導向的逐漸形成相聯繫，各
個專業領域的專家、權威通過不同的途徑和方式不斷向人們頒佈各
種行為與選擇的準則，並由此造成習慣性的服從：除了接受與聽從
權威的意見之外，人們似乎別無他擇。作為物的依賴性的延伸，以

---

❸　同上，頁 360。

上過程使現實的個體及其價值都難以彰顯。

如何使個體的內在價值真正得到實現？從人格理想的維度看，這裏無疑應當對「自由個性」予以特別的關注。馬克思將「自由個性」視為社會發展第三階段的主要特徵，同時也從歷史的維度突顯了其意義。以社會的衍化為視域，自由個性首先表現為超越人的依賴關係。如前所述，社會發展的「最初形式」以人的依賴性為其特點，在這種依賴關係中，個體往往歸屬於他人或外在的社會系統（包括等級結構），缺乏真實的個性與自主品格。作為以上依賴關係在人格形態上的體現，理想的人格目標往往也趨向於普遍化、劃一化，以「成聖」規定成己，便多少表現了這一點。通過超越人的依賴關係而達到人的自主性與獨立性，構成了發展自由個性的重要方面。與人的依賴性前後相關的，是物的依賴性。如果說，前者（人的依賴性）蘊含著對人的個體性、自主性的消解，那麼，後者（物的依賴性）則意味著通過人的工具化或物化而掩蔽人的目的性規定或內在價值。在超越人的依賴性的同時，自由個性同時要求揚棄物的依賴性。從正面看，後者的實際涵義，就在於確認人的內在價值、肯定人的目的性規定。

對人的依賴性與物的依賴性的雙重超越和揚棄，更多地從否定或消極的層面體現了自由個性的特點。從肯定或積極的方面看，自由個性具體地體現在個人的全面發展之上。馬克思在談到自由個性時，便同時將其與「個人全面發展」聯繫起來。在寬泛的層面上，個人的全面發展首先涉及身與心的關係。這裏的「身」包括廣義的感性存在以及與之相聯繫的感性能力，「心」則泛指意識及精神世界，「全面發展」在此意義上意味著身與心的並重。「身」作為感

性存在，同時又與「天」（天性或自然的規定）相聯繫，「心」作為精神世界則包含著人的文化內涵，與之相應，「個人全面發展」也關乎「天」與「人」的關係。歷史地看，儒家與道家分別側重於「人道」和「天道」，對二者的揚棄則既意味著避免無視自然之性（天），也蘊含著對文明或人化規定（人）的注重。

　　人化之維作為文明發展的歷史積澱，更多地體現了人的社會性品格，相對於此，自然之性則內在於每一具體個體，並與人的個體性規定有著更切近的聯繫。個體的全面發展一方面表現為以「他們的社會關係作為他們自己的共同的關係」❹，並充分地實現其社會的潛能；另一方面又展示其獨特的個體規定。不難看到，在這裏，個人的「全面發展」以社會性與個體性的雙重展開為其具體的內涵。

　　廣而言之，自由的個性意味著揚棄存在的片面性。就意識層面而言，它要求超越知、情、意之間的界限和彼此的限定，使個體在理性與情意等方面都獲得充分的發展；在人格規定上，它所指向的是真、善、美的統一；從精神世界看，它則以現實能力與內在境界的融合為理想目標。個性的以上發展，意味著超越整齊劃一的人格形態。從知情意的交融，到真善美的統一，從能力的發展，到境界的提升，個體成就的現實形態都多樣而豐富，其間不存在普遍的模式和單一的進路。

　　以人的全面發展為內容，自由的個性同時體現於價值創造的過

---

❹　參見《馬克思恩格斯全集》，第 30 卷（北京：人民出版社，1995 年），頁112。

程。個性的自由形態並不單純地以觀念的、精神的方式存在，它總是滲入人的價值創造過程，並通過這一過程而得到具體的展示。價值創造既指向世界的變革，也包括人自身的造就，無論是知情意的統一，抑或真善美的交融，都形成於變革世界與成就人自身的過程，並進一步作用、體現於後者。對個體而言，價值創造的過程不僅構成了個性自由發展的現實之源，而且為自由的個性提供了豐富而具體的內容。與之相應，自由的個性本身也以創造性為其題中之義。

自由的個性體現於個體的具體存在方式，便表現為超越不同形式的限定。當人尚受到人的依賴性或物的依賴性制約時，人的能力、興趣、活動方式，等等，往往也處於各種形式的限定之中。在人的依賴性處於主導地位的歷史條件下，個人首先被定格於某種凝固不變的社會角色；在物的依賴關係中，個人則往往被歸結為某種物化功能的承擔者，工業化大生產典型地體現了這一點：在大工業的生產流水線中，個體常常被化約為這一物質生產過程中的一個環節。就人的存在形態和存在方式而言，個性的自由發展以揚棄以上的種種限定為其歷史前提，它既要求個體潛能的多方面實現，也以個體活動在深度與廣度上的多方面展開為指向。馬克思在談到個人的理想存在方式時，曾對此作了形象的闡述：在未來的理想社會中，「任何人都沒有特殊的活動範圍，而是都可以在任何部門內發展，社會調節著整個生產，因而使我有可能隨自己的興趣今天幹這事，明天幹那事，上午打獵，下午捕魚，傍晚從事畜牧，晚飯後從事批判，這樣就不會使我老是一個獵人、漁夫、牧人或批判者。」

❹這裏重要的是個人不會「老是」同一特定個體，它意味著超越外在角色、功能對個人的限定，使個人真正得到多方面的發展。

　　個性的多樣形態，內在地涉及個性發展的定向性與不同發展可能之間的關係。從過程的層面看，發展的後起階段總是以先前的階段為其出發點和前提，但發展的先前階段卻並不一定必然引向後起的階段，這裏存在著某種不對稱性。個人在品格、能力等方面的相對成熟、穩定存在形態，往往可以從其早期的環境、教育、自身的努力之中找到某種端倪或源頭，然而，這並不是說，他的早期發展已必然地規定了後來的形態。由於個體自身及社會境遇等等的變化與作用，其個性常常蘊含著不同的發展可能，這裏不存在絕對不變的定向。基於以上事實，我們似乎可以區分潛能的現實化（actualization of potentiality）與可能的實現（realization of possibility）。潛能的現實化在某種程度上預設了一種確定的趨向，作為結果的發展形態相應地業已作為發展的定向蘊含於出發點之中，可能的實現則並不以既成、單一的定向為前提，它蘊含了不同的可能趨向，同時也為個體自身的創造性發展提供了必要的空間。不難注意到，這裏交錯著個性發展過程中的必然性與可能性及偶然性、定向與自我的創造性等關係。個性的形成與發展無疑有其內在的根據，這種根據同時也規定了發展的趨向，然而，不能因此將其僅僅理解為一個必然的、命定的過程。個性發展過程中總是受到個體自身及各種社會因素、條件的影響，其中既包含與境遇變遷等相聯繫的偶然性的制約，也滲入了個體自身內在的創造作用。將個性的自由發展單純地

---

❹　《馬克思恩格斯選集》，第 1 卷（北京：人民出版社，1995 年），頁 85。

視為潛能的現實化（actualization of potentiality）或僅僅歸結為可能的實現（realization of possibility），都有其片面性。潛能所蘊含的定向性與可能所蘊含的創造性，在個性的自由發展過程中更多地呈現互動的形態。

可能的實現及潛能的現實化在不同意義上都展開為一個過程。廣而言之，個性的發展本身內在的蘊含著歷史性和過程性。從過程的維度看，個人的全面性具有不同的歷史內涵。在社會衍化的較早時期，個體似乎也呈現某種全面的形態，但這是一種在社會關係的分化與勞動的分工都尚未充分發展的歷史階段中具有原始意義的「全面」，它與自由個性論域中的全面發展，不能等量齊觀。馬克思已指出了這一點：「在發展的早期階段，單個人顯得比較全面，那正是因為他還沒有造成自己豐富的關係，並且還沒有使這種關係作為獨立於他自身之外的社會權力和社會關係同他自己相對立。留戀那種原始的豐富，是可笑的，相信必須停留在那種完全的空虛化之中，也是可笑的。」❷作為自由個性體現的全面發展，是揚棄了物的依賴性與人的依賴性之後所達到的人的存在形態；相對於原始的全面性和原始的豐富性，它奠基於社會發展的更高階段，包含著更為深刻的歷史內涵。正是在上述意義上，馬克思強調：「全面發展的個人——他們的社會關係作為他們自己的共同的關係，也是服從於他們自己的共同的控制的——不是自然的產物，而是歷史的產物。」❸

---

❷　《馬克思恩格斯全集》，第 30 卷（北京：人民出版社，1995 年），頁 112。
❸　同上。

作為歷史的產物，自由的個性和人的全面發展有其現實的前提，除了在社會歷史層面揚棄人的依賴性及物的依賴性等等之外，需要予以特別關注的是自由時間。自由時間首先相對於必要勞動時間而言，從社會的角度看，只有當用於生產生活資料與生產資料的勞動時間減少到一定程度之時，精神等領域的生產才成為可能。投入到前者的時間越少，則花費於後者的時間便越多：「社會為生產小麥、牲畜等等所需要的時間越少，它所贏得的從事其他生產，物質的或精神的生產的時間就越多。」❹❹同樣，對個體而言，在個人的所有時間完全為必要勞動所占據的條件下，其多方面的發展只能是空幻的理想，唯有獲得可以自由支配的時間，個體的多方面發展才可能提上日程。通過勞動時間的節約而使個體擁有更多的自由時間，其意義首先也在於為個體的充分發展創造條件：「節約勞動時間等於增加自由時間，即增加使個人得到充分發展的時間。」❹❺在個人的充分發展與必要勞動時間的減少、自由時間的增加之間，不難看到內在的相關性。一旦通過縮減必要勞動時間而給所有的人提供自由的時間，則個性的自由發展便會成為現實：「個性得到自由的發展，因此，並不是為了獲得剩餘勞動而縮減必要勞動時間，而是直接把社會必要勞動縮減到最低限度，那時，與此相適應，由於給所有的人騰出了時間和創造了手段，個人會在藝術、科學等等方面得到發展。」❹❻在這裏，個性的自由發展與個人在不同的領域的

---

❹❹　《馬克思恩格斯全集》，第 30 卷（北京：人民出版社，1995 年），頁 123。

❹❺　《馬克思恩格斯全集》，第 31 卷（北京：人民出版社，1998 年），頁 107-108。

❹❻　同上，頁 101。

多方面發展之間彼此統一,而二者的共同前提,則是自由時間的獲得。可以看到,以自由時間為基礎,自由的個性同時展示了其現實性的品格。

從個性自由發展的前提與基礎,轉向這一發展的內在過程,便進一步涉及自由的不同形態。從積極的方面看,個性的自由發展意味著通過創造性的活動,實現具體的、多樣的價值理想,後者在個體的層面表現為個人的自我實現或自我成就。從消極的方面看,個性的自由發展則以擺脫各種形式的支配、干涉、限定為指向,在歷史的維度上,這種「擺脫」首先表現為對人的依賴性與物的依賴性的雙重揚棄和超越。**❹**

就其原初及抽象的形態而言,積極意義上的自由源於自我決定、自作主宰等意願,其更一般的內涵則是「自由地走向或達到」(freedom to)**❹**,後者往往趨向於從一定的價值立場出發,堅持、推行某種觀念、主張,努力貫徹與實現與之相關的理念,並以此來變革世界、成就自我。這種進路如果單向地、過度地發展,在個體的層面上容易導向以自我的意志、觀念、理想影響他人甚或強加於他人;在社會的層面上則將導致以某種單一、普遍的範式塑造人,由

---

❹ 這裏所說自由的積極形態與消極形態與伯林(Isaiah Berlin)所區分的消極自由(negative freedom)與積極自由(positive freedom)有相通之處,但又不盡相同。伯林的以上區分雖不完全限於政治之域,但主要側重於政治的層面,本書所討論的自由的二重形態,則主要以個性的自由發展為視域。同時,伯林在總體上對積極自由持批評性的立場,並較多地肯定了消極自由的意義,本書則傾向於對二者作雙重揚棄,詳見後文。

❹ 參見 Isaiah Berlin: *Four Essays On Liberty*, Oxford University Press, 1969, pp.131-132。

此常常進而引向獨斷的思維方式與強制的行為方式。同時，理念的推行常常與理性的設計聯繫在一起，當二者與思想的灌輸和實踐的改造相結合時，便易於導向理性的專制。這裏似乎存在某種悖論：對自由的「積極」追求使人常常走向了自由的反面。歷史地看，理性、民主、平等、革命等等觀念在片面地推行、貫徹之下，每每被賦予某種強制的性質。在積極地實現、達到某種主張、理念的形式下，這種主張、理念本身往往異化為抑制、干涉、操縱人的思想與行為的工具。意識形態對某種既成存在形態的維護與烏托邦對虛幻藍圖的追求，便從不同的方面表現了以上趨向。在這裏，積極形式下的自由進路，無疑呈現了某種負面的意義。

　　相對於自由的積極形態，消極形態的自由以擺脫外在的支配、控制、限定為指向。換言之，這是一種通過擺脫而獲得自由（freedom from）。❹然而，在要求擺脫限定的同時，消極形態的自由似乎或多或少蘊含著消解既成的價值理想與價值目標之趨向。如果說，積極形態的自由以「應當成就什麼」為內在要求，那麼，消極形態的自由則每每導向對以上要求持懷疑、否定的態度。這種懷疑、否定的立場如果過度地發展，則可能引向放棄實質層面或普遍之維的價值承諾。當伯林將「絕對價值」與「原始的往日」聯繫起來、並把超越個人信念相對有效性的要求視為「無可救藥的形而上學需要」時，❺便既表現出拒斥獨斷的立場，又多少流露出對普遍

---

❹　Ibid., p.127, 131.

❺　參見 Isaiah Berlin: *Four Essays On Liberty*, Oxford University Press, 1969, pp.171-172。

價值的某種責難和疏離。從邏輯上看，在擺脫、消解成為主要乃至唯一的選擇和進路時，價值的認同、價值的承諾常常就失去了內在的根據，由此導致的，往往是消解意義的虛無主義價值取向，所謂「後現代主義」，便從一個方面體現了消極形態的自由理想。後現代主義以解構既成的意義世界（包括價值原則）為指向，但在超越、消解、否定已有意義系統的同時，又不承諾和敞開新的意義世界。在擺脫、消解了一切之後，剩下的往往便是無意義感或虛無感。

同時，個性的發展過程涉及規範的制約。規範既包含實質層面的目的性規定，又具有引導與約束雙重作用。引導表現為積極意義上的指引，約束則以消極意義上的限制為指向。與注重一般觀念在變革世界與成就自我中的作用相應，積極形式下的自由取向以認同和肯定普遍規範的意義為其題中之義。相形之下，以超越、擺脫、否定等等為進路，消極形式下的自由則在邏輯上蘊含著對規範的疏離，後者與價值目標的消解彼此相應，往往將使價值原則對變革世界、造就自我的範導作用難以落實。

不難看到，自由的以上二重形式各有自身的限定。與個人全面發展相聯繫的自由理想（個性自由），顯然不能與之簡單等同。積極形式的自由取向固然肯定了人的創造性並確認了價值導向的意義，但片面地強調以上方面，又蘊含著獨斷與強制的偏向；消極形式的自由取向誠然有助於抑制積極自由可能導致的獨斷性與強制性，但自身又因缺乏價值的承諾及忽視規範的引導而在邏輯上容易走向虛無主義。從歷史上看，孔子已提出了「忠」與「恕」的原則，所謂「忠」，即「己欲立而立人，己欲達而達人」，其內在的趨向是由己而及人，以自己的價值理想影響、作用他人，使之成為自我與他

人共同追求的目標；「恕」則指「己所不欲，勿施於人」，儘管它還沒有完全擺脫以我觀之，但其中又包含尊重他人意願、避免干預他人之意。❺前者展示的是積極的方面，但僅僅以此為原則，每每容易導致將自己的理想或價值觀念強加於人，從而走向獨斷；後者體現的是消極的一面，它對於前者（「己欲立而立人，己欲達而達人」）所蘊含的負面趨向顯然具有抑制作用，但單純堅持這一方面，也可能導向懸置價值的理想。孔子將二者的統一視為實現仁道的途徑和方式（「仁之方」），多少內含著某種避免「積極」進路與「消極」形式各自片面性的意向。儘管孔子並未越出以成聖規定成人的思維模式，但在「為仁」的途徑、方式上，其以上看法顯然體現了思想的深沉性。以「忠」（「己欲立而立人，己欲達而達人」）與「恕」（「己所不欲，勿施於人」）互補、統一的視域具體地理解個性的自由發展，便可以進一步注意到，這一過程一方面離不開價值理想的引導與價值創造的意向，另一方面又應當充分尊重個體的內在特點，避免以獨斷、強制的取向消解個體存在的多樣性、具體性。進而言之，在肯定價值理想與價值創造的同時，不能將其抽象化、絕對化，而應當把它們置於歷史過程中加以理解。這裏既蘊含著積極自由與消極自由的某種交融，又表現為對二者的雙重揚棄。

　　以自由個性為指向的成己過程，從價值內涵與歷史衍化等方面具體展示了個體的存在意義。如果說，個體先於目的主要在本體論的層面突顯了個體的價值意義，那麼，與個人的全面發展相聯繫的自由個性，則賦予這種意義以具體的、實質的內蘊。以揚棄人的依

---

❺　參見《論語·雍也》。

賴性與物的依賴性為前提，自由的個性既體現了人的目的性規定，又折射了社會形態的變遷和發展，個體存在的意義由此獲得了更為深廣的價值內涵與歷史意蘊。意義的如上生成過程，進一步從個體存在的層面展示了意義世界的歷史之維與價值向度。

第七章　成己和成物：
意義世界的價值走向

　　自由的個性以及人性能力、內在境界，都較為直接地牽連著自我的空間或個人的領域，並在更廣意義上關乎個體之域與公共空間的區分和互動。作為社會領域的相關方面，個體之域和公共空間同時為成己與成物的歷史過程提供了具體的背景。就其現實形態而言，成己與成物離不開多樣的社會資源，資源的獲取、占有、分配則涉及社會正義。與成己和成物的統一相應，公共領域和個體領域並非彼此隔絕，自我實現與社會正義也非相互疏離。從社會的衍化看，正義本身具有歷史性，並將隨著歷史的演進而被超越。以社會資源或物質財富的高度增長為歷史前提，人的存在價值的真正實現，具體地表現為人的自由發展，後者既以成就自我為內容，又以成就世界為指向。在每個人的自由發展與一切人自由發展的互動中，成己與成物作為意義世界生成的歷史過程而獲得了更為深沉的價值內涵。

一、個體之域與成己過程

歷史地看，私人領域曾被理解為與政治領域相對的社會之域，按哈貝馬斯的考查，近代蘇格蘭的哲學家便將與公共權力相對的市民社會（civil society）視為私人領域。❶在另一些視域中，私人領域則與私人性生活相聯繫，其特點在於退隱於公共的世界或非暴露於公眾：「私人領域與公共領域的區分相當於應該顯現出來的東西與應該隱藏起來的東西之間的區分。」❷與私人領域相對的公共領域，則或者被視為區別於社會領域的政治領域，❸或者被理解為呈現於外並將人聚集在一起的「共同的世界」❹，或者被規定為「介於國家與社會之間進行調節的一個領域」，這一領域向所有公民開放，公眾及公共意見均形成於其中。❺本章所討論的「個人之域」（或私人領域）以及「公共之域」（或公共領域）與近代以來社會政治論域中的「私人領域」和「公共領域」既有相通之處，又非完全重合。大致而言，關於個體之域（或私人領域）與公共之域（或公共領域），本書所側重的，主要是個人與社會之分。這一視域中的個體之域或私人之域涉及與個人相關的各個方面，後者既非直接呈現或

---

❶ 參見哈貝馬斯：《公共領域的結構和轉型》（上海：學林出版社，1999年），頁 12。

❷ 參見阿倫特：〈私人領域與公共領域〉，載《文化與公共性》（北京：生活·讀書·新知三聯書店，1998 年），頁 100-101。

❸ 參見威爾·金里卡：《當代政治哲學》（上海：上海三聯書店，2004 年），頁 691。

❹ 阿倫特：〈私人領域與公共領域〉，《文化與公共性》，頁 84。

❺ 參見哈貝馬斯：〈公共領域（1964）〉，《文化與公共性》，頁 125-126。

展開於社會之中，也不能完全為社會所控制和支配。與之相對的公共之域，則建立在人與人之間的社會交往、相互作用之上，具有開放性、外在性、公開性等特點。❻如果說，將個人與私人領域聯繫起來，主要在於指出個人的存在形態中包含著無法消解於社會的方面，那麼，從公共之域的角度理解社會，則突出了社會的存在形態所具有的相互交往、共同生活、公開參與等性質。如後文將論述的，個體之域與公共之域並非彼此隔絕，二者的區分本身也具有某種相對性。當然，就個體的存在而言，其自我認同和自我成就往往多方面地關涉上述意義中的個人之域或私人領域。事實上，從現實的形態看，與私人空間相關的精神活動與實踐過程，同時構成了自我成就的重要方面。

如上所述，公共領域或社會領域往往呈現外在的形態，相對於此，個體之域或私人領域的特點則首先體現於內在的觀念層面。從內在的觀念之維看，品格在個體之域或私人領域之中無疑有獨特的意義。此處的品格是就廣義而言，既包括倫理之域的德性，也兼及人的多樣個性和精神素質。品格的不同形態具有不同的意義，作為倫理品格的德性與善相聯繫，更多地展示正面的價值意義；洞察力、理解力等精神品格，則具有某種價值中立的特點。但不管其具體的價值內涵如何，品格都與自我的存在無法分離，並相應地呈現個體之維。

這裏似乎可以對作為倫理品格的德性與外在的倫理規範作一區

---

❻　以上述理解為前提，本書在具體行文中對「個體之域」和「私人之域」、「公共之域」和「社會之域」不再作嚴格區分。

分。倫理規範作為普遍的社會準則，具有公共的性質，相形之下，
德性作為個體的內在規定，則呈現某種私人性。通常所謂公德，主
要與德性所涉及的對象或德性作用的背景相關，就其存在方式而
言，作用於外在社會對象、社會關係的德性依然內在於自我，並具
有個體性的特點。與以上區分相聯繫的，是社會的改造與自我的完
善之別。社會的改造以體制的變革、社會形態的轉換等等為內容，
涉及的是外在的社會對象；自我的完善如果從倫理層面加以考察，
則以德性的培養等等為指向，它更多地關涉個體精神的發展、人格
的提升。自我的完善當然並非與社會的改造毫不相關，事實上，在
社會的改造與自我的完善之間，總是存在著互動的關係。然而，以
體制等層面的變革為目標，社會變革畢竟更直接地涉及公共的領
域，與之相對的自我完善則首先基於個體自身的要求和努力，並體
現為內在德性的培養，後者顯然不同於公共性的過程。社會改造與
自我完善的以上分別，決定了不能將二者簡單等同。一旦把自我的
完善理解為社會對人的外在改造，便意味著將私人領域完全公共
化。由此導致的結果不僅僅是對私人空間的漠視，而且是對個體與
自我的消解。歷史上，「腹誹」與「心謗」曾被作為治罪的依據，
❼所謂「腹誹」、「心謗」，涉及的便是個體內在的意識活動，以
此問罪，不僅意味著控制個體的內在意識活動，而且也相應地否定
了個體可以擁有能夠自由思想的內在自我。在極左思潮的影響之
下，社會的變革曾伴隨著所謂「思想改造」、「靈魂革命」等主張
和要求，這些主張和要求往往又被進一步引向對個體的外在灌輸、

❼　參見班固：〈竇嬰傳〉，《前漢書》卷五十二。

強制，其邏輯的趨向表現為無視或抑制個性，而與後者相聯繫的則是自我的虛無化。

　　個體的品格當然不限於倫理之域的德性，與人的存在形態以及實踐活動的多樣性相應，個體的品格也具有多樣的形態。從情感到意志，從理性到直覺，從體驗到感受，自我在個性、能力、心理定勢、精神素質等等方面，都呈現不同的特點。這一層面的個體品格，其形成無疑涉及個體與社會的互動，這種互動包括個體間情感的溝通、通過接受和掌握社會地形成的知識成果而培養並提升理性的能力，等等。然而，以上的互動同時又始終基於個體自身的情意體驗和所思所悟，無論是個性，抑或其他精神品格，其形成過程和存在形態，都有自身的特點，這種形成過程和存在形態既無法完全公共化、普遍化，也難以納入整齊劃一的外在模式。誠然，內在的精神品格總是以不同的方式展現於廣義的知、行過程之中，並通過現實的作用而滲入於公共領域的實踐活動，但是，作用並參與公共領域的實踐過程，並不意味著精神品格本身也僅僅以公共性為其形態，在作用於外的同時，精神品格總是存在於具體的自我之內。以情感世界而言，自尊、敬重分別涉及對待自我與對待他人的態度。作為真誠的情感體驗，它們同時表現為內在於自我的個體性感受，而有別於公共領域中的公眾評論或公眾意見。這些感受一旦刻意地「展示」於公共之域，便往往流於外在的姿態，具有某種矯飾的意味，從而不再是自我的真情實感。情感體驗、精神品格與自我的不可分離性以及它的內在性，使之在存在形態上區別於外在的體制、普遍的規範，具有不同於公共性的個體特點，後者又在更廣的意義上構成了人的個性及精神品格多樣性、豐富性的根據和前提。

作為社會的存在，個體不僅內含多樣的精神品格，而且有著不同的價值關懷，後者具體展開於道德理想、政治信念、人生取向、終極關切、宗教信仰，等等。精神品格主要表現為人的內在存在規定，比較而言，價值關懷更多地涉及意義的追求和理想存在形態的期望。當然，精神品格和價值關懷並非彼此分離，以倫理德性與道德理想的關係而言，二者所呈現的，是互融互滲的關係：倫理德性以道德理想為其題中之義，道德理想在個體之中的形成則基於個體所具有的倫理德性。這種相通性，在更內在的層面又以二者都涉及個體存在為根據：儘管倫理德性與道德理想都包含普遍的、社會的內容，但它們同時又表現為個體性的規定或個體性的追求，並且都只有在具體的個體中，才取得現實的存在形態。

同樣，在政治領域，其體制機構、運作過程，無疑具有公共性，但體現一定價值取向的政治信念，卻首先與特定個體相聯繫，表現為個體的追求與期望。個體傾向於什麼樣的政治理念、選擇何種政治理想，固然受到多方面的影響，但這種認同和選擇，最終又總是落實於個體自身。作為政治領域的實踐主體，自我誠然需要遵循一定的規範，以使自身的行為具有合法性，然而，個體的政治角色與政治意識並非完全重合，在公共的領域履行某種政治職責，也並不意味著其內在的政治意識與之完全同一，例如，君主政體中的政治人物，便可以在參與君主體制內各種政治活動的同時，又接受某種共和的理想。在觀念層面，即使政治實踐的主體，仍然可以有自我的空間。相對於政治機構及其運作的公共性，以內在政治信念等形式表現出來的價值關懷，無疑具有個體性或私人性，忽視了後者，不僅將抹殺體制事實與政治意識的區分，而且容易導致對政治

領域實踐過程的簡單化理解。

　　價值關懷的個體之維，在宗教信仰中得到了更內在的體現。宗教作為一種文化現象，有其形之於外的方面，包括宗教組織、宗教儀式、宗教建築、宗教戒律、宗教活動，等等，這些方面在不同的意義上呈現了公共的、社會的性質。但同時，作為終極關切的體現，宗教又有內在的方面，後者具體地表現為自我的信仰、信念、期望等形態。相對於組織（如教會）、儀式、戒律等等的外在性，信仰、信念等更多地滲入了個體在情感上的體驗、認同；是否皈依某種宗教、對超驗存在抱有何種程度的信仰，都表現為自我在精神領域的不同選擇。如果說，以社會組織形態出現的宗教具有公共性質，那麼，個體的宗教信仰則具有私人性。如果將信仰等同於公共領域的行為，往往會導致對私人領域的外在干涉，或甚而對個體加以迫害。歐洲的中世紀，便曾出現把個體信仰加以公共化的趨向，與之相伴隨的，常常是對私人空間的各種干預，包括各種形式的宗教迫害。

　　較之終極關切的形上性質，個體之域的另一些存在形態更多地與日常生活世界相關。就觀念的層面而言，首先可以一提的是個人的興趣、愛好、習慣，等等。從飲食上的個人口味，到服飾上的好尚；從業餘的興趣，到休閒的意向；從作息起居方面的個人習慣，到體育健身方面的嗜好，個人的生活空間以不同的形式得到了體現。作為生命生產與再生產藉以實現的形式，日常的生活構成了人在世過程的重要方面，與之相聯繫的興趣、習慣、愛好，等等，則賦予日常生活以個性化的特點和豐富、多樣的品格。以日常生活的現實展開為背景，興趣、習慣、愛好，等等，本身也體現了自我的

個體性生存方式和存在形態，忽視了自我存在的這一形態，不僅難以達到對日常生活的真實理解，而且將導致個體本身的抽象化。

興趣、習慣等等主要涉及日常存在中意向性的方面，在更現實的方面，人的日常存在還包括各種形式的私人性活動。以家庭生活而言，從家庭成員的就業、收入，到家庭內部的預算、支出；從子女教育，到老人照料；從日常飲食，到旅遊休閒；等等，家庭生活展開於不同的層面。這些活動主要表現為私人性的事務，這一點，從家庭預算與政府預算、子女培養與學校教育、家庭中的老人贍養與社區的老人照料等等區分中，就不難看到。作為私人性的事務，家庭生活中的以上諸種問題，既不能完全依靠社會來解決，也不能由社會任意地加以干預。同樣，個人固然存在於社會之中，但其意念、活動，都有私密性的方面，有些也許不便敞開，有些則不宜公之於眾。即使所謂公眾人物，其生活也總是有不為公眾所知的一面。一般所說的隱私權，便表現為對個體生活私密性的肯定和尊重。廣而言之，人與人之間的交往，也並非僅僅表現為公共領域的現象，而是包含個體性與私人性，後者不僅限於私人關係，如私人間的友情、個人之間的彼此感通、朋友間的親密交往，等等，而且涉及更廣的層面，從政治、經濟領域的共事、合作，到國際關係中的交往，都往往會滲入個人間關係，包括私人性的情誼或友誼。交往關係的這種個體之維，既表現了公共領域與私人領域關係的交錯性、複雜性，也從一個方面展示了人的存在過程中的個體向度。

人的存在中的個體之維，根源於人與人之間關係的外在性。從本體論的層面看，人與人之間的關係既有內在性，又有外在性。個體固然不能離開與他人的關係而存在，而只能存在於關係之中，但

他總是包含著不能為關係所同化或消融的方面。關係相對於個體而言，具有為我而存在的一面。個體之間總是存在某種界限：「我」不是「你」，「你」也不是「我」。這種界限不僅表現在時空上，而且具體化為心理距離、利益差異等等。前文曾提及，「我」承擔的某些社會角色固然可以為他人所替代，但「我」的個體存在卻具有不可替代性。存在與角色的差異從一個方面表現了個體或自我不能完全為關係所消解。

關係中的個體有其內在世界。人與人之間的相互理解、溝通固然需要內在世界的彼此敞開，但敞開之中總是蘊含著不敞開。「我」之中不敞開的方面不僅非關係所能同化，而且構成了理解和溝通所以可能的條件：當「我」完全敞開並相應地取得對象形態時，理解的主體也就不復存在。個體間的溝通至少包含著為他人所理解與理解他人兩個方面，如果僅僅注重為他人所理解這一維度，則「我」便僅僅是一種為他的存在（being-for-others），其特性更多地表現為對他人的適應和肯定，而選擇、批判、否定等主體性品格則將由此落空。從另一方面看，交往和理解既指向個體間的行為協調，也指向自我內在世界的安頓，單純地以前者為指歸，便很難避免「我」的工具化。

歷史地看，專制形態的政治體制往往無視個體之域或私人之域。在前近代的傳統社會中，臣民的一切，包括其生活方式、思想觀念，都屬君權支配的範圍，與之相聯繫的是各種形式的思想鉗制；當教權處於至上地位時，個人的信仰往往也被納入其控制的範圍。在納粹這樣的現代極權主義視域中，個人的政治信念、宗教信仰、倫理觀念，等等，都構成了支配的對象，個人的全部生活都必

須無條件地服從極權下的所謂國家利益。極左思潮中的查抄個人日記、監察私人通信，等等，則以另一種方式表現了對個體之域或私人之域的粗暴干預。所有這些形式，都以公共領域向私人領域的擴張為指向，而在這種擴張之後，則是對個體之域的侵犯甚至消解。

就其現實性而言，人的存在包含多重方面，人與人關係的外在性以及與此相聯繫的私人性生活雖然在一定意義上使人處於公共領域之外，但同時又賦予人的存在以具體性和現實性。排除了個體性和私人性的人，是抽象的存在，人的自我成就或自我實現，難以建立在抽象的個體之上。從這一方面看，對個體之域或私人之域的尊重和肯定，也構成了成己與成物的重要內容：它意味著揚棄這一過程的抽象性。在這裏，確認存在的具體性與肯定成己過程的現實性，表現為同一過程的兩個方面。進而言之，成就自我以個體的多方面發展為價值目標，後者既涉及人的社會屬性，也關聯著個體性規定。從內在德性、能力、精神素質，到政治信念、人生取向、終極關切，從個人趣味到日常習慣，從個人的私密空間，到個體間的感通，自我存在境域所涉及的以上各個方面，同時也是自我成就、自我提升的題中應有之義。略去了與個體之域或私人之域相關的內容，自我便難以避免片面性。歷史上，董仲舒曾將「我」與「義」加以等同，認為「義之為言我也」，❽這裏的「義」與應當相聯繫，主要表現為一種社會的普遍規範，將「我」納入作為普遍規範的「義」，意味著消解自我的個體性品格而將其普遍化。以此為出發點，成己的過程顯然無法達到人的真實存在形態。

---

❽　董仲舒：《春秋繁露·仁義法》。

　　成就自己同時展開為一個意義的追求過程，人自身存在意義的實現與意義世界的生成難以相分。無論從觀念的形態看，抑或就現實的層面而言，個體的意義世界都非基於片面的自我認同或普遍化的「我」，而是與人的整個存在相聯繫、以人的整體認同或全面認同為前提。作為以上認同無法忽略的方面，與個體之域相關的存在規定也滲入人的意義世界，並構成其真實而具體的內容。要而言之，在成就自我與意義世界的生成過程中，對個體之域的確認和注重既意味著肯定個體存在的具體性，又意味著賦予意義世界本身以多方面性和現實性。

二、社會正義

　　以人自身的完善為指向，成己的現實過程無法離開個體之域或私人之域。然而，承認和尊重私人之域，並不構成成就自己的全部內容。人自身的實現和完善既不限於觀念的層面，也非僅僅涉及個體的自我認同。作為展開於多重方面的具體過程，人自身的成就同時基於經濟、政治、教育、文化等方面的條件，後者表現為成己過程的現實資源。

　　資源作為成己的現實條件，具有社會的品格。吉登斯在談到社會結構時，曾特別指出了其中的兩個要素，即規則（rules）與資源（resources）。規則涉及對人的活動的協調，資源則關乎物質產品及物質世界各個方面的控制。❾這裏的資源是就整個社會的構成而

---

❾　參見吉登斯：《社會的結構》（北京：生活·讀書·新知三聯書店，1998

言，在引申的意義上，也可以將資源理解為成就自己與變革世界的社會前提之一。作為人存在與發展的廣義條件，資源的意義本身也是在人的實踐過程中獲得和體現的。礦石只有進入開採、冶煉的過程，才構成現實的生產資源。同樣，唯有當教育的程度直接影響人的潛能的發展以及人在社會中的地位時，教育機會才實際地表現為發展的資源。在這一意義上，資源與人的發展似乎呈現互動的關係：人的發展和潛能的實現離不開現實的資源，資源的意義又由人的實踐過程具體賦予。資源與人的以上關係，也決定了資源本身的歷史性。從衣食住行這些生存活動的基本形式看，在人類發展的早期，凡能滿足蔽體果腹、擋風遮雨等需要者，便構成了人生存與發展的資源。然而，在現代社會，「衣」已不僅僅是蔽體之物，而是同時具有修飾、身分表徵等作用，「食」的意義也非單純的果腹，而是與營養、保健、口味等需要相聯繫。與之相應，只有同時具有後幾方面功能者，才構成滿足衣食之需的現實資源。引申而言，隨著社會的演進，經濟上的財富、政治中的地位、受教育的機會、獲得資訊的條件，等等，都逐漸構成了與人的存在與發展息息相關的多樣資源。

可以看到，人的發展、個體的成就，並不僅僅表現為精神層面的提升過程，它既以一定的社會存在為背景，又離不開經濟、政治、文化、教育各個領域的現實資源，後者作為成己與成物過程的歷史條件，同時也從一個方面使這一過程超越了內在心性或觀念的層面，獲得了具體的內容。如果說，人性能力作為人的本質力量的

年），頁 52-53。

體現構成了成己（成就人自身）與成物（變革世界）所以可能的內在條件、普遍規範作為實然、必然與當然的統一，為成己與成物過程提供了建構性或調節性的引導規則，那麼，社會資源則表現為成己與成物的現實基礎和物化條件。在成己與成物的過程中，人性能力、普遍規範、社會資源呈現互動的關係。

　　作為成己與成物過程的現實條件，資源具有社會性。資源的社會品格不僅體現在其作用和意義形成於知與行的歷史過程，而且在於其獲得、占有和分配總是完成於社會領域。個體的發展固然需要不同的社會資源，但這並不意味著每一個體都可以自然地獲得所需的發展資源。如何合理、公正地分配社會資源？在資源相對有限的歷史條件下，這裏便涉及正義的問題。誠然，對於正義，可以作多樣的理解；歷史地看，關於正義內涵的看法，也存在不同的側重。然而，從實質的層面看，正義問題的核心無疑在於社會資源的合理占有和公正分配。❿

---

❿　當代哲學家對正義的考察往往展現了不同的視域。以當代批判理論而言，霍爾特強調「承認」在正義中的優先性，弗雷澤則在指出「承認」與「再分配」不可化約的同時，又提出了正義的第三個維度，即政治參與中的代表權或代表資格。（參見弗雷澤、霍爾特：《再分配，還是承認？》，上海：上海人民出版社，2009 年，頁 5-149；弗雷澤：《正義的尺度》，上海：上海人民出版社，2009 年，頁 12-34）不過，在正義的上述理解中，基本之點依然無法離開社會資源的確認、合理占有或公正分配：「承認」首先與文化層面的身分相關，而「為承認而鬥爭」（包括承認平等的文化身分），其實質的意義並不僅僅在於爭取抽象的名分，而是獲得公正分享相關資源的權利；「再分配」從狹義上看，直接涉及的是經濟資源的重新調節；代表權或代表資格則指向政治資源的合理共用。這裏不難看到資源的合理占有在正義之域中的意義。

就資源與個體的關係而言,其獲得、占有與分配,首先涉及個體的權利。可以合理並正當獲得、占有的資源,也就是有權利獲得或占有的資源,在此意義上,正義所直接關聯的,是人的權利。不難看到,在這裏,正義意味著對權利的肯定和尊重。事實上,當柏拉圖、亞里士多德將正義理解為得其應得時,似乎也首先著眼於此:得其應得,也就是獲得有權利獲取者。❶在以上論域中,權利體現於積極和消極兩個方面:從積極的方面看,它表現為一種以正當理由為根據的要求,在這一層面,所謂有權利獲得,也就是有正當的理由要求得到或獲取;從消極的層面看,權利意味著他人或社會不能干預、漠視、限制個體基於自身權利的諸種要求。

在當代哲學中,羅爾斯對正義問題的考察無疑較為系統,而其關注之點,首先也指向人的權利。對羅爾斯而言,功利主義以人的感性意欲為出發點,從而無法達到普遍的正義原則。同時,功利主義又以最大多數人的最大利益為追求目標,從而在邏輯上蘊含著對少數人權利的忽視。與功利主義不同,羅爾斯首先將人視為理性的存在,並將正義與人的理性品格聯繫起來,認為「只有通過按正當與正義的原則行動,我們顯示自己作為自由和平等的理性存在之本

---

❶　柏拉圖曾把正義理解為「讓每一個人得到最適合他的回報」,(*Republic*, 332/c, *The Collected Dialogue of Plato*, Princeton University Press, 1961, p.581)這一看法的實質涵義便是得其應得。亞里士多德將「相同者應給予同等對待」視為正義的題中之義("equals ought to have equality",參見 *Politics*, 1282b30, *The Basic Works of Aristotle*, Random House, 1941, p.1193),而同等對待的具體涵義,則首先體現在根據應得來分配。(參見 *Nicomachean Ethics* 1131a25, *The Basic Works of Aristotle*, p.1006)以上看法在不同的意義上都蘊含著對個體權利的關注。

質這一願望才能得到滿足。」⓬以無知之幕與原初地位的預設為前提，羅爾斯提出了正義的二個基本原則：其一，「每一個人都擁有對於最廣泛的整個同等基本自由體系的平等權利，這種自由體系和其他所有人享有的類似體系具有相容性」⓭；其二，「社會和經濟的不平等，應被這樣安排，以使它們(1)既能使處於最不利地位的人最大限度地獲利，又合符正義的儲存原則；(2)在機會公正平等的條件下，使職務和崗位向所有人開放。」⓮這種略顯繁複的表述，往往被更簡要地概括為正義的自由原則與差異原則，前者（自由原則）指出了正義與平等權利的聯繫，後者（差異原則）則強調了社會和經濟的不平等只有在以下條件下才是正當的，即在該社會系統中處於最不利地位的人能獲得可能限度中的最大利益，同時它又能夠保證機會的均等。

羅爾斯將平等的權利視為正義的核心，在理論上更側重於權利的平等之維，相對於此，諾齊克將注重之點更多地轉向了權利的個體性。羅爾斯的平等原則與差異原則在邏輯上蘊含著肯定個體間利益的再分配，而在諾齊克看來，獲取或擁有的正義具有更本源的意義。他具體地提出了如下的原則：「其一，一個人根據獲取的正義

⓬ John Rawls: *A Theory of Justice*, The Belknap Press of Harvard University Press, Cambridge, 1971, p.574.

⓭ 此句的英文原文為："Each person is to have an equal right to the most extensive total system of equal basic liberties compatible with a similar system of liberty for all"，參見 John Rawls: *A Theory of Justice*, The Belknap Press of Harvard University Press, Cambridge, 1971, p.302。

⓮ Ibid., p.302.

原則而獲得了某種持有物（a holding），他便有資格擁有該物；其二，一個人根據正義的轉讓原則，從別人中獲得某一持有物，則他便有資格擁有該物；其三，除非通過原則一和原則二的（重複）運用，任何人都沒有資格擁有某一持有物。」❶合乎以上原則的擁有，便是有資格的擁有，它同時也是正義的擁有。以上正義觀念，又被稱之為正義的資格理論。這裏所說的資格，與權利相通，所謂有資格擁有，也就是有權利擁有，而在對權利的以上理解中，個人的擁有權或所有權又被提到重要地位。從邏輯上看，正義的擁有就在於按正義的獲取原則或正義的轉讓原則而擁有，這種表述似乎多少帶有某種迴圈的意味，而其內在的意義則是突出個人的權利（首先是個人的擁有權利）。

在諾齊克那裏，正義的這種資格理論同時又與所謂歷史原則相聯繫，後者（歷史原則）要求對獲取或擁有的以往狀況作歷史的回溯：「正義的歷史原則主張，人們的過去情況或行為能夠形成對於事物的不同資格或應得關係。」❶儘管諾齊克並沒有實際地從歷史的角度，對原初的所有關係究竟如何發生這一點作具體的考察，但歷史的原則本身卻蘊含著向本原回溯的要求。對諾齊克而言，從本源的層面看，最原初的所有權，就是「自我所有」（self-ownership），對人的權利最基本的侵犯，便是侵占人的勞動或迫使人做某種沒有報酬的事，因為後者意味著被侵占者或被強制者被他

❶ Robert Nozick: *Anarchy, State, and Utopia*, Basic Books, Inc., Publishers, New York, 1974, p.151.
❶ Ibid., p.155.

人「部分地擁有」：「他們不經過你而作出這種決定使他們成了你的部分所有者，它給予他們對你的一種所有權。」❶作為最基本、最原初的權利，自我所有包括人對自己的身體、時間、能力等等的所有權，按諾齊克的理解，正是這種所有權，既在歷史的層面、又在邏輯上為基於權利的正義提供了出發點。

　　諾齊克與羅爾斯對正義的考察無疑體現了不同的視域。儘管對功利主義的批評內含著超越忽視少數人或個體權利的視域，但就總體而言，羅爾斯側重於在形式的、程式的層面規定正義：從強調人是理性的存在、預設無知之幕和原初狀態，到以契約的方式確定正義原則，都體現了對普遍形式、程式的注重。相形之下，諾齊克通過突出「自我所有」，將人的存在（首先是個體的存在）作為前提引入了正義的論域，從而對正義的實質層面有所涉及。不過，諾齊克所說的「自我所有」，本身仍具有抽象的性質。在其現實性上，個體一開始便不是孤立的存在，他所「擁有」或「所有」的，也並不是純粹的個體之物或個體性規定。就個體所「擁有」的最基本的方面──生命、身體而言，其獲得、生成，便並非僅僅以自我本身為源，儒家所謂「身體髮膚，受之父母，不敢毀傷」❶，便已指出了生命、身體的超個體性這一面。從自我所擁有的個體能力看，其形成也並非僅僅以自然稟賦為條件，而是涉及社會的教育、影響、歷史地形成的認識成果，等等。此外，「自我所有」所蘊含的「擁有」自身，與實踐關係中的「運用」自身也不同，即使個體「擁

---

❶　Ibid., p.172.

❶　《孝經》。

有」自身，也並不意味著他可以隨意地「運用」自身：我可以「擁有」雙腿，但卻不能在未經准許的條件下，隨心所欲地「運用」我的雙腿進入他人的私宅；「身」的運用（廣義的「行」或實踐）總是受到各種社會條件的制約。在以上方面，自我所有都僅具有相對的意義。儘管諾齊克表現出對歷史性的某種關注，但將正義所涉及的個體權利建立這種抽象的「自我所有」之上，顯然仍缺乏現實的社會歷史意識。❶⑨

正義在實質的層面涉及個體發展資源的公正獲得和占有，而資源的公正獲取和占有，又具體地表現為對個體權利的肯定、尊重和落實。以上視域中的正義，其內在的根據究竟何在？此處首先應當關注的是個體自主的原則。這裏所說的個體自主包括選擇和確定自身多方面的發展目標、通過正當地運用自身的能力（包括體力、智力）以實現不同的目標，等等，這些方面具體地表現為個體自由發展的權利。羅爾斯以個體間的自由平等為正義的第一原則，諾齊克以自我所有為正義的出發點，也從不同的方面注意到了這一點，儘管二者在如何理解個體權利上存在分歧，但在肯定個體具有自由發

---

⑲ 康德曾對人的自我所有觀念提出了批評，在他看來，「人不是自己的所有物」，因為「如果人是自己的所有物，那麼，人就成了他可以擁有的物。」從現實的形態說，「人不可能既是個人，又是物；既是擁有者，又是被擁有之物。」（參見 Kant: *Lectures on Ethics*, Translated by Louis Infield, Hackett Publishing Company, 1963, p.165）這裏同時涉及價值的視域與邏輯的視域：從價值視域看，人不是物，把自我作為所有物，意味著將人等同於物；從邏輯的視域看，既是擁有者，又是被擁有之物蘊含著邏輯上的悖論。康德的以上看法似乎也提供了分析諾齊克論點的一個角度，以此為前提考察諾齊克的「自我所有」，亦可注意到它在邏輯與價值論上的問題。

展的權利這一點上，又有相通之處。早期的啟蒙思想家如洛克等，在某種意義上亦以此為注重之點。個人的自由發展權利既涉及經濟、政治等領域，也包括文化、教育等等方面。

　　然而，作為現實的存在，個體在諾齊克所謂「自我所有」這一本源的層面，便呈現種種的差異：就能力而言，無論是體力，抑或智力，個體之間都非完全同一。馬克思已指出這一點：「默認不同等的個人天賦，因而也就默認不同等的工作能力是天然特權。」❷⓿ 如果引入個體存在的社會歷史境域，則可以進一步看到，個體的出身、家庭背景、社會關係同樣各不相同，可以運用的社會資源也存在種種差別。這些自然的、社會的差異，不僅使個體在自由發展的出發點上彼此相異，而且也使之在價值目標的實際選擇以及能力的運用、目標的實現等方面，呈現多樣的差別。由此導致的，往往是個體之間在發展資源擁有方面的不平等，經濟領域中一部分人的勞動被另一部分人所無償占有，便具體地表現了這一點。可以看到，基於自主權利的個體自由發展，往往邏輯地導向現實的不平等，這種不平等又將進一步使處於弱勢的個體難以真正獲得自身發展所需要的資源。

　　個體自主所蘊含的以上後果，決定了社會正義無法僅僅建立於其上。如何克服單純的個體自主原則可能引發的消極趨向？這裏似乎可以引出社會正義的另一原則，即人性平等原則。這裏的人性，是指人的價值本質，所謂人性平等，也就是承認和肯定人在價值層

---

❷⓿　馬克思：〈哥達綱領批判〉，《馬克思恩格斯選集》第 3 卷（北京：人民出版社，1972 年），頁 12。

面的平等性。儒家已較早地注意到這一點。孟子提出性善之說,而人性皆善則意味著從人性上看,人與人之間並無本質的差異。由此出發,孟子進而強調「聖人與我同類」❷、「堯舜與人同耳」❷。這裏的著重之點在於從「同」的角度理解人與人(包括聖人與普通人)之間的關係。如果揚棄其對人的抽象理解,則不難看到,這種看法也在某種意義上滲入了人性平等的觀念。就其現實形態而言,個體之間誠然有天賦、能力、社會背景等等方面的差異,但人本身即是目的,在自身即目的這一價值的層面,人與人本質上是相互平等的。對個體來說,人在價值層面的這種平等性,為其平等地獲得和接受發展資源提供了內在根據;從社會的層面看,這種平等性則構成了社會公正地分配個體發展所需資源的前提。如前所述,個體自主的原則確認了個體自由發展的權利。相對於此,人性平等則肯定了個體獲得發展資源的權利。前者意味著:限制、否定個體的自由發展是非正義的,因為它剝奪了個體的自主權利;後者則表明:讓個體失去發展的資源同樣是不正義的,因為它未能保障基於人性平等(價值平等)的個體獲取權利。

基於人性平等(人在價值上的平等性)的個體獲取權利,無疑涉及社會對資源的分配與再分配。羅爾斯的差異原則,在某種意義上也關乎這種分配。不過,羅爾斯同時又強調,「差異原則事實上代表了一種協定,即把自然天賦作為共同的資產來分配,而且,不管其

---

❷ 《孟子·告子上》。
❷ 《孟子·離婁下》。

分配的結果如何，都共同分享這種分配的利益。」❷在諾齊克看來，這一意義上的差異原則，便意味著對個體的不正當剝奪。從理論上看，羅爾斯對社會分配的如上理解，顯然未能把握問題的實質。這裏的前提，首先在於分辨「自然天賦」與人的現實能力，自然的稟賦固然構成了個體發展的某種開端，但它本身還不是現實的能力，這一點，前文在論及諾齊克所預設的「自我所有」時已作了分析。人的現實能力的形成，總是基於多方面的社會背景和前提，並且離不開社會的具體制約和影響。從歷史地積累起來的知識成果，到文化教育、社會實踐，等等，這些社會歷史的因素都以不同的方式滲入於個體現實能力的形成過程。從上述意義看，個體在能力等方面的差異，並不完全由個體的自然天賦所決定，而是一開始便包含著社會的參與、體現了社會的作用。進而論之，個體能力的運用，自我才幹的施展，也受到社會條件的多方面制約。與此相應，在人的自由發展中具有優勢並由此占有更多資源的個體，其所達到的成果，並非僅僅歸屬於該個體，而是同時具有社會的性質（表現為某種社會的「共同資產」），正是這一點，為社會的再分配與社會的調節提供了內在的根據。不難看到，作為「共同資產」進入社會分配和社會調節過程的，並不是羅爾斯所謂的「自然天賦」，而是具有社會品格的現實能力所產生的社會資源，也正是這一事實，決定了這種分配和調節不同於諾齊克所謂對個體的剝奪。

　　不難注意到，正義在實質的層面無法離開權利，個體自主與人性平等則從不同的方面構成了個體基本權利的根據。離開了個體自

---

❷　John Rawls: *A Theory of Justice*, p.101.

主，個體自由發展的權利將難以落實；漠視人性平等，則個體獲得發展資源的權利便無法保障，在此意義上，個體自主的原則與人性平等的原則無疑構成了社會正義的雙重前提。

歷史地看，早期的啟蒙思想家在自然法、天賦人權等預設之下，將個人的自由、個體的權利提到了突出地位❷，洛克所肯定的個人權利，便包括生存的權利，享有自由的權利以及財產權等。這種權利觀念的核心之一，是個人的自由發展，後來的市場經濟則從一個方面為這種權利的具體落實，提供了現實的空間。然而，市場經濟固然在形式上構成了個人自由馳騁的疆域，但由於前文提及的個體差異及社會的限定，形式上的個人自由在歷史過程中所導致的是實質的不公正。19、20 世紀的工人運動和更廣意義上的社會主義運動，可以看作是對種權利觀念及其後果的歷史回應。與上述運動相聯繫的，是對個體的社會保障權利的突出，後者包含個體從社會中獲取其生存、發展資源的權利：它要求社會給予在市場化的自由發展中被剝奪或處於弱勢的個體以他們應得的資源。近代以來權利觀念的以上衍化既折射了社會的現實變遷，也從歷史的層面涉及了個體自主與人性平等（價值平等）的社會正義原則。

就理論的視域而言，上述論域中的社會正義，涉及權利、正當與善的關係。在形式的層面，正當往往與普遍的原則、規範相聯繫，這一意義上的正當，主要被理解為合乎普遍的原則或規範。正

---

❷ 登特列夫已指出了自然法與權利觀念的聯繫，認為自然法理論實質上「是有關權利的一套理論」。（參見登特列夫：《自然法》，北京：新星出版社，2008 年，頁 68）

當同時又與權利相關，在此意義上，正當便表現為對人應有權利的承認和維護，西方哲學語境中的「right」既表示權利，又有正當之義，似乎也表現了二者之間的聯繫。同樣，在中國哲學中，一方面，禮和義作為普遍的規範為個人的權利規定了界限，另一方面，合乎禮與義，又體現了行為的正當性，其中也蘊含著權利與正當的統一。善作為正面的價值，不限於道德之域，它的範圍在廣義上包括對人的存在具有正面價值意義（有利於人的存在與發展）的所有存在形態。以人的正當權利的確認與保障為內容，正義在實質的層面同時指向善，而人存在與發展的資源，便是上述廣義之善的具體體現。羅爾斯的正義理論固然也注意到了善，但同時又強調「正當的概念優先於善的概念」❷，這種看法似乎未能完全把握正當與善的統一。從邏輯上看，上述思維趨向與羅爾斯注重正義的形式之維（程式正義）顯然不無關係：當形式、程式成為首要的方面時，實質意義上的善便難以獲得同等的關注。然而，以形式與實質的統一為前提，則權利、正當與善，便都構成了正義的題中應有之義：對權利和正當的肯定，無法與現實的善相分離。

　　要而言之，人的生存、個體的發展、自我的成就離不開必要的社會資源，後者體現於經濟、政治、文化各個方面；社會資源的合理獲得與分配，又進一步構成了社會正義的實質內涵。社會資源的獲得與占有，一開始便與個體的權利相聯繫：資源的公正分配，體現的是個體的正當權利；相應於此，社會正義也以個體權利的確認和尊重為其題中之義。從總體上看，個體的權利既表現為自由發

---

❷　參見 John Rawls: *A Theory of Justice*, p.396。

展，又以資源的平等獲取為內容，二者分別基於個體自主的原則與人性平等（價值平等）的原則。作為個體權利之本，個體自主與人性平等同時構成了社會正義的內在根據。

三、個體之域與社會之域

以社會資源的公正分配為指向，社會正義從發展資源的合理占有等方面為成己過程提供了某種擔保。在更廣的意義上，社會正義又可以視為正當的社會秩序的表徵：正義的社會形態不僅在形式的層面，而且也在價值的層面表現了社會的有序性。作為存在的形態，社會的有序性既關乎成物的過程，又涉及個體之域與公共之域的關係。

從現實的形態看，個體之域與公共之域固然有不同的規定和內涵，但並非互不相關。以前文提及的個體能力而言，它既與個體的自然稟賦等等相聯繫，又表現為個體在本體論意義上的存在規定，從而無法與個體相分離。然而，如前所述，從能力的形成，到能力的運用，都基於一定的社會背景和條件，從而難以離開公共之域。廣而言之，觀念作為個人的所思所想，具有個體性的品格，其形成、提出都需要通過個體的意識活動而完成，並首先存在於個體之域。任何對個體觀念的強行禁絕或強制灌輸，都同時表現為對個體之域的干預和侵犯。但是，個體觀念的形成，都既以已有的思想、知識系統為前提，又受到現實的存在形態的制約。同時，個體的觀念形成之後，又可以通過各種形式的表達、交流、傳播，對公共領域中的他人產生不同的影響，從而獲得某種公共性的品格。

　　個體之域與公共之域的相關性不僅體現於觀念性的層面，而且更深刻地表現於實踐的領域。這裏首先可以一提的是經濟領域的實踐活動。在生產資料私人占有的條件下，生產的規劃、產品的交換、流通，都屬於私人性的經營活動，企業生產什麼、以何種價格交換產品，等等，都由企業的所有者決定，他人無法干預。然而，企業的經營活動同時又構成了整個社會經濟結構的一個單位，其生產、流通既受到別的經濟實體乃至整個社會結構的制約，又對社會領域其他的經濟運行過程產生多重方面的影響。在這裏，私人性的經濟活動與公共性的經濟運行，同樣呈現了內在的相關性。

　　以上情形表明，個體之域與公共之域既非截然隔絕，也非完全不可轉換。然而，在區分私人領域與公共領域之時，一些哲學家往往對二者的內在相關性未能給予必要的注意。在對政治與倫理關係的看法中，這一點表現得尤為明顯。羅爾斯在談到道德與政治的關係時，便將作為道德主體的個人與政治上的公民區分開來，認為道德個體與道德人格相聯繫，公民作為政治及法律的身分，則主要涉及政治權利與政治義務。[26]對羅爾斯而言，正義首先體現於公共領域；與政治與道德的如上分野相應，羅爾斯主張：「我們應該盡可能把公共的正義觀念表述為獨立於各完備性宗教學說、哲學學說和道德學說之外的觀念。」[27]在這裏，政治主要被歸入公共領域，而道德、宗教等等則被定位於私人領域。按照這一理解，人格、德性

---

[26]　參見羅爾斯：《政治自由主義》（南京：譯林出版社，2000 年），頁 31-32。

[27]　同上，頁 153。

作為個體領域的規定，主要與私人性的信念、選擇相聯繫，而與公共領域的政治實踐無實質的關係。

在其現實性上，政治、法律領域的公民，與道德領域的個人，並不是以彼此分裂的形式存在：二者表現為同一個體的不同「在」世方式。作為具體的存在，人總是參與不同的實踐生活，並在社會實踐的多方面展開中，形成了多重的「身分」和角色，政治領域的公民與道德領域的個人，也可以視為廣義上的不同「身分」或角色。作為同一存在的不同形態，這些不同的角色或身分具有本體論上的相關性，這種相關性，同時也使身分之後的存在領域難以相互分離。孔子曾提出：「君君、臣臣；父父、子子。」❷❸這裏的君、臣、父、子，都同時表現為一種身分，前二者（君、臣）存在於政治關係之中，後二者（父與子）則體現於倫理關係。當孔子將君臣與父子彼此聯繫起來時，他也在實質上肯定了政治領域與倫理領域的互融。事實上，儒家確實已較早地注意到政治與倫理的統一性。儘管倫理與政治的交融在某些情況下可能會影響對政治實踐領域特點的深入把握，但它確乎又有見於在現實的形態中二者的相關性。

從歷史上看，儒家在肯定政治與倫理相關性的同時，也對二者在政治實踐中的關聯，作了多方面的考察。孟子在談到治國過程時，便特別指出其中所運用的規範與道德人格之間的相關性：「規矩，方員之至也；聖人，人倫之至也。欲為君，盡君道；欲為臣，盡臣道，二者皆法堯舜而已矣。」❷❾規矩本來是工匠測定方圓的準

---

❷❸　《論語·顏淵》。
❷❾　《孟子·離婁上》。

則，引申為一般的行為規範，聖人是指完美的理想人格，「法」則有依循、仿效之意。孟子將聖人與規矩加以對應，蘊含著如下之意：在「為君」、「為臣」這一類政治實踐中，行為規範可以取得道德人格的形式。換言之，道德人格能夠被賦予某種規範的意義：當聖人成為效法對象時，他同時也對如何「為君」、如何「為臣」的政治實踐具有了範導、制約的功能。

賦予人格以規範的意義，意味著確認道德品格在政治實踐中的作用。從另一方面看，規範本身的作用，也存在如何約束和調節的問題。孟子曾以技藝或技術性活動為例，對此作了闡釋：「矢人豈不仁於函人哉？矢人唯恐不傷人，函人唯恐傷人。巫、匠亦然。故術不可不慎也。」❸⓿製造弓箭者總是希望自己所製的弓箭能置人於死地，而盔甲的製造者則每每擔心自己所製的盔甲不能使人免受弓箭的傷害，這並不是因為弓箭的製造者比盔甲的製造者更殘忍，而是其從事的特定之「術」使然。在這裏，孟子似乎已注意到，「術」作為程式性的結構，有其自身的運作模式，一旦完全陷於「術」之中，則往往會身不由己地受「術」所支配。質言之，「術」本來為人所用，但若無道德原則的制約，則往往會導致對人本身的否定，所謂「術不可不慎」之說，便是基於以上事實。運用「術」的活動在寬泛意義上具有公共性，然而它的合理定向，卻離不開個體內在的價值觀念。廣而言之，政治實踐也包含著與「術」相聯繫的程式性活動，其中不僅涉及公共之域與個體之域的關係，而且關乎政治運作與道德觀念的關係。也正是以上述思考為前提，

---

❸⓿　《孟子·公孫丑上》。

孟子對自我的修養予以了相當的關注：「君子之守，修其身而天下平。」❸平天下屬於廣義的政治實踐，修身則是個體的道德完善。以修身為平天下的前提，進一步表明政治實踐無法離開道德的制約。

　　孟子以為修其身則天下平，無疑表現出過分強調道德修養作用的傾向，然而，肯定人格修養在政治實踐中的意義，卻並非毫無所見。人既是政治法制關係中的存在，也有其道德的面向，作為人的存在的相關方面，這些規定並非彼此懸隔，本體論上的這種存在方式，決定了人的政治生活和道德生活不能截然分離。從制度本身的運作來看，它固然涉及非人格的形式化結構，但在其運作過程中同時也處處包含著人的參與，作為參與的主體，人自身的品格、德性總是不同程度地影響著參與的過程，在此意義上，體制組織的合理運作既有其形式化的、程式性的前提，也需要道德的擔保和制衡；❸離開了道德等因素的制約，政治體制運行的理性化只能在技術或工具層面得到實現，從而難以避免片面性。同時，在僅僅關注體制運作的形式、程式的背景下，體現價值內涵的實質正義，也無法充分地得到實現。

　　個體修養與公共領域的關聯，不僅僅體現在政治實踐領域，而且滲入於更廣意義上的社會生活。以現代社會而言，公共政策的實施和落實，需要得到一般社會成員的理解和支援，人的內在品格、

---

❸　《孟子·盡心下》。

❸　參見楊國榮：《倫理與存在》第一章，第四節（上海：上海人民出版社，2002年）。

精神素質在這一過程中具有不可忽視的作用。威爾‧金里卡曾對此作了具體的分析：「公共政策在許多方面實際上都有賴於個人對自己的生活方式作出負責的決定：如果公民們不以有利於自己健康的方式而負責地生活，譬如，攝取健康飲食、經常鍛煉、限制自己的煙酒量，國家就無法提供足夠的保健措施；如果公民們不同意分擔照顧親屬的責任，國家就無法滿足兒童、老年人或殘疾人的需要；如果公民們不願意降低自己的消費量、重新使用迴圈再生的產品，國家就無法保護環境；如果公民們不節制自己的貸款或對工資增長提出的過分要求，政府管理經濟的能力就要受到削弱；如果公民們逐漸對差異性失去寬容並且普遍缺乏正義感，創建一個更公平社會的企圖就會困難重重。」❸❸從生活方式的選擇，到家庭倫理責任的確認；從環保意識，到消費取向，等等，所有這些方面，都首先表現為個體之域的觀念，然而，它們同時又以不同的方式、在不同的程度上影響和制約著公共之域的實踐。在這裏，個體之域的觀念、意識、品格無疑體現了對公共之域的社會生活的實質作用，而個體的正義感與公平社會的互動，則在更深的層面展示了以上關聯。

　　在公民的資格理論中，公民的品格進一步被提到重要的地位。作為獲得政治、法律資格的前提，公民身分並不僅僅表現為一種靜態的規定，而是與實踐活動緊密相關，當特納認為「公民身分可以定義為各種實踐的集合」時，❸❹無疑亦有見於此。只有在實踐活動

<hr>

❸❸　威爾‧金里卡：《當代政治哲學》（上海：上海三聯書店，2004 年），頁513-514。

❸❹　布賴恩‧特納：〈公民身分理論的當代問題〉，載布賴恩‧特納編：《公民身分與社會理論》（長春：吉林出版集團公司，2007 年），頁 2。

中，個體才能實際地融入社會生活，成為國家這一類政治共同體的成員。以實踐中的現實化為特點，公民身分的形成與確證，涉及多方面的品格或素質。威廉姆·甘斯便認為，公民資格需要具備相關的品德，包括一般品德（勇氣、守法、誠信）、社會品德（獨立、思想開通）、經濟品德（工作倫理、有能力自我約束、有能力適應經濟與技術變遷），政治品德（有能力弄清和尊重他人的權利、具有從事公共討論的意願，等等）。❸❺泰勒則將「對決策者形成有效影響」的能力，視為公民應有的素質。❸❻品德或素質作為個體性的規定，屬私人之域，但它們又分別涉及不同層面的社會生活：品德的多樣性在某種意義上對應於社會生活的多元性。一定領域社會生活的有效展開和運行，需要其中的個體具備相關的品格，而個體具有何種品格，又總是對社會生活產生相應的影響。質言之，社會生活參與者所具有的精神素質，必然會在社會生活本身的展開過程中打上自己的印記。

　　對個體品格與社會生活（包括政治實踐）的以上關係，一些哲學家未能充分地加以理解。從區分公共領域與私人領域出發，他們往往忽視了個體的內在品格、精神素質對於公共之域的作用，僅僅或主要強調公共之域對個體的塑造。在羅爾斯那裏，我們便可以多少看到這一傾向。政治社會結構是羅爾斯關注的重要領域，對羅爾斯而言，這種結構的作用之一，便是塑造作為個體的公民：「基本結構的各種制度具有著深刻而長遠的社會效果，並在一些根本方面塑

---

❸❺　參見威爾·金里卡：《當代政治哲學》（上海：上海三聯書店，2004 年），頁 519。

❸❻　參見 Charles Taylor: "The Liberal-communitarian Debate", in *Liberalism and the Moral Life*, edited by N. Rosenblum, Harvard University Press, 1989, p.178.

造著公民的品格和目的，亦即塑造著他們所是的和渴望成為的那種
個人。」**㊲**一方面，前文已提及，在羅爾斯看來，道德人格屬政治
領域之外的存在形態，另一方面，個體品格卻可以由社會政治結構
來塑造，公共之域與個體之域在此呈現單向的作用關係。這種看法
雖不同於以公共之域干預個體之域，但對公共之域與個體之域的互
動，卻未能具體地把握。

　　不難看到，作為成己與成物的現實背景，公共領域與私人領域
具有不同的向度。從存在形態看，二者的關係，首先體現於內在性
和外在性。以個體的情意、信念、取向、價值關懷、品格、德性等
等為內容，私人之域取得了觀念的形式；在這一層面，它同時內在
於個體的精神世界，並相應地呈現內在性的特點。比較而言，公共
領域則更多地展現於相互交流、共同生活、公開參與等社會交往和
社會實踐過程，從而超越了個體之域和內在之維，具有外在性的特
點。與之相關的是個人與社會的關係：相對於私人領域的個人維
度，公共領域同時表現為社會之域。當然，二者的區分也具有相對
性：同一觀念，作為個人的所思所想，屬個體之域，但一旦表達出
來，便進入公共之域。在此意義上，個體之域與公共領域不同於界
限分明的空間區域，而是同時在實質的層面表現為個體性與公共性
等存在規定。就成己與成物的過程而言，個體之域的確認，蘊含著
對人的獨特個性的關注。前文（第六章）曾對個體與個性的關係作
了考察，與之相聯繫，這裏可以進而對一般層面的人性與人的獨特
個性作一區分。一般層面的人性體現了人的類的本質，並由此將人

㊲　羅爾斯：《政治自由主義》（南京：譯林出版社，2000 年），頁 71-72。

與其他存在（物）區分開來，人的獨特個性則與個體的特定存在過程，包括他在社會結構中的身分、角色、精神世界等等相聯繫，體現了存在的具體性。如果說，個體之域以及與之相關的獨特個性決定了成己過程總是基於個體的意願和理想、自我的選擇和追求，那麼，個體存在與公共之域的關聯，則使成己的過程始終難以離開社會的引導和制約。

個體選擇與社會引導、自我努力與社會制約的統一，主要從成己的方面體現了個體之域與社會之域的關聯。從更廣的視域看，個體之域與社會之域又涉及成物的過程。事實上，社會正義的落實，同時具有成物的意義。就社會正義本身而言，其實現則同樣關乎個體領域與公共領域。按其實質的內涵，正義不僅以個體權利為關注之點，而且表現為社會領域中合理秩序的建立，從而，內在地關聯著個體領域與公共領域。個體的完善展開於各個方面，它一方面基於其獨特的個性，另一方面又離不開現實的條件，後者包括發展資源的合理獲得與占有。不難看到，這裏蘊含著個體之域與公共之域、成己與成物、自我實現與社會正義的交融和互動。從現實的形態看，個體之域與公共之域的統一既從一個方面體現了社會正義，又構成了正義所以可能的前提。

四、意義世界與自由之境

以個體之域與公共之域的統一為前提，正義滲入於社會生活的不同方面，並在某種意義上體現了社會的秩序。然而，從歷史的層面看，正義同時又是社會衍化過程中的一種歷史形態，其存在並不

具有終極的性質。作為歷史發展中的產物，正義本身也將隨著歷史的進一步演進而被超越。

正義的歷史性，首先與正義存在根據和理由的歷史性相聯繫。如前所述，在實質的層面，正義涉及人存在與發展所需各種資源的獲得、占有與分配。具體而言，它以資源的有限性以及有限的資源與人的發展需要之間的張力為歷史前提：當一定時期社會所擁有的資源無法充分滿足所有個體發展需要時，有限資源如何公正地獲得、分配便成為社會需要解決的問題，以上背景同時構成了正義所以必要的歷史根據。在社會的發展使其擁有的資源在實質上能充分滿足成己與成物的需要、從而社會所具有的現實資源和個體發展之間的張力得到實質的化解之時，正義原則本身也就不再表現為社會所需要的調節原理，從而將由此淡出歷史。

不難看到，正義的超越，首先以社會資源的充分發展和積累為其前提。就資源的獲得與分配而言，正義以得其應得為原則，所謂應得，也就是有權利獲得或有資格獲得，這裏的基本之點在於權利。在社會所具有的資源難以充分滿足個體發展需要的條件下，按個人所擁有的權利來分配通常被理解為保證公正的原則。然而，一旦社會資源得到充分發展和積累，則資源本身的分配，便無需繼續以權利為依據，而是可以按照個體存在與發展的需要來實施，當馬克思將「集體財富的一切源泉都充分湧流」與「按需分配」聯繫起來時，❸便表明了這一點。作為以需要為依據的資源分配原則，

---

❸　參見馬克思：〈哥達綱領批判〉，《馬克思恩格斯選集》，第 3 卷（北京：人民出版社，1972 年），頁 12。

「按需分配」無疑已超越了基於權利的正義視域，體現了實質層面的平等。

正義主要與已有資源的占有、分配、調節相聯繫，相對於此，「按需分配」以及與之相聯繫的實質平等作為對正義的超越，則首先基於資源本身的發展、積累。從歷史的衍化看，資源的發展、積累顯然更多地展示了本源的意義。然而，社會資源的發展能否對正義的超越提供如上前提？一些哲學家對此表示懷疑並提出了責難。在這方面，柯亨具有一定的代表性。按柯亨的理解，馬克思認為在物質高度富裕的狀態下可以消除正義問題，這是一種「技術麻醉劑」。在他看來，「『集體財富的一切源泉』可能永遠不能『充分湧流』」。❸柯亨以上立論的根據之一，是所謂生態危機等現象已使「我們不能像馬克思一樣在物質的可能性上保持樂觀主義」。❹概而言之，對柯亨來說，物質財富的發展必然是有限的，從而，以此為前提的實質平等也無法真正實現。

這裏首先似乎應該對社會資源或物質財富的無窮膨脹與它們發展的無止境性作一區分。社會資源或物質財富的無窮膨脹意味著通過物質資料和能源的無節制消耗而在量上無限擴展和增加，發展的無止境性則是指物質財富的發展總是不斷超越已有的限度，無法預先為其規定一個界限或終點。前者蘊含著物質財富在一定時期可以達到量上無限化的樂觀確信，後者則肯定了物質資源發展的過程

---

❸　柯亨：《自我所有、自由和平等》（北京：東方出版社，2008 年），頁 145-147。

❹　同上，頁 10-12。

性,拒絕人為地規定界限、終止過程。歷史地看,隨著對世界認識的逐漸深化以及變革世界力量的日益增強,人類總是不斷超越既成界限,走向新的發展階段。一定階段出現的問題,也總是能夠在進一步的發展中逐漸解決。在消極的方面,可以將近代工業革命的後果及其克服作為一個歷史事例:工業革命在其初起及展開過程中曾出現了各種問題,如城市中煙塵的彌漫和籠罩、森林被大量砍伐、河流因污染而黑臭,等等,然而,隨著現代化過程的進一步深化,這些現象在現代化起步較早的國家中已逐漸成為歷史。同樣,今天所面臨的各種新的生態問題,也正在日益得到關注並開始逐步提到解決的日程,儘管這些問題的完全解決將是一個漫長的過程。從積極的方面看,物質財富的增長固然受到資源、能源的各種制約,但這並不意味著可以據此給這種發展設定一個終點。以能源而言,如果僅僅著眼於石油、煤炭等傳統能源,則世界無疑將面臨能源的短缺等問題,而且這類問題在未來將越來越突出,因為石油等傳統能源的儲量確實是有限的。然而,如果將太陽能、風力、潮汐等作為未來的多樣能源,則問題便會發生實質性的變化:對人類來說,太陽能等能源幾乎取之不盡。現代的科技已經表明,太陽能等能源的實際利用在目前儘管有各種技術問題,但並不存在無法逾越的障礙,事實上,新能源的發展,今天正在醞釀某種突破。人類的知、行之域在相當長的時期中曾僅僅展開於有限的空間,然而,近代以來,人卻逐漸從地球的這一面走向另一面,並正在一步一步地越出地球,奔向浩瀚的宇宙。神話(如嫦娥奔月)、科幻小說中的內容,曾長久地被視為遙遠的夢想,但現在其中的不少想像已逐漸化為現實。每當人們試圖為某一領域的發展規定一個盡頭時,進一步的發

展卻總是會跨越這一盡頭。歷史表明，以關於世界的現有認識和對世界的現有變革能力而為人類的知、行之域規定一個界限或為人類的知、行過程預設一個終點，無疑過於獨斷。

社會資源與物質財富本身的發展方式，可以進一步區分為基於對自然的片面掠奪而實現的擴張，與依靠資源迴圈利用而達到的增長。前者表現為單向地消耗資源，其結果是難以持續性的發展；後者則以資源的可再生性與發展的可持續性為指向。從資源的層面看，增長的極限，首先導源於對資源的無節制消耗、掠奪性利用：在單向消耗的模式下，資源顯然蘊含著被耗盡的可能。如果超越單向消耗的方式，以資源的迴圈運用、資源的可再生性、可持續性等為發展方式，那麼，上述意義中的增長極限，便不再表現為一種宿命的形態，反之，「集體財富的一切源泉」之「充分湧流」，則有充分的根據加以預期，而不能簡單地斥之為「技術麻醉劑」。當然，發展過程總是涉及天（自然）與人（社會）的關係，人的需要和目的與自然之間往往存在某種張力；自然既不會自發地滿足人的需要，也不會僅僅以肯定的方式適應人的目的。另一方面，人不可能在某一階段窮盡對自然的認識，認識自己與認識世界（包括自然）在不同的時期都有其歷史性。與以上背景相聯繫，天與人在走向相合的同時，也無法完全避免相分。事實上，自從人類作為自然的「他者」而走出自然之後，歷史的衍化，總是同時表現為天人之間不斷由相分而相合、在出現張力之後又重建統一。這種在發展過程中不斷重建天與人統一的過程，在未來社會中無疑將以新的形式延續。它同時也表明，社會資源與物質財富的高度增長與發展，本身也將實現於動態的平衡過程之中。

　　從成己與成物的視域看，資源的增長與化本然之物為現實世界（廣義的為我之物）的過程之間存在著歷史的聯繫。作為成己（成就人自身）與成物（變革世界）過程的歷史成果，以資源的高度增長或物質財富的「充分湧流」為特點的這種存在形態，同時表現為超越了觀念之維而具有現實品格的意義世界。就社會的歷史演進而言，以上形態的意義世界既是成己與成物過程的歷史產物，又作為廣義的為我之物構成了成己與成物過程進一步展開的出發點。以人自身的成就與本然之物的人化（合乎人的需要）為指向，成己與成物的過程內在地與人類自身的歷史相伴隨，從而在本質上具有無止境的性質。與之相聯繫的意義世界生成過程，同樣難以預定終點。

　　作為意義世界生成的具體形態，資源增長的意義，首先體現於對個體存在與個體發展需要的滿足。這裏同時涉及如何理解發展需要的問題。以成己與成物為指向，發展的需要本身既有歷史性，也與人的價值理想、人生取向、追求目標等等相聯繫，理想、目標的確立，往往規定了相應的需要。就歷史的層面而言，初民時代的人，不會有掌握資訊技術或欣賞現代藝術的需要。就需要與價值理想的關係而言，對致力於在現實世界中追求自我實現的人來說，宗教意義上的超越關切，不會成為其生活中的主導性需要。與需要受價值理想的制約相聯繫，人的需要內在地涉及如何合理引導的問題。如果地球上的每一個人都以擁有月球或火星作為自己的目標，那麼，不管「財富的一切源泉」如何「充分湧流」，達到以上目標所「需要」的條件恐怕都無法完全滿足。可以看到，價值理想和價值目標的合理引導、確立，在這裏具有無法忽略的意義：社會資源、物質財富的高度增長能否充分滿足人的發展需要，與需要本身

的合理定位緊密相關。進而言之，價值理想同樣存在如何合理確立的問題，如果脫離了現實所提供的可能，價值理想不僅難以實現，而且往往容易導向不同理想之間的衝突。在認識自己與認識世界的過程中達到善與真的的統一，由此形成既包含善的內涵又具有現實根據的價值理想和價值目標，避免價值追求與現實存在以及不同理想之間的衝突，這是一個與社會資源或物質財富充分發展相輔相成的過程。通過二者在歷史過程中的互動，社會所提供的資源與個體的需要、理想之間，也將逐漸形成彼此協調的關係。綜合起來，在未來社會中，正義的超越、實質平等的實現，既以「集體財富的一切源泉都充分湧流」為前提，又關聯著理想和需要的合理引導、調節與定位，如果離開了後一方面，那麼，通過物質財富的高度增長來充分滿足人的需要、由此實現實質的平等，就會流於抽象、浪漫的空想。

　　社會資源或物質財富的充分增長與個體需要的價值調節，既從不同的方面為化解資源的有限性與個體發展需要之間的張力提供了前提，也使正義的超越成為可能。如前文所論，正義的原則始終與權利相聯繫，無論是根據個體自由發展的權利分配資源，還是依照個體從社會獲取發展資源的權利來調節資源，正義的體現都基於個體的權利。權利就其本身而言，往往內在地蘊含著張力和衝突：它以自我的肯定和要求為內容，而不同個體之間的要求往往彼此相異，與之相應，對自身權利的堅持與維護，常常容易引向個體間的分離或衝突。布坎南曾指出了這一點：作為權利的承擔者，人總是

表現為「衝突的潛在一方」。❹正義原則的功能之一，就在於調節
與化解由權利的差異而可能引發的緊張與衝突。在此意義上，正義
與權利之間的關係似乎具有雙重性：它既以對個體正當權利的肯定
和尊重為出發點，又調節著不同權利承擔者之間的關係。❷

　　與正義和權利的以上關係相應，對正義原則的超越，同時意味
著揚棄以權利為中心的視域。在資源的有限性與人的發展需要之間
的張力得到歷史的化解、實質的平等成為社會的現實之時，需要本
身便開始走向關注的中心。按其內涵，權利首先與人的身分、資
格、要求相聯繫，因而更直接地涉及法理關係，相形之下，需要則
表現為一種價值規定，它不同於具有主觀意義的要求，而更多地呈
現為本體論層面人的存在形態或存在條件：就最本原意義上的生存
而言，人的存在「需要」空氣、陽光與水，這種需要，同時便構成
了人基本的存在條件。如果說，權利體現了人的價值要求，那麼，
需要則構成了價值的本體論根據或本體論之源。作為本體論規定與
價值論規定的統一，需要無疑呈現了某種形而上的意義，而以需要
為關注的中心，則意味著在形而上的層面對人的存在價值作本原性
的肯定。從歷史的角度看，隨著社會的價值關注由個體權利轉向人
的需要，以權利為中心的正義原則也將逐漸退隱。

---

❹　參見 Allen E. Buchanan, *Marx and Justice: the Radical Critique of Liberalism*,
　　London: Methuen, 1982, pp.75-76。

❷　布坎南在注意到權利將導致衝突的同時，又認為正義使相關主體成為難以妥
　　協的權利擁有方，從而使衝突無法避免，這一看法似乎忽視了正義的調節功
　　能。（參見 Allen E. Buchanan, *Marx and Justice: the Radical Critique of
　　Liberalism*, London: Methuen, 1982, p.178。）

　　基於需要的成己與成物過程，當然並不是在未來社會中突兀地呈現。事實上，在社會的歷史演進中，已經存在與之相關的某種趨向，這方面可以一提的首先是家庭與個體發展的關係。作為社會的基本單位之一，家庭中的不同成員，也存在資源的獲得與分配的問題。然而，即使在市場經濟的條件下，家庭之中資源的獲取與分配也主要不是以個體權利為依據，而是在更實質的層面基於不同成員的現實需要。蘊含於以上資源獲取與分配模式之後的，是一種責任的原則或責任的觀念。權利側重於自我的資格和要求，相對於此，責任所指向的是對他人的關懷和關切，而在資源的分配之中，這種責任和關切具體地便體現於對相關成員現實需要的注重。較之其他社會存在形態或單位，家庭對自身成員發展資源的安排，確乎更多地出於責任、基於需要，在這一社會結構及其運行過程中，我們不難看到對基於權利的正義原則的某種超越。從實質的層面看，家庭確乎主要不是奠基於正義原則之上。以上事實同時也表明，在社會本身的演進中，走向以關注需要為中心的實質平等、真正實現人的存在價值，並不是完全沒有任何歷史前提與內在的根據。

　　就更廣的意義而言，責任意識與關注需要的以上統一，同時體現了仁道的觀念。歷史地看，早在先秦，儒學的開創者孔子已提出了仁道的原則，孟子進而將性善說（人皆有「不忍人之心」）與仁政主張聯繫起來，從內在的心理情感與外在的社會關係上展開了孔子所奠定的仁道觀念。在漢儒的「先之以博愛，教以仁也」[43]、宋儒的

---

[43]　董仲舒：《春秋繁露·為人者天》。

「民吾同胞，物吾與也」❹等信念中，仁道的原則得到了更具體的
闡發。仁道的基本精神在於尊重和確認每一個體的內在價值，它既
肯定個體自我實現的意願，又要求個體之間真誠地承認彼此的存在
意義。這裏不僅蘊含著人是目的這一理性前提，而且滲入了個體之
間相互關切的責任意識。值得注意的是，倡導仁道原則的儒學，同
時又將家庭倫理放在某種優先的地位，二者的這種聯繫，也從一個
方面顯示了仁道原則與超越權利本位、在實質層面確認個體價值之
間的相關性。不難看到，在社會的歷史演進中，仁道原則與正義原
則內含著不同的價值向度。當社會的發展為人的存在價值的真正實
現提供歷史前提之時，以權利為本的正義原則便將失去存在的根據
而被揚棄，而在以上的社會形態中，以存在價值的內在確認為指向
的仁道原則，卻將在更現實的基礎與更深刻的意義上得到體現。

　　需要指出的是，如前文所論，在更現實的基礎與更深刻的意義
上實現仁道原則所蘊含的價值趨向，離不開社會資源或物質財富的
充分增長。只有當社會所擁有的資源能夠充分滿足成己與成物的需
要之時，權利的關注才可能轉向需要的關注，以人的內在存在價值
為本的個體發展，也才可能實現。馬克思將「集體財富的一切源泉
都充分湧流」，作為「按需分配」的歷史前提，強調的也是這一
點。在社會資源或物質財富的增長之外談個體存在價值的充分實
現，往往容易使價值的關懷流於觀念、精神層面的抽象追求，而無
法使之獲得現實的內涵和具體的歷史品格。作為歷史中的價值理
念，儒家的仁道原則在某種意義上似乎多少表現出如上趨向。以內

---

❹　張載：《正蒙・乾稱》，《張載集》（北京：中華書局，1978 年），頁 62。

在的心性為出發點，仁者愛人首先呈現為觀念上的關切，成己與成
人則主要以精神世界的提升為內容，個體發展的現實前提，往往未
能進入其視域。所謂在更現實的基礎與更深刻的意義上實現仁道原
則所蘊含的價值趨向，同時意味著揚棄仁道原則的以上抽象性。

　　以社會資源或物質財富的高度增長為歷史前提，人的存在價值
的真正實現，具體地表現為人的自由發展，後者既指向個體，也展
開於個體之間。當《中庸》以「合外內之道」概述成己與成物的統
一時，已從形而上的思辨層面，涉及了上述關係。馬克思以更為具
體的歷史視域，對人的以上發展作了考察。在談到未來社會的存在
形態時，馬克思曾提出了「自由人聯合體」的概念，❹並對其內在
特徵作了如下闡釋：「在那裏，每個人的自由發展是一切人自由發
展的條件。」❹從價值內涵看，自由發展意味著將人理解為目的性
存在（自身即目的），全面地實現其自身的內在潛能，而社會所擁有
的資源能充分滿足個體發展的需要，則是這一過程的現實擔保。在
「自由人的聯合體」中，社會資源與個體發展需要之間的張力已經
在實質的層面得到化解，個體之間因發展資源的有限性而發生的衝
突、對抗也失去了基本的前提，從而，自我存在價值的確認和實現
與他人或類的價值的實現不僅彼此相融，而且互為前提：我的自由
發展不再是對他人的限制，而是構成了他人發展的條件，與此一
致，他人的發展對我也呈現同樣的意義。正是在這種互動中，自由

---

❹　參見馬克思：《資本論》第 1 卷（北京：人民出版社，1975 年），頁 95。
❹　參見《馬克思恩格斯選集》第 1 卷（北京：人民出版社，1972 年），頁 273。

人的聯合體展示了其歷史和價值的內容。

作為一個歷史過程，每個人的自由發展與一切人自由發展之間的互融、互動，內在地關聯著成己與成物的過程。社會正義在一定的歷史時期誠然也從一個方面構成了成己與成物的條件，但以權利為關注的中心，使之既難以超越形式意義上的平等和程式層面的公正，也無法擔保人的存在意義的充分實現。較之以正義為原則的社會形態，自由人的聯合體更多地從實質的層面為存在價值的實現提供了可能。人的自由發展不僅以成就自己為內容，而且以成就世界為指向。在這一過程中，一方面，人的存在與世界之「在」通過人的創造活動不斷被賦予更深沉的價值意義，另一方面，廣義的意義世界也由此在真正合乎人性的層面進一步生成和提升。以每個人的自由發展與一切人自由發展的互動為背景，自我與他人（社會）、個體之域與公共之域、觀念層面的意義世界與現實之維的意義世界逐漸走向內在的統一，成己（認識自己與成就自己）與成物（認識世界與變革世界）作為意義世界的生成過程開始真正展開於自由之境。

附錄

行動的意義

　　人的存在離不開行動。從日常的生活空間，到經濟、政治、文化等領域，行動發生並展開於人存在過程的各個方面。作為人存在的方式，行動本身應當如何理解？行動對世界和人呈現何種意義？當我們從哲學的層面考察行動時，以上問題無疑難以迴避。

一、「是什麼」與「做什麼」

　　行動可以從廣義與狹義二個方面加以理解。狹義的行動主要表現為個體的活動或行為，在分析哲學關於行動的理論（theory of action or philosophy of action）中，行動主要便被理解為個體性的活動或行為；廣義的行動則展開為多方面的社會實踐，涉及以上所說的政治、經濟、文化等領域。行動的以上二重形式並非互不相關：個體性的活動或行為往往內在於社會實踐的過程，廣義的社會實踐也相應地包含個體性的活動。

　　與人的存在過程的多方面性相聯繫，行動的現實形態也呈現多樣性。首先是日常生活中的行動。作為人的生命生產與再生產的實現形式，日常生活構成了人存在的基本形態，這一領域的行動，往往以飲食起居等日用常行的方式表現出來。從家庭之中的活動，到

鄰里間的往來；從傳統社會中的灑掃應對，到現代社會中的休閒娛樂，日常的行動體現於不同的方面。

對人而言，生命的生產和再生產與生存資源的生產與再生產難以分離，後者便涉及更廣意義上的勞動過程。日常生活主要以人與人之間的交往為背景，並不以物的變革為直接的指向，生產與勞動活動則更直接地指向物的變革：在生產和勞動的領域，人的行動既基於人與人之間的相互合作、協調，又以物為直接的作用對象。

生產與勞動作為行動的具體形態，屬前文提及的社會實踐。廣而言之，以社會實踐的形式呈現的行動同時展開於社會不同的方面。在經濟領域，行動表現於投資、交易、管理等不同的方面；在政治、法律領域，行動則與政治主張、法律規範等相聯繫，並以政黨、政府、法律機構等組織與體制的存在為其背景。

相對於體制中的行動，科學、藝術等領域的活動更多體現了文化創造的品格。作為文化領域的活動，科學研究、藝術創造無疑都涉及觀念之維，然而，它們並非僅僅囿於內在的意識之域，以科學而言，即使是理論科學，其活動涉及科學共同體的交流、論辯，這種交流、論辯總是超乎個體的內在意識，而表現為影響和作用於其他個體的行為。同樣，藝術的創作也通過各種形式的藝術作品而形之於外，對社會產生不同的影響，從而，其創作過程也不同於純粹的觀念活動而表現為特定的行動。

科學領域的行動以真為指向，藝術的創作則關乎美，與真和美相聯繫的是善，後者在道德行為中得到了具體的體現。歷史地看，西方哲學傳統中的實踐，中國古典哲學中的「行」，往往首先涉及道德領域中的行為。就道德行為本身而言，其特點之一則在於既表

現為個體性的行動，又包含社會實踐的內涵。作為德性的外化，道德行為無疑體現了行動者的內在品格，然而，以成己與成人為價值目標，它同時又展現於現實的社會境域，並多方面地作用於社會共同體。

行動既以人為主體，又構成了人的基本存在方式。對人而言，「是什麼」與「做什麼」往往無法相分。所謂「是什麼」，既與類的層面人所達到的發展形態相聯繫，也涉及個體的存在。歷史地看，作為類的「人」的存在形態，總是相應於他們在不同歷史時期的「行動」（實踐）。運用工具進行的勞動，是人不同於動物的基本行動形式，正是這種特定的「行動」，使人走出了自然，成為與自然既相關又相對的特定存在。不同的勞動方式，以及與之相應的其他行動（實踐），進一步將人在不同發展時期的存在形態區分開來。以石器為主要工具的生產活動，構成了原始時代人類的主要行動方式，這一時期的人類，則相應地處於近乎自然的存在形態。隨著歷史的演進，人的勞動方式以及其他的行動（實踐）方式不斷地發生變化，而人類自身的存在方式和存在形態也形成相應的改變。農耕或遊牧這一類勞動（行動）方式，賦予人的存在以早期（前現代）的文明形態；基於近代工業的生產活動及與之相應的政治、文化行動，使人的日常存在與非日常存在形態都形成了與農耕時代不同的特點；當代資訊技術的發展，則使人的存在方式和存在形態越來越打上資訊時代的印記，如此等等。

就個體而言，其存在形態也與他們的行動方式相聯繫：人的存在通過其行動而得到具體體現。加達默爾已注意到這一點，在他看來，「人其實是通過他做什麼和他怎樣行動才成為這樣一個已成為

如此地、但也是正在如此地以一定方式去行動的人。」❶作為社會的存在，人具有不同的身分、角色，這種身分、角色往往並不僅僅通過靜態的社會關係而確立，就其現實的形態而言，它們同樣離不開多樣的行動。從寬泛的層面看，人的存在包含經濟、政治、文化、道德等不同的規定性，人本身則表現為相關領域中的主體。然而，這種存在規定之獲得現實的品格，又離不開具體的行動過程：正是在從事經濟活動的過程中，人成為經濟領域的主體；在參與政治實踐的過程中，人成為政治生活的主體；在按道德原則、道德理想而踐行的過程中，人成為道德之域的主體。同樣，在文化傳統的認同和歸屬方面，個體也是在按一定的傳統、習俗而行動的過程中，才作為相關文化共同體中的成員。廣而言之，關於人，有理性的存在（理性的動物）、符號的存在（符號的動物）以及製造和運用工具的存在等等不同的理解，這些理解從不同的層面確認了人之為人的規定性（製造和運用工具涉及人的更內在、更本原的規定性），而人之作為理性的存在（理性的動物）、符號的存在（符號的動物）、製造和運用工具的存在，同樣是通過以理性的方式或符號的形式展開的行動，以及製造和運用工具的活動而得到確證。不難看到，在人的存在過程中，「是什麼」與「做什麼」具有內在的一致性。

作為人存在的方式，人的行動與其他的存在形態一樣，本質上表現為一個系統，其中各個環節都處於相互關聯之中。在某些方面，動物的活動似乎也呈現與人的行動相近的特點，如其覓食、攻

---

❶ 加達默爾：《真理與方法》上卷（上海：上海譯文出版社，1992 年），頁401。

擊其他動物或防範其他動物的攻擊，等等，便涉及廣義的知覺、意念活動。然而，從總體上看，動物的活動具有本能的性質，儘管它們在某些方面表現出近乎人的行動的特點，但其活動從根本上既無法擺脫本能的性質，也難以超越所屬物種的限制：「動物只是按照它所屬的那個種的尺度和需要來建造。」與之相對，人的行動在總體上展開為一個不同於本能活動的過程，並能「按照任何一個種的尺度來進行生產」❷，後者意味著擺脫物種的限制而具有自由創造的能力。無論是勞動過程，抑或日用常行，都是其走向自由的生活、實踐系統的一個方面。正是與整個存在過程的這種關聯性，使人的行動即使在日常的層面，也構成了其作為人的存在表徵。

　　人作為現實的存在，不同於既成的對象，而具有生成的性質。從類的層面看，人之走出自然，成為自然的「他者」，經歷了一個漫長的歷史過程，這一過程具體地展開為人的多方面的實踐活動，其中既包括人與自然的互動，也涉及人與人之間的交往活動。就個體而言，當他剛剛來到這個世界時，他在相當程度上還是一種自然意義上的存在，正是在實際地參與各種社會生活的過程中，個體才逐漸獲得社會的品格，成為真正意義上的人，而參與實際的社會生活，則以人的多方面的行動為其題中之義。可以看到，人的現實性品格通過其生成過程而確立，而人的生成過程，則以人在不同歷史層面展開的行動為其實質的內容。

---

❷　馬克思：《1844 年經濟學哲學手稿》（北京：人民出版社，1985 年），頁
　　53-54。

二、何為行動

　　從人的存在境域看，「是什麼」和「做什麼」的相關性，同時使「何為人」與「何為行動」之間具有了內在的關聯。作為人的存在方式，行動本身具有何種品格？這一問題進一步引向了對行動的具體理解。

　　行動展開於人與世界的關係，其內在的指向在於通過人與世界的互動，使人和世界發生一定的變化。這裏所說的變化包含二重涵義：其一、行動作為特定的存在形態，其發生和展開本身也體現了人和世界的變化；其二、在作用於世界的過程中，行動同時使人和世界發生了不同形式的變化。在這裏，「是什麼」與「做什麼」之間的相關性從更廣的層面得到了展示：人的行動使人和世界發生某種變化，這種變化又進一步制約著人與世界的存在形態（成為什麼）。換言之，人與世界之成為什麼（發生什麼變化），與人的行動（對世界與人自身的作用）無法分離。行動與世界的以上關聯既使行動獲得了現實的品格，又賦予它以深沉的本體論和價值論內涵。

　　以人和世界的變化為現實的指向，行動既不同於單一的意念活動，也有別於純粹的身體移動，而是表現為身與心的互動。單純的意念活動僅僅限於精神之域，對外部的存在沒有發生實質的影響，從而不同於現實的行動。單一的身體移動可以有不同的情形。一種情形是肢體或身軀被強制性的移動，如在外力的強制之下從某一位置移向另一位置，此時身體雖然移動，但這種移動並非出於個體的意願，而是外部力量使然。另一種情形是無意識活動，如無意間的攪腿或伸臂、不經意間觸碰某物，等等。在以上情形之下，身體的

移動都沒有意識的自覺或自主參與，從而不構成具有意向性的行動。行動過程中身與心的互動，可以通過按開關之例來說明。被按住手、強制地撳下開關，不是行動，因為此時有「身」（身體的移動）而無「心」（自願的意向）；「想」按開關而無相應的肢體活動，也不是行動，因為此時有「心」（自願的意向）而無「身」（肢體活動）。唯有既出於內在意願，又用手按下開關，才是行動，而這一過程便表現為身與心的統一。

行動的意義往往超乎行動的主體，並具有不同層面的社會影響。以思想或觀念而言，僅僅內在於主體意識過程中的思想或觀念，不是行動，因為此時思想或觀念並未超出個體及其意識之域。然而，將上述思想或觀念表達出來，並與他人交流、討論，則是行動：後者超越了個體的意識之域，進入了人與人之間的交往過程，並構成了哈貝馬斯所謂交往行動（communicative action）的一個方面。同樣，以觀念、思想影響社會，也是一種行動，通常所謂傳播、宣傳，即屬於這一類行動。廣而言之，在思想、觀念的引導下展開對世界和人自身的多方面作用，並進一步化觀念為現實，則在更內在、更實質的層面展開為行動過程。思想、觀念與行動的以上關聯，從一個方面體現了行動所具有的社會作用和社會意義。

行動既以身與心的統一為特點，又展示了現實的社會效應和意義。以多樣的形式為具體的存在形態，行動同時包含普遍的規定。從行動的普遍性之維看，這裏首先涉及行動的基本單位。什麼是行動的基本單位？這一問題的實際內涵是：何為有意義的行動？作為一個過程，行動可以區分為不同的系統，其中複合性的行動系統往往包含著若干從屬性的行動系統。行動的系統性，意味著行動的可

分解性（複合的行動系統可分解為不同的子系統或亞系統）。然而，這種分解又總是有其限度：超過了一定限度，則有意義的行動便不復存在，或者說，「行動」便不再是本來意義上的行動。行動的基本單位，與行動的以上限度，具有內在的聯繫。

以上事實表明，行動的基本單位，與行動的意義無法分離。判斷某一動作是否為行動，往往取決於這種動作是否呈現意義以及呈現何種意義。不經意間擡起手，只是單純的肢體活動，不能被視為行動。然而，如果以舉手來表達發言的意願，則手的擡起或舉起便是行動，因為此時手的擡起呈現為一種意義的符號（表示希望發言）。這裏同樣涉及身與心等關係：「心」在此表現為內在的意欲（希望發言）以及信念（相信通過舉手可以實現以上意欲），「身」則體現於舉手的動作，「身」與「心」的如上統一，同時展現為一種具有符號意義的活動。沒有意義的動作，不構成行動，不具有符號形態的「意義」（單純的內在觀念），也不同於行動：作為意義表示形式的符號，總是有形之於外的一面，而單純的意識活動則缺乏後一品格。

可以看到，行動的基本單位，也就是意義的基本單位。一定的活動或動作之成為行動，其前提在於它具有一定的意義。當然，意義的呈現，總是與一定的背景以及理解過程相聯繫，理解則進一步涉及不同的視域。以按燈的開關而言，從意義的層面看，這一活動可以被理解為「按開關」、「開燈」、「讓房間變亮」，等等，其中每一種陳述都有特定的意義。就其包含意義而言，這種活動無疑屬行動，而它呈現出不同的意義，則表明同一行動可以獲得不同的

理解。❸在這裏，行動的意義之維與行動意義的開放性相互聯繫，而行動以意義為基本單位與行動意義本身的多樣呈現則並行而不悖。

　　行動的基本單位具有相對獨立的意義，這種意義使相關的活動獲得行動的性質。然而，如前所述，行動同時又具有系統性，行動的基本單位總是歸屬於一定的行動系統，並構成其中的一個環節。從現實的形態看，行動往往以系統為其存在的具體形態，行動的基本單位唯有置於它所從屬的系統中，才具有完整的意義。以前文提及的舉手而言，作為以發言為意向的動作，它無疑構成了一種有意義的行動，然而，這種行動同時又處於更廣的行動系統之中：舉手發言作為一種有意義的行動，總是與課堂提問、學術會議或更廣意義上的公共討論等行動系統相聯繫，其具體的意義也唯有基於這些教學、學術、討論活動，才能形成。進而言之，完整意義上的行動，往往包含不同的環節。以戰鬥中的射擊而言，行動者的欲望是消滅敵人，這同時也構成了其行動的目的；選擇適當的位置、對象，在最佳的時間扣動扳機，等等，構成了射擊的方式；命中目標或偏離目標，則是其結果。以上幾個方面，便構成了戰鬥中射擊行動的相關環節，它們彼此聯繫，從另一方面賦予行動以綜合的形態。這種行動不同於僅僅以扣動扳機為內容的單一性行動，它構成了戰鬥過程中射擊的現實存在形態。可以看到，在邏輯的層面上，

---

❸　戴維森將以上現象稱之為對一件事情的不同描述。（參見戴維森：〈行動、理由與原因〉，載戴維森：《真理、意義與方法》，北京：商務印書館，2008 年，頁 388）從邏輯上看，不同描述的背後，便是不同的理解。

行動可以區分為單一的形態與綜合的形態，在現實的層面或完整的意義上，行動則首先呈現綜合性的特點。

當代的分析哲學曾對行動作了種種的考察，然而，從總體上看，其行動理論或行動哲學（theory of action or the philosophy of action）關注的主要是具有單一性質的行動，如開槍、開燈、發動汽車，等等，對行動的理解，基本上也限於以上層面。對很多分析哲學的行動理論而言，以上層面的行動似乎便構成了一個完整的系統，他們的進一步討論，常常主要涉及扣扳機與開槍或殺人的關係、按下開關與開燈的關係、旋轉汽車鑰匙與發動汽車的關係，等等，在這一類情形中，行動的完整系統都限於相對單一的行動。從這一層面討論行動，固然有助於在微觀的維度理解行動，但從人的實際存在過程看，以上行動已包含某種抽象（將某一行動從更廣的行動系統中抽取出來），如果僅僅限於這一視域，無疑容易忽視行動的現實形態，從而使相關的討論流於空泛。以開槍而言，在其現實性上，它往往與狩獵、戰鬥、刺殺、行刑、射擊比賽等行動過程相聯繫，其具體的意義，也唯有聯繫這樣一些現實的行動系統才能加以把握。離開更廣的行動背景談開槍或射擊，顯然難以避免抽象化。

三、行動的結構

作為具有綜合性或系統性的現實存在形態，行動包含著內在的結構。從意欲到評價，從權衡到選擇，從做出決定到付諸實施，等等，行動的結構體現於不同的方面。首先是行動意欲的形成。意欲的特點在於包含個體的內在要求，它既可呈現為當下的欲望，也可

以表現為相對穩定的意向。當下的欲望往往指向特定時空中的某一對象，相對穩定的意向則以較長時期的目標為其內容。聽了某人在學術會議上的發言後立即想表達自己的意見、走出辦公室馬上想吸煙，等等，這是當下的欲望；希望獲得碩士或博士學位、想成為成功的企業家，則是一定時期中相對穩定的意向。意欲的形成既與個體的人生經歷、知識積累、價值取向等相聯繫，又涉及具體的存在境遇或情景。在學術會議中聽了別人的發言後想發表自己的意見，首先以相關個體具有某種知識背景為前提：這種背景使之對發言人的觀點產生了贊同或反對的看法，而特定的存在情景（學術會議），又使其提出自己的觀點成為可能，相關的欲望（發表自己的意見）則由此而形成。同樣，希望獲得博士學位的意向，也既基於相關個體的教育背景、人生追求，又涉及特定的存在境遇（一定社會環境中，具有博士學位可以為個體改變生活狀況提供可能）。

　　意欲對行動的作用，往往通過動機而得到體現。這裏涉及意欲與動機的關係。意欲可以轉化動機，但並非一切意欲都會轉化為動機。意欲能否轉化為動機，與意欲本身的正當與否相聯繫，而意欲的正當與否，則關乎意欲的評價。這種評價，首先表現為意欲主體的自我反省：自我總是根據其接受、選擇的價值原則或價值規範，對相關的意欲作出反思和評判，以確定其正當與否：合乎一定價值原則或價值規範，則被視為正當，與之不一致，則被視為不正當。所接受的價值原則或價值規範不同，則對意欲性質（正當與否）的判定也相應地有所不同：同一意欲，相對於不同的價值原則，往往呈現不同的性質。從意欲與行為動機的關係看，唯有意欲獲得肯定的評價（被確認為正當），才能轉化為影響行為的動機。在這裏，需要

區分意欲的形成與意欲的接受。意欲的形成常常不由自主，但這種意欲被接受為行為的動機，卻離不開自我的評價。當然，這種評價不一定以明晰的方式展開，也不一定取得嚴密的邏輯推論形式，而往往以思維的簡縮為其形態，表現為當下的、直覺性的反應，並蘊含於自我對意欲的認可、接受或抑制、拒斥過程中。

當代的行動理論對意欲或欲望也給予了相當的關注，然而，在肯定意欲可以引發行動的同時，它們往往忽略了意欲的自我評價問題。行動如何發生？分析哲學系統中的行動理論常常以欲望（desire）加信念（belief）的模式加以解釋：如果行動者形成了某種欲望，同時又相信通過某種行動可以使這種欲望得到滿足，那麼，他便會去實施以上行動。從解釋的層面看，欲望與信念的結合構成了行動的理由；從過程的層面看，二者的融合則表現為行動的原因。在以上的行動解釋模式中，欲望似乎直接或自發地成為行動的動因。這種看法，多少忽視了行動主體對欲望的自我反思和評價。事實上，人的行動不同於動物性本能行為的重要之點，便在於人的欲望往往並不是在未經評價的情況下直接進入動機的層面，略去對欲望的反思與評價，便很難將人的行動與動物的行為區分開來。

意欲通過評價而轉化為動機之後，便獲得了目的之性質，這種目的同時構成了行動的預期目標或「先行」到來的行動終點。目的的實現或目標的達到，意味著形成一定的結果，在行動發生之前，這種結果首先以可能的形態存在。行動可能導致的結果對人將具有何種意義？這裏既涉及對行動結果的預見，也關乎對行動目標的權衡、選擇。行動所形成的同一結果，往往呈現不同的意義，從價值的層面看，這種意義既可以呈現正面性質，又可以包含負面的性

質。是否選擇某種行動，以比較、權衡行動結果可能蘊含的不同意義為前提。如果存在不同的意欲以及與之相關的動機，則進一步面臨不同動機所關涉的不同行動結果，並相應地涉及對這些結果可能蘊含的諸種意義的比較、權衡。權衡的過程既關乎事實層面的認知（在一定的背景、條件之下行動可能產生的結果），也指向價值層面的評價（判定相關行動結果對行動者或社會可能具有的正面或負面意義）。比較、權衡之後，則是選擇與決定。選擇表示的是對動機以及動機所指向的行動結果的確認，決定則意味著從意欲和動機向行動過渡。這裏需要對決定給予特別的關注：從行動的精神趨向看，作出決定表明終結了考慮、徬徨、猶豫；就行動的具體實施而言，決定則表現為行動的觀念性啟動。向行動邁出更實質性一步的是試圖（trying）。試圖首先表現為行動的意向，即試圖行動（做什麼）。這一視域中的試圖儘管不同於實際的行動，但較之單純的打算（intend to）或決定，其行動的意向性更強，它在某種意義上可以視為從觀念（打算、決定）到行動的一種過渡或仲介。❹

不過，決定和試圖固然意味著由動機引向行動，但動機本身主

---

❹ 從廣義的行動視域看，試圖還具有另外的形式。首先是通過某種活動或步驟，來完成另一種行動，如試圖通過開閘，以降低水庫的水位；在沒有橋的情況下，試圖通過涉水，以渡過河流，等等，這種試圖本身也是一種行動。（R. Stout 在 *Action* 中將 trying 基本上等同於這一類型。參見 R. Stout: *Action*, Acumen Publishing Limited, 2005, p.148-149）試圖的另一形式表現為一種結果不確定的行動形態，如試圖抓魚池中某一條魚，但是否能抓住卻不確定（常常是試了數次之後才做到）。在以上二種試圖中，前一種形式與後一種形式的區別在於：前者表現為更大系統中（降低水庫的水位、過河）的一個環節，後者則是一種特殊的行動系統（即結果不確定的行動形態）。

要通過確認目的而為行動規定方向，亦即確定做什麼，與之相關的尚有如何做的問題，後者所涉及的，也就是目的如何實現的問題。在單一性的行動中，做什麼與如何做往往具有交錯重合的特點，如在舉手發言的行動中，以舉手的方式表示發言的意向，便既涉及做什麼，又展示了行動的方式（如何做）。然而，在綜合性或系統性的行動中，情形常常顯得更為複雜：確定做什麼之後，如何實施這種已確定的行動，具體地涉及行動的方式、手段、程式、不同環節之間的關係，等等。如果說，做什麼首先關乎價值的取向，那麼，如何做則更多地涉及理性認知。作為行動結構中的兩個方面，做什麼與如何做的相互關聯，同時體現了價值關切與理性認知之間的交融。

就行動過程而言，與價值取向相聯繫的意欲與動機，直接關涉行動的正當性問題。當然，如前所述，行動的這種正當性，又與一定的價值原則相聯繫：當意欲和動機合乎一定的價值原則時，便具有正當性，反之，則每每被賦予非正當的性質。相形之下，對如何做的理性考慮，則更多地指向行動的有效性（能否有效或成功地達到預期目的）。有關行動正當性與有效性的如上關係，在更本原的層面關乎行動過程中目的與手段。對動機（欲「做什麼」）的價值評價所涉及的，實質上便是目的是否正當，關於「如何做」的思考，則以手段的有效性為主要關注之點。不難看到，在行動的過程中，價值理性與工具理性同樣呈現出內在的相關性。

從意欲的形成、意欲通過評價而轉化為動機，到作出決定，主要表現為觀念之域的進展，作為改變世界和人自身的方式，行動總是超出觀念之域，以不同的方式作用於外部對象和現實世界。在系

統性的行動中，行動的展開首先涉及行動的目的與具體情境之間的
關係。行動的具體情境可以為目的之實現準備條件，也可能未能提
供這種條件，在後一種情形之下，便需要或者調整行動目標，或者
根據現實呈現的可能，對條件本身作改變或創造新的條件。就更一
般的層面而言，這裏所關涉的是合目的性與合法則性的關係。基於
意欲和動機，行動總是具有目的性，但另一方面，以現實世界為背
景，行動又與實然與必然相聯繫，後者的實質內涵即合乎內在於現
實世界的法則，行動的過程不斷面臨合目的與合法則性如何統一的
問題。

　　同時，在非單一性（具有綜合性）的行動中，行動者不僅面對外
部對象，而且與其他的行動者發生各種聯繫，如何處理、協調這種
關係，同樣是行動過程無法迴避的問題。不同的行動者往往具有不
同的意向，其價值目標、取向也各有差異，通過對話、協商、溝通
以避免意向、目標之間的衝突，是行動有效展開的前提之一。系統
性或綜合性的行動常常需要不同行動者之間的相互配合，包括形成
行動過程中的某種默契，這裏同樣存在如何處理行動者之間關係的
問題。如前所述，合目的性與合法則性關係的背後是主體（行動
者）與對象的關係，處理以上關係的主要之點，在於達到主體目的
與存在法則之間的統一。相形之下，行動者與其他行動者的關係則
涉及主體間的互動，它所面對的問題首先是如何協調不同目的、不
同意向之間的關係。要而言之，主體與對象的統一與主體間的統
一，構成了行動過程的相關方面。

　　通過行動者與外部世界以及行動者之間的互動，行動最後將引
向具體的結果。從過程的維度看，完整的行動總是包含一定的結

果，這種結果往往伴隨著世界與人自身的某種變化，從而呈現為具有現實性品格的形態。不過，結果的形成，並不意味著行動的結束。作為現實的形態，行動的結果對行動者以及更廣之域的社會共同體具有特定的意義，這種意義需要通過廣義的認識、反思而得到確認。行動者對行動結果的認識和反思，涉及意欲、動機與結果之間的比較，其中既包含事實層面的認知，也關乎價值層面的評價。這種認知與評價在確認相關行動意義的同時，也進一步制約著後繼的行動過程。

可以看到，在非單一或綜合的形態下，行動呈現結構性。行動的結構既表現為不同環節、方面之間的邏輯關聯，也展開於動態的過程。從動態的過程看，行動的結構不僅體現於從意欲到評價，從權衡到選擇、決定的觀念活動，而且滲入於行動者與對象、行動者之間的關係，並以主體與對象、主體與主體（主體間）的互動與統一為形式。

四、意向性與規範性

以行動者為主體，行動自始便與意向相聯繫。事實上，從意欲、動機的形成，到主體與客體、主體之間的互動，都滲入了行動者的意向。行動區別於其他現象的內在特點之一，便在於包含意向性。另一方面，行動的發生又有其具體的社會歷史背景，並受到社會體制、價值原則、行為規則等多重形式的制約，從而呈現規範性。意向性與規範性的交互作用，賦予行動以複雜的形態。

與行動相聯繫的意向，首先涉及目的性。目的既內在於動機之

中，又指向觀念之外的對象。一般而言，意向本身具有某種指向性，布倫坦諾在談到意向性（intention）時已指出，意向的特點在於「指涉內容（reference to content）、指向對象（direction to an object）」，廣而言之，「每一種精神現象都將某種東西作為對象包含於自身。在表述中，有某種東西被表述；在判斷中，有某種東西被肯定或否定；在愛中，有被愛者；在恨中，有被恨者；在欲望中，有欲望指向的對象；如此等等。」❺以目的性為內容，意向的特點具體表現為，它總是以一定的目標為指向。從意向與行動的關係看，這種目的指向性使行動既不同於機械的力學運動，也區別於無意識或下意識的身體移動。意向在行動中的這種作用，同時使之區別於一般的事件。以射擊而言，瞄準某一目標，並命中了目標，這是滲入意向的行動，然而，如果瞄準某一目標而擊中了另一目標，則情況便有所不同。就其具有命中某一目標的意向而言，它表現為一種行動，但就其擊中另一目標而言，則它又不同於行動：在後一情況下，命中「另一」目標並不是行動者的意向，擊中這一目標相應地也不能視為意向性行動的結果，而是表現為一種事件。這裏無疑展現了行動的複雜性：同一現象，從一個方面（瞄準某一目標而射擊）看是行動，從另一方面（所命中的是另一目標，這一目標並非意之所向）看，又不同於行動。形成以上差異的重要根源，便在於前者包含自覺的意向，後者則缺乏意向性的實質參與。

---

❺　F. Brentano: *Psychology from an Empirical Standpoint*, Translated by C. Rancurello, D.B. Terrell, and Linda. C. McAlister, New York: Humanities Press, 1973, p.88.

在行動過程中，目的性與預期往往難以分離。目的以一定的目標為指向，相對於此，預期則更多地涉及未來：作為意向的具體形態，預期既包含著目的性追求，又滲入了對行動結果的推知。如前所述，意欲轉化為動機，以意欲的評價為前提，而意欲的評價，又涉及相關意欲實現之後可能產生的結果，這種結果首先是通過預期而把握的。在行動的展開過程中，對結果的預期則進一步構成了引導性的意向。行動與期望的以上關聯，使之區別於遭遇性的事件。以日常的行動而言，開車去上班，這是行動，其中包含著按制度的規定開始一天工作這一預期，這種預期同時表現為行動的意向；途中被撞，則是遭遇的事件，後者既非意欲的對象，也不屬於預期的目標。不難看到，行動與遭遇的如上區分，主要便在於行動包含以預期為內容的意向性而遭遇則缺乏這種意向內容。

意向的更深層的特點，體現於明覺的意識。這裏所說的明覺，是指意向不僅具有目標指向或未來指向，而且具有意向的行動者同時自知其有這種意向。自知有某種意向，屬廣義的自我意識，它使行動過程中所具有的意識，不同於寬泛意義上的意識現象。人在夢中往往也會有身體的活動，而且這種活動常常伴隨著某種「意識」（夢本身也屬廣義的意識活動），然而，夢中的這種意識缺乏嚴格意義上的明覺形態，與之相聯繫的身體活動，也不同於包含意向性的行動。這種情況，類似於夢中說話：夢話也涉及語言，但這種言說同樣不具有明覺形態的意向性，從而，夢話也不能簡單地等同於言說行為（speech act）。

意向所具有的明覺性，具體地體現於行動過程的不同方面。從意欲的評價，到動機的形成，從「做什麼」的確認，到「如何做」

的謀劃，行動者都處於明覺的意向形態。在系統性的行動過程中，這種明覺的意向具體地體現於反思、評價、權衡、選擇、形成計劃、貫徹計劃等環節。對意欲的反思和評價、行動目標的權衡和選擇、行動方式的確定，等等，更多地涉及觀念之域，計劃的貫徹、實行，則展開於主體與對象、主體與主體之間現實的互動過程。通過滲入於以上各個方面，意向同時以明覺的形態作用於行動過程。

可以注意到，在意向的如上作用過程中，非理性之維與理性之維呈現相互關聯的形態。就其內涵而言，意向無疑包含非理性的方面，在欲望或意欲等形式中，意向往往包含非理性的內容：欲求並非都基於理性的考慮。然而，如前所述，在行動的過程中，意向並不僅僅表現為非理性的意欲，與反思、權衡、選擇等活動相聯繫，意向同時包含理性的內容，並常常表現為滲入理性的意識趨向。以願意做某事（be willing to do）而言，「願意做」的前提，是對將要做或需要做之事的性質、可能產生的結果，等等，都已有所瞭解，並在此基礎上作出自願的選擇。唯有對將要做或需要做之事已有所知，願意與否的問題才會發生，同時，願意也才具有實際的意義：對毫無所知的事，一般不存在願意與否的問題。可以看到，在「願意做」這種行動意向中，非理性的意欲與理性的認知呈現相互統一的形態。

從時間的向度看，意向的形成首先基於過去的存在境域。這種存在境域在廣義上包括以往的生活經歷、知識背景、價值觀念，等等。已有的存在境域，往往制約著人的意向：具有不同生活經歷、知識背景、價值觀念的行動者，其意向（包括「做什麼」與「如何做」的意向），每每呈現差異。然而，作為具有一定目的指向的意識，

行動中的意向又總是涉及未來，無論以「做什麼」為內容，抑或以「如何做」為表現形態，意向都具有未來的指向性。進而言之，作為行動的一個方面，意向同時內在於現實的行動過程，並體現於行動的不同環節；在行動的具體展開中，意向都具有當下呈現的形態。這樣，在時間的維度上，意向便交織著過去、未來、現在（當下）等不同的形態，並表現為以上諸方面的統一。如果說，理性之維與非理性之維的統一從實質的方面展示了意向的內在特點，那麼，過去、未來、現在的交融，則從時間的層面，表現了意向的過程性品格和現實性品格。

作為使世界和人自身發生改變的過程，行動不僅包含意向性，而且始終受到規範的制約。規範在寬泛意義上包括體現價值原則的行為規則、技術系的規程，等等，其作用首先表現在為行動的評價、引導等提供普遍的準則。如前所述，行動過程內含意向，就行動的意向而言，其最初的形態常常表現為意欲，而對意欲的評價，便涉及規範：意欲之被肯定、接受為動機，以合乎基於一定價值原則的規範為前提。

行動意欲的評價，主要體現於觀念之域。在行動的展開過程中，規範主要通過引導、約束或限定來對其加以調節。從作用的方式看，規範呈現多樣的形態。作為當然之則，規範以「應當」或「應該」為其內涵，後者既關乎「做什麼」，也涉及「如何做」。在「應當」或「應該」的形式下，二者都具有引導的意義：「做什麼」主要從行動的目標或方向上指引人，「如何做」則更多地從行為方式上加以引導。與引導相反而相成的是限定或限制。引導是從正面告訴人們「應該」做什麼或「應該」如何做，限定或限制則從

反面規定「不應該」做某事或「不應該」以某種方式去做。行動過程中的規範制約，使之避免了自發性而獲得了自覺的品格。

　　規範既與「做什麼」及「如何做」相關，也與「成就什麼」或「成為什麼」相聯繫，道德、政治、法律、科學等等領域的規範，往往都呈現以上雙重作用。在道德領域，道德的規範既制約著人的行為，又要求人們按道德原則自我塑造，以成為有德性的人格。在政治、法律領域，規範不僅規定著人們的行為，而且也要求人們成為具有政治、法律意識及相應品格和能力的存在，亞里士多德所謂「政治動物」以及現代語境中的守法公民，在不同的意義上蘊含了以上內涵。同樣，科學的規範也既規定和約束著科學領域的行為，又引導從事相關活動的人成為科學共同體的合格成員。

　　在具有系統性或綜合性的行動中，行動的規範性同時體現於行動與計劃的關聯。一般而言，行動的計劃包含行動的目標、行動的程式、行動的方式、等等，它構成了行動的總體指南。在行動過程中，計劃從總的方面引導著行動的各個環節，並使之始終指向預定的目標，最終達到相關的結果。行動完成之後，計劃往往構成了對這種行動加以評價的依據：行動是否達到預期的目標，常常便依據其是否實現以及在何種程度上實現預定的計劃。不難注意到，從行動目標的確立，到行動結果的評價，行動的計劃在整個行動過程中展示了其具體的規範意義，而行動與計劃的關聯，則既在較廣的意義上，也從較為內在的層面體現了行動的規範性。

　　要而言之，行動既內含意向性，又具有規範性。作為行動的兩重維度，意向性與規範性本身呈現內在的關聯。就意向而言，其作用和活動，往往受到規範的制約：如前所述，從意欲的評價以及行

動目標的權衡、選擇、決定，到行動過程的調節，意向的作用都與
規範的引導、限定相聯繫。另一方面，規範的作用過程，每每滲入
了意向活動：規範對行動過程的制約，常常通過行動者的意向活動
而實現，即使在計劃對行動的引導中，也處處滲入了意向（包括按
計劃而行這一行動意向）的作用。

　　從行動過程看，意向性往往與行動的啟動、行動保持動態的過
程等相聯繫，從意欲、動機對行動的激發，到貫徹和完成計劃的意
向對行動的持續推動，等等，都體現了這一點。就此而言，意向性
無疑呈現了動力因的特點。相對而言，規範主要從普遍的形式層面
為行動的正當性與有效性提供擔保，從規範對「做什麼」的引導，
到規範對「如何做」的規定，都展示了以上趨向。事實上，廣義的
規範性總是呈現形式化的內涵。規範的這一特點，使之更多地與形
式因相關。意向性與規範性的以上品格，使二者在行動過程中的關
聯更內在地體現於形式因與動力因之間的互動。如果說，意向性為
行動提供了某種動力機制，那麼，規範性則首先從形式的維度賦予
行動以自覺的性質。從哲學史看，休謨比較多地側重意向（包括情
感、意欲）對行動的推動意義，康德則更多地強調普遍之則對行動
的制約；前者在關注行動的動力因的同時，往往忽視了其形式因，
後者則在某種意義上將形式因視為動力因，從而或多或少在實質的
層面消解了動力因。對形式因與動力因的以上理解顯然各有所偏。
就行動的現實形態而言，意向性所體現的動力因與規範性所體現的
形式因具有內在的統一性。

五、習行、習性與存在境域

　　意向性與規範性在行動過程中的統一，乃是通過行動主體而實現。行動發生並展開於世界之中，同時又以行動者為其現實的主體。行動既改變世界，又改變人自身。作為行動主體，行動者與行動之間存在雙重關係：他既是行動所以可能的前提，又是行動的目的，此所謂目的，主要便體現在行動同時以人（行動者）自身的改變與提升為指向。

　　從行動者的維度看，行動的過程涉及習行與習性的關係。習行可以視為日用常行，習性則表現為行動者內在的心理結構和趨向，包括日常的價值取向、思維定勢、情意表達，等等，它形成於習行的過程，又反過來制約著人的習行。布迪厄已注意到習性與行為的聯繫，認為：「習性是持久的、可轉換的潛在行為傾向系統。」❻作為行動者內在的心理結構和趨向，習性對日常的行動往往形成了某種定向的作用，所謂「潛在行為傾向系統」，似亦有見於此。

　　然而，以日常習行為本原，習性往往具有某種自發的特點，所謂「日用而不知」。它固然構成了「潛在行為傾向系統」，但往往缺乏自覺的品格。行動的更深層的內在根據，涉及中國哲學所討論的本體。這裏的「本體」首先與「工夫」相對。以王陽明的哲學系統而言，其中的本體與工夫之辯和良知與致良知、知與行之辯具有內在的相通性，這一論域中的工夫，也相應地涉及廣義的行動，與之相關的本體，則表現為某種精神本體。以意識的綜合統一為存在

---

❻　布迪厄：《實踐感》（南京：譯林出版社，2003 年），頁 80。

形態，精神本體首先呈現心理的性質；從思維趨向，到德性品格，都不難看到這一點。心學將本體與「心」聯繫起來，已有見於此。然而，不能由此將精神本體歸結為純粹的心理結構。與普遍的概念形式及規範的內化相應，精神本體同時又超越特定的心理規定，包含寬泛意義上的邏輯或准邏輯之維。事實上，精神的結構在凝化之後，其間的關係、聯結便具有穩定的性質，從而獲得了某種邏輯的意義。❼以心理與邏輯的統一為現實形態，精神本體既不同於單純的個體心理結構或抽象的邏輯形式，也有別於自發的習性。凝結了自覺的意識內容而又包含普遍形式的這種精神本體，往往以不同的形式制約著人的行動。從行動的取向（包括對象的選擇、目的之確立，等等），到行動的方式，都內含著精神本體的作用。正是通過對行動的引導、規定，精神本體具體地展現為行動的內在根據。

具有綜合性或系統性的行動，往往表現為一個連續的過程：行動的結構性，同時以動態的方式展開，而動態的結構則以連續性為其形態。從行動意向（意欲、動機、意圖等）的形成到提出計劃，從實施計劃到評價計劃實施（行動）的結果，展開為一個連續的、統一的過程。行動的這種連續性、統一性，在邏輯上以行動者的連續性為其前提。行動者的連續性，具體地表現為個體在時間中的綿延同一，唯有行動者在時間的綿延中依然保持其自身的同一，行動者所從事的行動才可能呈現連續的品格。行動者與行動的以上關係，從動態的層面展示了行動者對於行動的主導性。

以行動者為主體，行動的過程同時涉及行動者之間的關係。首

---

❼　參見本書第二章。

先是行動者彼此之間的理解。理解所側重的是觀念層面的溝通，包括一般價值取向上的某種一致，對行動意義的某種共識，在行動程式上的一致看法，對行動結果的共同預期，等等。這種理解和溝通不僅僅以自覺的形式呈現，而且也往往表現為內在的默會。行動者在觀念層面的上述理解與溝通，是行動有效展開的基本前提之一。與行動者之間的理解相聯繫的，是行動者在行動過程中的相互協調與呼應。相對於理解過程之側重於觀念的溝通，行動的協調與呼應更多地涉及行動者在行動過程中的配合，包括行動中的彼此默契。觀念層面的溝通與行動中的配合，從不同方面表現了行動者的互動對行動展開的內在意義。

　　行動作為人存在的方式，既旨在達到或實現特定的目標，又涉及人自身存在形態的轉換。前者以事或物的改變為指向（通過事或物的改變以滿足人的欲求），後者的關切之點則是人存在境域的提升。以人存在境域的提升為視域，行動者之間的相互關係呈現較為複雜的形態。作為行動的主體，行動者無疑首先互為目的：每一行動者都具有作為人的內在存在價值，並應相互承認與尊重這種內在價值。但另一方面，行動者的自我提升，又往往以他人為條件：行動的展開與個體的發展都不是在孤立的形態下完成的，每一個體在某種意義上都為他人的發展提供了前提或，他人同樣也構成了個體存在和發展的條件或背景。條件具有手段的意義，互為發展的條件，同時也使行動者之間呈現互為手段的關係。不難注意到，在這裏，手段並不僅僅呈現消極的性質，它以目的（行動者的自我提升）為指向，並構成了目的實現的內在環節。

　　可以看到，行動在使世界發生變化的同時，也使人自身發生了

改變。這種變化既表現為人性能力的發展，又指向人性境界的提升。寬泛意義上的能力首先是指人在廣義的知、行過程中所展示的現實力量，它體現於成己與成物的各個方面，表現為人把握和變革世界、把握和變革人自身的不同功能和作用。以現實的知、行活動為指向，人的能力既滲入於能知與所知的交互作用，也呈現於具體的實踐過程；知、行過程所達到的深度與廣度，總是相應於人的不同能力。在其現實性上，人的能力構成了認識世界與改變世界（成物）、認識自我與改變自我（成己）所以可能的內在條件。人的這種能力不同於外在的形式，它始終與人同在並融入於人的整個存在形態，從而構成了具有本體論意義的規定。以「人性」規定人的這種能力，既在於它體現了人的本質力量，也以其所內含的本體論性質為根據。總起來，所謂人性能力，可以理解為內在於人（與人同在）的本質力量，這種本質力量既是成己與成物所以可能的前提，又在成己與成物的過程中得到現實確證。與人性能力相關的人性境界或廣義的精神世界同樣有其不同的表現形態。在人的在世過程中，精神世界的不同內涵既相應於人的不同存在形態，也對人展示了不同的存在意義。就其現實性而言，人總是經歷不同的發展階段，人的生活過程也具有多方面性，在人生的不同發展階段與不同的生活的不同方面，精神世界或精神之境每每包含不同的內容。從更深沉的價值層面看，境界或精神世界所指向的，是人之為人的存在意義。以存在意義的自我反思為視域，境界或精神世界的核心，集中體現於理想的追求與使命的意識。理想的追求以「人可以期望什麼」或「人應當期望什麼」為指向，使命的意識則展開為「人應當承擔什麼」的追問，二者與「人為何而在」的自我反思緊密聯繫，體現了

對人自身存在意義的深沉關切。❽

　　人性能力離開了人性境界，便往往缺乏內在的價值承諾和理想的引導，從而容易趨向於工具化和與手段化；精神境界離開了人性能力及其現實的歷史作用過程，則每每導向抽象化與玄虛化。從改變世界與改變人自身的行動過程看，人性境界與人性能力既形成於認識世界與認識人自身、變革世界與造就人自身的過程，又從不同方面指向這一過程並構成了其展開的內在根據。在以上的歷史互動過程中，人性境界與人性能力本身也不斷獲得統一的形態。以人性境界與人性能力的如上統一為前提，一方面，通過人是目的這一本質規定的突顯，人性能力揚棄了外在的形態，展示出內在的價值意義；另一方面，在融入於通過具體行動而體現的現實創造活動中，精神境界超越了抽象、玄虛、空泛的精神受用或精神認同。在改變世界與改變人自身的不同過程中，人性能力與人性境界的統一，使人逐漸成為既包含內在德性又具有現實創造性的行動主體，行動與行動者的內在關聯，則由此得到了更為深沉的體現。

---

❽　參見本書第二章、第四章。

· 意義世界的生成 ·

後　記

　　2006 年至 2007 年，應羅蒂的邀請，我作為富布來特學者在斯坦福大學作了近一年的學術研究，本書的構想，便開始於那一段時期。對相關問題的思考，當然可以追溯到我更早時期的工作，但研究的具體準備，則是在斯坦福期間展開的。那一段時間，除了利用斯坦福大學的豐富圖書之外，與羅蒂的交談、討論，同樣構成了學術活動的重要方面。交談所及，既包括哲學的理論，也涉及哲學的歷史。儘管對一些問題的具體看法我們並不完全一致，但這種討論卻不僅給我帶來了智慧的愉悅，而且讓我獲益良多。不幸的是，就在我即將離開斯坦福之際，羅蒂卻與世長辭，這使我深為悲痛。儘管與他接觸的時間並不算很長，然而他的為人、為學，卻給我留下了揮之難去的印象，本書的出版，可以看作是對他的一種獨特紀念。

　　本書的部分內容，曾二次在華東師範大學博士研究生討論班上作過講授，討論班中的提問與回應，使我有機會對書中涉及的一些問題作進一步的闡釋。成書過程中，若干章節曾在《哲學研究》、《中國社會科學》、《學術月刊》、《文史哲》等刊物發表，由此，我對相關問題的思考，也從討論班進一步走向更廣的學術公共之域，後者無疑也為我參與不同形式的對話、討論提供了可能。

楊國榮

2011 年 3 月

國家圖書館出版品預行編目資料

意義世界的生成

楊國榮著. – 初版. – 臺北市：臺灣學生，2011.08
面；公分

ISBN 978-957-15-1532-8 (平裝)

1. 存在主義

143.46   100014035

意義世界的生成 (全一冊)

著　作　者：楊　　　國　　　榮
出　版　者：臺 灣 學 生 書 局 有 限 公 司
發　行　人：楊　　　雲　　　龍
發　行　所：臺 灣 學 生 書 局 有 限 公 司
　　　　　　臺北市和平東路一段七十五巷十一號
　　　　　　郵 政 劃 撥 帳 號：0 0 0 2 4 6 6 8
　　　　　　電　話：（0 2）2 3 9 2 8 1 8 5
　　　　　　傳　眞：（0 2）2 3 9 2 8 1 0 5
　　　　　　E-mail：student.book@msa.hinet.net
　　　　　　http：//www.studentbook.com.tw

本 書 局 登
記 證 字 號：行政院新聞局局版北市業字第玖捌壹號

印　刷　所：長 欣 印 刷 企 業 社
　　　　　　新北市中和區永和路三六三巷四二號
　　　　　　電　話：（0 2）2 2 2 6 8 8 5 3

定價：平裝新臺幣五〇〇元

西 元 二 〇 一 一 年 八 月 初 版

14304　　　
ISBN 978-957-15-1532-8 (平裝)

臺灣 **學生書局** 出版

文化哲學叢刊